工业和信息化部咨询研究项目

被动式超低能耗建筑材料产业发展路径研究

主　　编　田桂萍　白云峰　刘　翼　焦长龙
主编单位　建筑材料工业技术情报研究所
　　　　　中国建筑材料工业规划研究院
　　　　　中国国检测试控股集团股份有限公司
　　　　　河北绿色建筑科技有限公司

武汉理工大学出版社
·武　汉·

图书在版编目(CIP)数据

被动式超低能耗建筑材料产业发展路径研究/田桂萍等主编. —武汉:武汉理工大学出版社,2022.12
ISBN 978-7-5629-6744-6

Ⅰ.①被… Ⅱ.①田… Ⅲ.①节能-建筑材料工业-产业发展-研究-中国 Ⅳ.①F426.91

中国版本图书馆 CIP 数据核字(2022)第 234610 号

Beidongshi Chaodinenghao Jianzhu Cailiao Chanye Fazhan Lujing Yanjiu

被动式超低能耗建筑材料产业发展路径研究

项目负责人:田道全　高　英　　**责任编辑**:高　英
责 任 校 对:李正五　　**排版设计**:正风图文
出 版 发 行:武汉理工大学出版社
社　　　址:武汉市洪山区珞狮路 122 号
邮　　　编:430070
网　　　址:http://www.wutp.com.cn
经　　　销:各地新华书店
印　　　刷:湖北恒泰印务有限公司
开　　　本:787×1092　1/16
印　　　张:13.25
字　　　数:339 千字
版　　　次:2022 年 12 月第 1 版
印　　　次:2022 年 12 月第 1 次印刷
定　　　价:98.00 元

编 委 会

前　言

近年来，被动式超低能耗建筑因其良好的室内环境和极低的能耗而广受人们的喜爱，得到了迅猛的发展。如今，被动房建造量已经从过去每年的几十万平方米发展到几百万平方米，正在向千万平方米迈进。河北、山东、北京、浙江等地已经开始建造几十万平方米，甚至上百万平方米成片的被动房社区。在不久的将来，被动房的建造量将达到每年上亿平方米，甚至被动房成为建筑主流已经不再是遥远的梦想。

2008 年，我国住房和城乡建设部科技发展中心开始对欧盟被动房标准和技术进行系统研究，探讨被动式超低能耗建筑在我国开展示范的可能性。和 1980—1981 年住宅通用设计能效相比，到 2005 年，利用现有技术，我国已经将建筑能效提高到 65%；北京等地区，2019 年已将建筑能效指标提升到 75%，2021 年又将居住建筑能效指标提升到 80%以上，标志着建筑节能向更高水平迈进。

然而，与现有建筑相比，被动式超低能耗建筑能效的提升，对我国建筑材料的性能、规格、尺寸、质量等都提出了更高的要求。按照现有的能效指标比较，被动式超低能耗建筑的节能要求将达到 92%以上。因此，目前我国的现有建筑节能标准和相应的建筑材料都要转型升级，否则无法达到这些要求。譬如现有的门窗幕墙与遮阳系统产品及配套材料，外墙保温、结构自保温系统及配套材料，结构自防水及配套材料，防水与气密材料，保温隔热材料，新型功能性涂料，新风系统产品，新能源系统配套设施和相应的建筑材料及装备等，现有的性能指标已经无法满足被动式超低能耗建筑的要求，加之多数建筑材料产品使用寿命短、价格高，关键材料依靠进口等，严重制约着我国被动式超低能耗建筑的发展。另外，国内为被动式超低能耗建筑配套的建筑材料的研发、设计、生产、检测、认证评价等工作才刚刚开始，还很不完善，导致一些产品还需要送到国外进行认证，或者需要建材的使用部门来指导生产、检测、管理和认证。比如，国内目前已有政府部门主导的上百家被动房项目试点示范，而截至 2021 年 12 月底，仅有 53 个项目通过德国被动房研究所（Passive House Institute，PHI）认证，不少门窗和保温材料厂家不远万里将产品邮寄到德国进行检测和认证。国家认监委、工信部已经批准建筑材料工业技术情报研究所开展绿色建材产品的认证和评价工作，还有很多建材产业配套和新产品开发在酝酿和重构之中，急需产业路径研究和政策导向，同时需借鉴发达国家的经验和教训，实现弯路超车，启动后发优势，尽快赶超国际先进水平。

本书将通过系统研究建筑产业需求，重点研究关键材料的国内外发展现状和差距，研究并系统性地提出我国被动式超低能耗建筑材料产业的发展路径，为各级政府和行业主管部门制定政策提供决策参考，这对推动我国被动式超低能耗建筑产业的健康和快速发展具有重要的意义。

编　者
2022.4

目　录

1 被动式超低能耗建筑发展现状及趋势

1.1 国外被动式超低能耗建筑发展现状及趋势

1.1.1 发展历程

20世纪80年代，基于低能耗建筑理念，瑞典亚当姆森(Bo Adamson)教授和德国菲斯特(Wolfang Feist)教授提出了“被动房”这一概念。1991年，德国的第一座被动式超低能耗建筑——达姆施塔特-克莱尼斯坦(Darmstadt-Kranichstein)联排住宅建成，随后各国开始大力推广超低能耗建筑。为了发展被动式建筑，德国在1977—1995年的18年间，相继颁布了3部关于建筑保温的法规。2002年，德国又制定了《建筑节能规范》(Energieeinsparverordnung，EnEV)，EnEV是对完整的系统进行评估计算，并提出了两个新的要求：一是建筑物对于一次能源的消耗不可无节制，因此对此做出了限制；二是对围护结构传热系数进行了要求，确保能效达到最低限度。2007年，EnEV对两方面进行修订：一是引入了照明电耗和制冷能耗两个参数；二是大范围引入证书制度。2009年，EnEV被再次修订：采暖能耗限值下降到45 $kW \cdot h/(m^2 \cdot a)$。2010年，欧盟《建筑能效指令》(Energy Performance of Building Directive，EPBD)要求从2019年起政府部门拥有或使用的新建建筑达到近零能耗，2020年开始，欧盟28国所有新建建筑都必须达到近零/零能耗水平。

德国2014版的EnEV指出：节能政策的目标是2050年达到既有建筑接近于零碳排放。从2015年起，德国的海德堡已经开始立法推动被动房的发展。美国建筑能源部发布的《建筑技术项目2008—2012年规划》中要求，2020—2030年“零能耗建筑”应在技术经济上可行。

截至2022年3月，全球通过PHI认证的被动式超低能耗建筑项目有5303个，其中德国2387个，中国55个，奥地利1073个，法国412个，加拿大86个，美国133个，澳大利亚47个，日本51个，比利时31个，意大利97个，瑞典28个；建筑类型覆盖公寓房、办公楼、学校、体育馆、养老院及民用独栋房屋等，其中独栋房屋被动房项目达到2920个。超低能耗建筑已然成为全球化的建筑节能产业。

1.1.2 发展现状

1996年，费斯特博士在德国达姆施塔特创建了被动房研究所(PHI)。该研究所是目前被动房研究最权威的机构之一。在欧洲已经有上万座被动房建筑，并且被动房的理念已经不再局限于住宅建筑中。在一些公共建筑中，也逐渐开始采用被动房的标准进行建设。

在欧洲目前的被动式超低能耗建筑中，要求采用保温隔热性能优异的外围护结构和高效的新风热回收技术，大幅减少通风热损失和结构热损失。被动式超低能耗建筑的外墙和屋面多采用矿棉、岩棉、EPS/XPS挤塑聚苯板作为隔热保温材料；为达到被动房标准，被动式超低能耗建筑中所采用的隔热保温材料厚度都非常大。例如：德国达姆施塔特建成的第一座被动式超低能耗建筑中，外墙采用275 mm厚的EPS聚苯保温板，其传热系数为0.14 W/(m^2·K)；屋面采用了445mm厚的岩棉保温，其传热系数达到了0.1 W/(m^2·K)。在其他已建成的被动房项目中，外墙和屋面的传热系数通常都在0.1 W/(m^2·K)左右。外窗的保温性能对玻璃和窗框要求很高，在不少欧洲国家现有的建筑中，大多数采用双层中空玻璃和断桥铝合金的窗框，其传热系数为2.4 W/(m^2·K)，还远远达不到被动房外窗的保温性能要求。目前已建成的被动房中，建筑外窗通常采用带保温夹层的木制、铝木复合窗框及多层Low-E中空玻璃并填充氩气或氪气作为隔热系统，其传热系数可达0.8 W/(m^2·K)以下；地下室和屋顶多采用沥青、橡胶、PE膜、铝箔作为防水防潮材料；通风系统多设热回收率为75%～85%的通风装置；房屋主要通过地源热泵和太阳能光伏一体板进行取暖或制冷。此外，瑞典的能效系数(Coefficient of Performance，COP)为75的地源热泵，是被动式超低能耗建筑配套的高效地源热泵；德国的可再生能源的储电或储热技术，为实现建筑全面零能耗和碳中性打下基础；加拿大的全木材Cross-laminated timber(CLT)技术和木纤维保温板材，使被动式超低能耗建筑更加生态宜居。

截至2022年3月，德国被动房研究所(PHI)在全球收录了大约6000个建筑的信息，其中有5303个建筑已获得"Passive House"认证，遍及德国、奥地利、英国、美国、法国及加拿大等国。瑞士有超过25%的新建建筑、约47000万栋建筑为Minergie认证建筑，基本涵盖所有建筑类别及规模，其中获得Minergie-P(该认证指标与我国近零能耗建筑相近)标识认证的建筑有5000栋。截至2016年，美国经认证的零能耗建筑项目达53个，在建的279个。

在欧洲，超低能耗的被动式房屋数量正以每年8%的速度递增。在欧洲，以被动房为代表的超低能耗建筑、近零能耗建筑发展已是一种趋势。一方面，随着超低能耗建筑技术的发展，单体超低能耗建筑规模逐步扩大，起步时以中低层小型项目为主，发展至今已有很多大型超低能耗公共建筑案例(图1.1)。另一方面，逐步实现了由单体建筑的试点示范向区域规模化推动的过渡。例如，比利时从2006年开始推动被动房项目建设，2011年出台了引导政策，对被动房示范项目给予100欧元/平方米的补贴，数量和面积迅速增加，并于2015年起强制要求新建建筑全面执行被动房标准，实现了规模化推广。截至2018年底，比利时首都布鲁塞尔已有约139万平方米的被动房。德国海德堡列车新城等新建城区的新建建筑项目也全部按照超低能耗建筑标准进行建设。

随着全球气候变暖问题越来越严重，欧盟国家加大了温室气体减排的力度。为了实现欧盟的减排目标，各成员国都开始研究和推进低能耗建筑。欧盟各成员国以德国模式为参考开始研究和推进被动式超低能耗建筑，以达到欧盟的减排目标。

德国在建筑节能领域一直位居世界前列。世界上第一座被动式建筑多年来的监测数据显示，此建筑的采暖能耗小于12 kW·h/(m^2·a)，成为欧洲第一座实现采暖能耗低于12 kW·h/(m^2·a)的多户住房。2000年，在德国建成首个被动房小区，迄今为止，德国已建造1万多套被动房。

德国是被动式建筑的发起国，欧盟其他国家很多参考德国的标准，并依据国情给出了被动式低能耗建筑的能耗要求。挪威现行的国家建筑节能标准TEK规定的建筑能源需求与

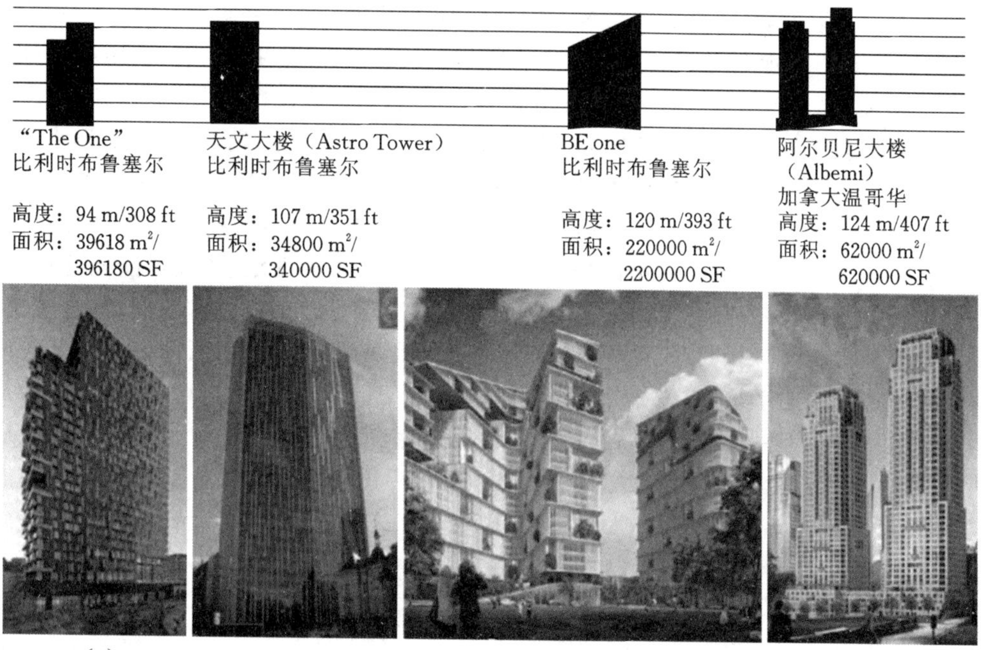

(a) (b) (c) (d)

图 1.1 比利时布鲁塞尔被动房项目单体规模逐步增大

1997 年标准规定的相比降低了 25%，并由挪威标准委员会专门起草一个名为《Criteria for passive houses and low energy buildings-Residential buildings》(NS3700)的关于被动式低能耗建筑的标准。该标准规定了一次能源每年每单位面积 CO_2 排放量或者确定可再生能源在一次能源消耗总量中的比例。

瑞典的被动房标准同样是参照德国标准制定的。奥地利为了推动被动式低能耗建筑，推出了“推动环境保护计划”对被动式低能耗建筑进行认证和资助，以达到减少 CO_2 排放和提高可再生能源利用率的目的。丹麦低能耗建筑 1 级标准要求住宅能源需求低于 30 kW·h/(m²·a)，非住宅能源需求低于 41 kW·h/(m²·a)，这个要求低于丹麦 2006 年标准要求的建筑能耗的 50%。

国外“近零能耗建筑”技术起步早且发展较为迅速，其中德国的被动房相关研究更为活跃。J.Schnieders 等[1]研究了不同气候区的适应性问题，最后得出被动房在不同气候区节能性能有所差异，在温度和湿度较高且持续时间较长的气候区，潜热和显热去除的热需求量可能超过 70 kW·h/(m²·a)；T. Bajc 等[2]通过数值模拟了带有 Trombe(特朗勃)墙的被动房的能量需求，结果表明 Trombe 墙能有效利用太阳能，能够为 Belgrade(贝尔格莱德)地区的被动房设计提供有力的手段；Y. J. Sun 等[3]对“近零能耗建筑”设计过程中微观系统的敏感性进行研究，结果表明通风空调系统、可再生能源系统及建筑储能系统直接制约着“近零能耗建筑”运行的性能指标；H. Tommerup 等[4]对丹麦境内 6 栋示范居住建筑的监测数据的分析结果也验证了文献[3]的相关结论；M. Thalfeldt 等[5]研究了寒冷地区“近零能耗建筑”外表面结构，最终得出三层 Low-E 玻璃所占外墙比例最高为 25%，同时外墙的传热系数不超过 0.16 W/(m²·K)才能满足 Estonian(爱沙尼亚)地区的超低能耗需求；E. Musall

等[6]的研究结果表明，高性能保温结构、热泵技术和太阳能热水系统在被动式住房中应用较多，其次是自然采光、遮阳系统以及被动通风等被动式技术；李慧星等[7]通过 Dest 软件数值模拟了严寒地区“近零能耗建筑”与常规建筑空调能耗，结果表明“近零能耗建筑”冬季供暖负荷比常规建筑节能 73.7%，全年综合节能率达到 55.2%，仅空调系统一项就有巨大的节能潜力；李怀等[8]通过现场实测探讨了“近零能耗建筑”地源热泵系统的运行特性，其结果表明在严寒地区“近零能耗建筑”中，夏季运行工况下，地源热泵系统可以提供 53% 的冷负荷，而冬季运行工况下，地源热泵系统可以提供 97% 的热负荷，几乎满足了“近零能耗建筑”的全部供暖需求；张时聪等[9]分析了国际典型“近零能耗建筑”示范工程技术路线，最终得出“近零能耗建筑”中广泛应用的技术主要包括高性能保温结构、光伏系统、太阳能热水系统以及热泵可再生能源应用系统等；A. J. Marszal 等[10]通过对国外 282 栋“近零能耗建筑”示范项目运用的技术进行汇总分析，结果表明目前“近零能耗建筑”的设计中，太阳能技术、机械通风热回收技术、建筑遮阳技术以及免费供冷技术等使用比例相对较高。表 1.1 为“近零能耗建筑”示范项目特征参数汇总表。

表 1.1 “近零能耗建筑”示范项目特征参数汇总表

建筑类型	国家	建筑面积 (m^2)	外墙传热系数 [$W/(K \cdot m^2)$]	窗户传热系数 [$W/(K \cdot m^2)$]	能源类型
低层居住建筑	英国	150	0.1	1.36	光伏＋风电＋太阳能热水
	丹麦	145	0.11	1.5	区域供热＋热回收
	塞尔维亚	131	0.22	3.19	光伏＋地源热泵
	奥地利	90	0.13	0.8	区域供暖
多层居住建筑	丹麦	7000	0.1	0.9	光伏＋地源热泵
	丹麦	2717	0.16	1.03	通风热回收
	韩国	1344	0.15	0.85	建筑光伏一体化
公共建筑	法国	681	0.45	0.35	光伏＋自然通风
	葡萄牙	1500			建筑光伏一体化
	美国	4800			光伏＋建筑光伏一体化＋地源热泵系统

(1) 注重对既有建筑的节能改造

除对新建建筑实行较高节能标准外，德国对既有建筑的节能改造也相当重视。目前，德国共有住宅约 3900 万套，1000 万套建造于 1979 年之后，热工性能尚可，暂不急于改造；2900 万套建造于 1979 年之前，其建筑能耗大，需要全面改造，每年改造大约 20 万套，其中 600 万套已完成节能改造。完成改造后的住宅其能耗大为降低，单位居住面积采暖能耗由改造前的 160～200 $kW \cdot h/(m^2 \cdot a)$下降到 70～90 $kW \cdot h/(m^2 \cdot a)$，每年每平方米住宅减少二氧化碳排放量达到 40 kg。

具体而言，德国一方面制定出有关规章制度，例如，根据欧盟能源效率指令，每年要对 3% 的公共建筑进行节能改造；另一方面通过设立专门的基金(如 KFW 基金)，提供低息贷款等方式，加大资金投入，推动旧房节能改造。改造目标主要包括提高建筑舒适度、降低建筑能耗、减少环境污染等。改造内容包括增加建筑外保温设施；更换高效门窗；对供热系统进行大规模改造，拆除褐煤供热锅炉，安装热气锅炉和燃气发动机热电联产装置；将居民的燃气热水器改为供热公司集中供应热水；改造楼内采暖系统，安装新的散热器和自动温控阀等。窗户结构是决定其节能性能的主要因素。推拉窗密封性能较差，正逐步被淘汰。平开窗的窗扇与窗框间有良好的密封压条，窗扇关闭时能将密封条压紧，密封性好，因此，平开窗在德国的新建建筑和改造建筑中被普遍使用。传统建筑一般使用一层或两层玻璃，窗框一般是金属结构，隔热性能较差。目前推广使用的新型环保节能窗户一般采用三层玻璃，玻璃间为中空或充满氩气等惰性气体，可以大大降低热传导率，如果在玻璃上镀低辐射膜(Low-E膜)，则隔热效果更佳，传热系数可比普通中空玻璃下降70%以上，降至0.8 $W/(m^2 \cdot K)$。窗框则推荐使用非金属材料，如木头、保温塑料等。

(2) 推广供热计量

1991年，德国开始对既有居住建筑开展大范围的综合改造。通过改造楼内采暖系统，安装新的散热器和自动温控阀进行温度调节，加上电子式热分配器进行供热计量。1994年德国开始全面实现热计量收费，对困难人群政府给予补助。

1.1.3 相关政策

2009年12月18日，欧盟决议要最大限度地利用建筑潜在的能源。2011年，德国提出：2019年1月1日，政府办公建筑达到近零或零能耗标准；2021年1月1日，所有新建建筑达到近零或零能耗；2050年，所有建筑要节约80%的一次性能源。2014年，韩国政府发布《应对气候变化的零能耗建筑行动计划》，并完成了世界第一个国家级零能耗建筑的顶层设计。2015年，比利时要求所有新建建筑应严格按超低能耗建筑标准建造，从而成为世界上最早在全国范围内只建造超低能耗建筑的国家。丹麦政府早年提出：到2050年丹麦将成为化石能源零依赖的国家。根据欧盟法令，2018年政府机构新建建筑达到近零能耗标准，2020年所有新建建筑必须达到近零能耗建筑标准。英国相关法律规定，2016年起新建建筑实施近零能耗建筑标准，2019年实现新建公共建筑零排放。

从瑞典的韦克舍市、德国的海德堡市，到比利时和英国，乃至整个欧洲地区及全球，正逐步用法律强行推动超低能耗建筑的发展。表1.2给出了世界主要国家实现近零能耗建筑及零能耗建筑政策信息，表1.3给出了部分国家的零能耗建筑发展规划。

表1.2 世界主要国家实现近零能耗建筑及零能耗建筑政策信息

编号	国家/经济体	时间节点	实现目标	相关条例
1	美国	2030年	零能耗建筑	Executive Order 13514: Federal Leadership in Environmental, Energy, and Economic Performance
2	日本	2020年(公共建筑)/2030年(全部新建建筑)	零能耗建筑	A work schedule for housing for los carbon society and promotion of housing

续表1.2

编号	国家/经济体	时间节点	实现目标	相关条例
3	欧盟	2018年(公共建筑)/2020年(全部新建建筑)	近零能耗建筑	Energy Performance of Buildings Directive,EPBD
4	韩国	2017年 2025年	近零能耗 零能耗	应对气候变化的零能耗建筑行动计划
5	英国	2016年(住宅) 2019年(公共建筑)	零碳	永续住宅技术规则(Code for Sustainable Homes)

表1.3 部分国家的零能耗建筑发展规划

国家	零能耗建筑目标
匈牙利	大投资的建筑于2012年实现零碳排放,其他建筑在2020年实现零碳排放
芬兰	2015年起执行被动房标准
英国	2016年所有住宅建筑实现零碳排放,2019年所有建筑实现零碳排放
挪威	2017年起执行被动房标准
韩国	执行被动房标准,2017年实现被动房建筑目标,2025年全面实现零能耗建筑目标
丹麦	2020年实现近零能耗目标,且建筑能耗比2006年降低75%
法国	2020年建筑实现"正能量",即建筑产生能量大于消耗能量
德国	2020年住宅和公共建筑实现零化石燃料消耗
爱沙尼亚	2020年实现近零能耗目标
日本	2020年新建公共建筑实现零能耗,2030年新建建筑整体上平均实现零能耗

1.1.4 相关认证和标准

PHI是目前世界范围内被动式超低能耗建筑最权威的认证机构之一。PHI认证分为被动式建筑认证、既有建筑被动式改造认证、PHI低能耗建筑认证三类;PHI认证划分为三个认证等级:普通(Classic)、优级(Plus)和特级(Premium)。各等级对应着被动式超低能耗建筑对一次性能源的不同需求量和可再生能源的产出量。此外,欧洲其他国家和美国也相继建立了被动式超低能耗建筑的认证机构。

PHI编制了《被动式超低能耗建筑设计手册》(Passive House Planning Package,PHPP)、被动式超低能耗建筑计算软件、被动式超低能耗建筑评价认证标准、被动式超低能耗建筑部品认证标准,并不断进行设计方法和认证标准的维护和更新,并对达到被动式超低能耗建筑标准的建筑、建筑部品(门窗、保温系统、空调、新风设备等)进行认证,这一系列认证标准也成为被动式超低能耗建筑的关键指标。

此外,部分国家(如挪威、新西兰、英国、加拿大等国)直接引用德国的 PHI 标准;部分国家(如奥地利、芬兰、意大利等国)根据本国的气候条件和国情,在德国 PHI 系列标准的基础上进行调整;其他国家(如美国、瑞士等国)则针对本国情况重新开发被动式超低能耗建筑标准。

在"被动房标准"中有一条不做严格要求但是推荐采用的指标,就是在建筑的气密性测试中,要求在室内外 50 Pa 压力差的情况下,每小时的空气渗透量不能超过建筑总容积的60%。在欧洲各国的现有建筑中,这一指标都还远不能达到要求,而在德国达姆施塔特建成的第一座"被动房"中,这一指标仅为 30%,有效地减少了冬季热量的损失。

"被动房标准"实际上是一个实现建筑超低能耗的设计标准,目前这个标准并非官方制定,而是研究者们达成的一个共识。

在欧洲国家,要真正被认证为"被动房",必须满足两条标准:①建筑每年的采暖能耗不超过 15 $kW \cdot h/m^2$;②建筑每年总能耗(采暖、空调、生活热水、照明、家电等)不超过 120 $kW \cdot h/m^2$。

按照这些标准,被动式超低能耗建筑的冬季采暖能耗可以减少到欧洲现有同类型建筑的 10%以内,每年的总能耗可以减少到欧洲现有同类型建筑总能耗的 30%以内,二氧化碳的排放量可以减少到欧洲现有同类型建筑二氧化碳排放量的 50%以内。目前,欧洲大约一万座被认证为"被动房"的建筑都是按照这个标准建造的,它们大多数是居住建筑,还有少量为办公楼、学校、幼儿园、超市等公共建筑。

1.1.5 发展趋势

(1) 被动式超低能耗建筑相关材料向高品质、高性能转变

国外建筑保温材料产业发展趋势为:由有机类材料向无机类材料转变,矿棉/岩棉保温板开始占据重要位置;由单一材料主体向复合材料转变,如采用岩棉板复合砂浆等材料,保温性能大幅提升;持续提升门窗系统、防水卷材、密封材料、新风系统和能源一体机等产品的性价比。

(2) 被动式超低能耗建筑关键技术向精细化、高效率转变

国外建筑中的围护结构产品将保持模数化、部品化生产,与装配式建筑结合以提升施工效率,降低成本;研发和推广高效地源热泵及太阳能光伏一体板等节能技术,以提升被动式超低能耗建筑全产业的经济效益和环境效益。

(3) 被动式超低能耗建筑相关标准向系统化、本土化转变

国外被动式超低能耗建筑认证和标准体系不断完善,设计标准、施工标准和建材产品标准更加符合各国不同的建筑类型、建筑能耗、气候条件等基本国情,大力促进被动式超低能耗建筑的全球化发展。

(4) 被动式超低能耗建筑向多样化转变

因为"被动房"起源于德国、奥地利等欧洲中部国家,所以相关的标准和技术措施更多的是针对这一地区的气候特征和地域特点。要推广"被动房"的设计理念,必须使其适应不同的地域和环境,发展多样化的"被动房"。在其他欧洲国家中,这种多样化的趋势正在不断深

入。欧洲幅员广阔，气候差异较大，北欧国家冬季严寒，而地中海沿岸国家夏季较为炎热，这些气候特征都与德国的有很大不同，因此，在设计中必须采用不同的策略。不同国家居住建筑的修建方式也各有特点，比如外墙，在德国外墙涂料很常见，而荷兰、比利时等国家砖砌空心墙较多，瑞典、芬兰等国家则通常采用木结构。针对这些不同的修建方式，需要在建筑构造设计上采用不同的方式来使墙外的保温性能达到“被动房”的要求。

目前，“被动房”理念也传播到了欧洲以外的国家。2006 年，美国明尼苏达州的贝密吉建成了北美第一座经过认证的“被动房”建筑——Waldsee Biohaus。2007 年，美国的“被动房”研究所(Passive House Institute US)在伊利诺伊州的厄巴纳成立。亚洲国家中，也有一些国家开展了“被动房”研究。如韩国有研究者对“被动房”理念运用于城市高层住宅的可行性进行了研究等，这些项目对东亚周边国家也将会起到一定的示范作用。“被动房”在欧洲的发展速度很快，有德国的研究者乐观地认为德国在未来 10 年内将全面采用“被动房标准”，10 年后的所有新建住宅都会是“被动房”。

(5) 向 CLT 技术与全木材被动房技术发展

加拿大的全木材 CLT 技术和木纤维保温板材做的全木材被动房技术获得成功，使得木材成为“绿色钢筋”和“绿色混凝土”，这是振奋人心的一次绿色材料的革命，必将带来绿色建筑的革命。在加拿大和美国，正在用 CLT 技术建造 10～20 层的木结构建筑；在欧洲，30 层以上的木结构建筑计划也一直在筹划之中。

1.2 国内被动式超低能耗建筑发展现状及趋势

1.2.1 发展历程

2008 年，在我国住房和城乡建设部与德国交通、建设和城市发展部(BMVBS)德国驻华大使馆的支持下，住房和城乡建设部与德国能源署成立战略性工作小组，开展“中国被动式低能耗建筑示范项目合作”，2009 年双方启动了秦皇岛“在水一方”和哈尔滨“辰能溪树庭院”两个示范项目。2010 年，汉堡之家亮相上海世博会，开启了我国发展被动式超低能耗建筑的新纪元。2011 年住房和城乡建设部与德国交通、建设和城市发展部签署了《关于建筑节能与低碳生态城市建设技术合作谅解备忘录》。

2013 年，中德合作的首家被动式超低能耗建筑秦皇岛“在水一方”项目竣工，该项目单体建筑为 18 层的高层，是当时世界上最高的被动式超低能耗建筑项目，自此被动式超低能耗建筑开始引起我国业界的关注。

2015 年 11 月，住房和城乡建设部发布了《被动式超低能耗绿色建筑技术导则(试行)(居住建筑)》，直接推动了我国被动式低能耗建筑的快速发展。2015 年，河北省率先出台了河北省被动房地方设计标准，并于 2016 年发布首部《被动式超低能耗居住建筑节能构造》图集，在《河北省建筑节能与绿色建筑发展“十三五”规划》中提出了建设被动式低能耗建筑 100 万平方米以上，每平方米补助 10 元的计划。2016 年，江苏省也启动了《超低能耗被动式建筑技术导则》，并在 2017 年出台了《江苏省“十三五”建筑节能与绿色建筑发展规划》，用以鼓励房地产企业、国家与省级绿色建筑示范城市参与试点工程建设，建设被动式超低能耗绿色建筑示范工程100万平方米。2016年山东省出台《山东省省级建筑节能与绿色建筑发展专项资金管理办法》,给予被动式超低能耗绿色建筑一定比例的资金奖励,并公布首批16个省级被动式超低能耗示范名单。湖北、湖南、福建、四川、广西、陕西、河南和江西等也都出台了建筑节能与绿色建筑发展"十三五"规划,并各自制定了不同的激励政策。在这些政策鼓励下,湖南株洲"惠天然城市公园二期"被动房12层示范楼、福建南安北山被动式住宅示范工程、青海省"丽水湾小区"被动房示范项目、大连金纬度被动式建筑示范项目、北京昌平被动房体验中心、万科在北京房山区建造的被动式超低能耗公共建筑、厦门褐石住区被动式建筑、石家庄天山西湖被动房小区、河南五方被动房体验馆等都先后启动并设计完成。截至2021年12月底,我国通过PHI认证的被动房项目已经达到53个(表1.4)。这些预示着我国的被动式低能耗建筑将要进入新的快速发展阶段。

表1.4 通过PHI认证的被动房项目(截至2021.12.30)

序号	项目名称	建筑类型	项目所在地	面积(m^2)	建筑结构类别
1	汉堡之家	多功能展示房	上海	2094	砖石结构
2	布鲁克酒店	酒店	浙江省长兴县	1940	砖石结构
3	Halodome	独立式单户住宅	广东省佛山市	154	木结构
4	幸福堡	商住两用综合楼	新疆乌鲁木齐市	4317	砖石结构
5	哈尔滨森鹰总部办公楼	办公楼	黑龙江省哈尔滨市	3943	砖石结构
6	哈尔滨森鹰工厂	工厂	黑龙江省哈尔滨市	15575	钢结构
7	河北新华幕墙行政办公楼	办公楼	河北省涿州市	2868	砖石结构
8	河北新华幕墙公寓楼	公寓	河北省涿州市	1537	砖石结构
9	涿州独立式住宅	住宅	河北省涿州市	210	木结构
10	高碑店被动式专家公寓楼	住宅	河北省高碑店市	5416	砖石结构
11	龙湖集团被动房体验馆	展馆	河北省高碑店市	1484	砖石结构
12	长鹏汽车被动式改造办公楼	办公楼	河北省定州市	2177	砖石结构
13	翠成D-23残疾人康复中心	医疗建筑	北京	1730	砖石结构
14	青岛中德生态园 被动房技术体验中心	体验馆	山东省青岛市	7535	砖石结构
15	上海木结构俱乐部	商业建筑	上海	116	木结构
16	"众森红谷一品"被动式幼儿园	幼儿园	江西省南昌市	3468	砖石结构
17	河北曹妃甸首堂创业家	住宅	河北省唐山市	3633	砖石结构
18	河北高碑店单户住宅	独立式单户住宅	河北省高碑店市	496	砖石结构
19	河北高碑店多户住宅	多户住宅	河北省高碑店市	114	砖石结构
20	延庆朗诗华北被动房体验中心	样板房	北京	423	砖石结构

续表1.4

序号	项目名称	建筑类型	项目所在地	面积(m^2)	建筑结构类别
21	山东华建铝业皇山生态园接待中心项目	接待中心	山东省潍坊市	286	钢结构
22	高碑店长城国际幼儿园	幼儿园	河北省高碑店市	3020	砖石结构
23	高碑店列车新城住宅	住宅式公寓	河北省高碑店市	14800	砖石结构
24	高碑店被动式专家公寓楼	住宅式公寓	河北省高碑店市	3300	砖石结构
25	高碑店列车新城一期别墅	独立住宅	河北省高碑店市	530	砖石结构
26	高碑店列车新城一期联排	半独立式住宅	河北省高碑店市	901	砖石结构
27	中建科技成都绿色建筑产业园研发中心	公寓式住宅	四川省成都市	4705	砖石结构
28	台州玖樟府被动房小区	住宅式公寓	浙江省台州市	2758	砖石结构
29	台州玖樟府被动房小区	公寓式住宅	浙江省台州市	6940	砖石结构
30	台州玖樟府被动房小区	公寓式住宅	浙江省台州市	676	砖石结构
31	台州玖樟府被动房小区	公寓式住宅	浙江省台州市	9395	砖石结构
32	台州碧桂园玖樟台被动房体验馆	体验馆	浙江省台州市	2462	砖石结构
33	四川成都被动房社区项目	公寓式住宅	四川省成都市	3803	砖石结构
34	四川成都被动房社区项目	公寓式住宅	四川省成都市	4683	砖石结构
35	四川成都被动房社区项目	公寓式住宅	四川省成都市	3790	砖石结构
36	四川成都被动房社区项目	公寓式住宅	四川省成都市	1769	砖石结构
37	厦门竭石住区被动房项目	联排住宅	福建省厦门市	1103	砖石结构
38	天津中新生态城公屋	公寓式住宅	天津	4227	砖石结构
39	天津中新生态城公屋	公寓式住宅	天津	5021	砖石结构
40	青岛中德生态园被动房住宅小区	公寓式住宅	山东省青岛市	1798	砖石结构
41	青岛变电站办公楼项目	办公建筑	山东省青岛市	3760	砖石结构
42	中德生态园联排住宅项目	多户住宅	山东省青岛市	4150	砖石结构
43	中德生态园联排住宅项目	联排别墅	山东省青岛市	799	砖石结构
44	青岛中德生态园被动房住宅小区(中德生态园 QIN-PSN 项目)	公寓式住宅	山东省青岛市	5891	砖石结构
45	郑州市五方企业馆 A 区	办公建筑	河南省郑州市	1365	—
46	天津 30 层高被动式住宅公寓	住宅式公寓	天津	7992	砖石结构

续表1.4

序号	项目名称	建筑类型	项目所在地	面积(m^2)	建筑结构类别
47	中德未来城1期 MFH 17	多户住宅	山东省青岛市	1874	砖石结构
48	中德未来城1期 MFH 19	多户住宅	山东省青岛市	2567	砖石结构
49	洺悦芳华项目	多户住宅	湖北省武汉市	5848	砖石结构
50	朗诗绿建科技中心	行政大楼	河北省保定市	1914	砖石结构
51	幼儿园/日托	幼儿园	北京	5835	砖石结构
52	公寓楼	普通住宅板楼	河北省玉田县	1803	轻钢结构
53	冬奥会11号楼	医疗保健大楼	北京	889	砖石结构

1.2.2 发展现状

我国改革开放30多年以来，城镇化进程持续发展进而带动建筑业蓬勃发展。截至2017年底，我国城乡建筑存量约为600亿平方米，建筑总能耗达到9.6亿吨标准煤，占全社会能耗总量的21%，其中北方地区采暖能耗占到1/4。随着人民生活水平的不断提高，建筑用能需求持续攀升，发展近零能耗建筑已成为我国民用建筑领域应对气候变化、节能减排、改善人居环境、提高建筑质量以及带动建筑产业转型升级的重要举措之一。近零能耗建筑采用高性能的建材产品、精细化的建造方式和智慧化的运维模式，更能凸显出我国城乡建设领域高质量绿色发展的精髓。

“十二五”至“十三五”期间，我国通过顶层设计、科研支撑、工程示范、标准建设、经济激励、培训宣传、创新机制等手段协同推进近零能耗建筑的规模化与创新发展。

我国通过国际科技合作专项、国家重点研发计划和地方科研支撑项目等平台和渠道，投入超亿元经费支持近零能耗建筑的基础理论研究、技术创新和工程应用等。2013—2016年，国家科技部国际合作专项支持开展了“适用我国不同气候区的被动式低能耗建筑技术研究与示范”项目。该项目在三个气候区支持开展被动式低能耗建筑关键技术集成研究与示范，为我国建筑节能标准的进一步提高探索了技术路线。

2014—2018年，国家科技部中美清洁能源联合研究中心建筑节能合作项目支持开展了“超低能耗建筑技术合作研究与示范”与“近零能耗建筑关键技术研究与示范”两期项目研究。中美双方引进了国际上的高性能技术，建设了一批超低能耗建筑与近零能耗建筑示范工程。2017—2020年，我国科技部“十三五”国家重点研发计划项目“绿色建筑与建筑工业化”专项支持开展“近零能耗建筑技术体系及关键技术开发”项目。该项目将研究建立适用于我国不同区域的近零能耗建筑定义、技术指标体系、关键技术开发与应用示范等内容。

2009年，我国开展符合中国国情的近零能耗建筑示范，示范项目由点及面，逐步扩大。我国近零能耗建筑示范及认证主要分为以下几类：

① 中德政府间示范与认证：2008—2019年，在中德两国政府的支持下，我国住房和城乡建设部科技与产业化发展中心和德国能源署已在我国4个气候区，13个省、自治区和直辖市合作开展认证了34个中德高能效建筑-被动式超低能耗建筑示范项目，总面积逾47万m^2。

② PHI认证项目:截至2021年12月底,获得PHI认证的中国“被动房”项目共计53个,总面积约为18万平方米。其中约50%的项目为公寓和高层住宅,此外,我国还有上百个示范项目获得了德国能源署以及住房和城乡建设部的“质量标识”认证。

③ 国内省市示范:全国被动式超低能耗建筑已覆盖14个省、自治区和直辖市(北京、河北、河南、山东、甘肃、宁夏、黑龙江、辽宁、新疆、湖北、江苏、四川、广西及福建),各地明确提出超低能耗建筑示范目标。其中河北、北京、山东、河南、江苏等先锋省市成绩瞩目。就河北省而言,到2018年底,全省共有被动式超低能耗项目46个;2019年9月,河北省共有被动式超低能耗项目67个,完工面积为55.5万平方米,在建316.6万平方米,已覆盖全省11个区市(含定州市)。2021年河北省新开工被动式超低能耗建筑面积161.06万平方米(其中保定市、唐山市、沧州市、石家庄市新开工建筑面积均超过20万平方米)。目前,河北省累计建设被动式超低能耗建筑605.71万平方米,建设规模处于全国领先水平。截至2019年10月,北京示范项目总计32个,示范总面积约65万平方米;2022年,北京市力争累计推广超低能耗建筑150万平方米。截至2020年7月,山东省建设超低能耗示范建筑省级示范工程7批共59个,总建筑面积达112.3万平方米,覆盖全省16个市。截至2017年,江苏省共有超低能耗建筑示范项目12个,总建筑面积达30万平方米;到2025年,江苏省新建超低能耗建筑总面积将达到500万平方米。2018年,河南省郑州市有12个项目列为年度超低能耗建筑示范项目,总建筑面积达78.4万平方米(图1.2)。

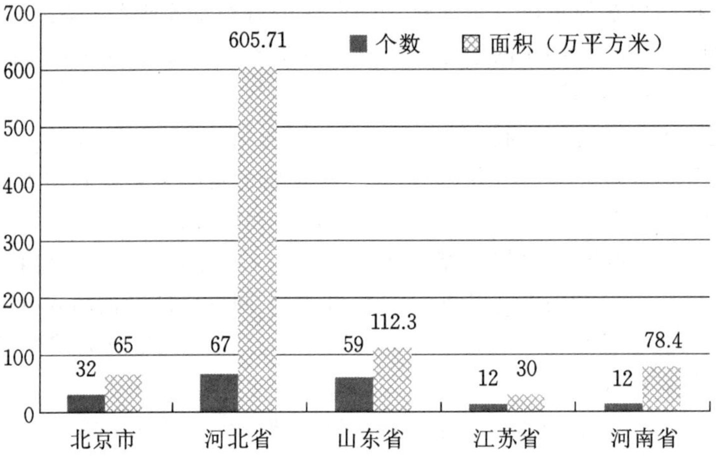

图1.2 先锋省市超低能耗建筑示范情况

从严寒地区到炎热地区,我国四个气候区均有被动式超低能耗建筑试点示范工程,国内主要示范项目详见附表1。

1.2.3 相关政策

为加快推动我国被动式超低能耗建筑的发展,2016年以来,我国陆续出台了一系列推广超低能耗建筑的国家政策,详见表1.5。

表 1.5 2016—2019 年我国关于超低能耗建筑的国家政策

名称	发布机构	时间	政策要点
《民建中央关于加快被动式超低能耗建筑发展的提案》	中国民主建国会	2020 年	阐述了我国被动式超低能耗建筑发展存在的一些问题，并提出六点重要建议
《绿色生活创建行动总体方案》	国家发展改革委	2019 年	推广新型绿色建造方式，提高绿色建材应用比例，积极引导超低能耗建筑建设
《住房和城乡建设部办公厅发布关于开展农村住房建设试点工作的通知》	住房和城乡建设部	2019 年	探索装配式建筑、被动式阳光房等建筑应用技术，注重绿色节能技术设施与农房的一体化设计
《住房城乡建设部标准定额司 2018 年工作要点》	住房和城乡建设部	2018 年	制定以近零能耗建筑标准为代表的高水平建筑节能标准，分区复制推广
《住房城乡建设部办公厅关于组织申报 2018 年科学技术计划项目的通知》	住房和城乡建设部	2018 年	其中科研开发类项目就包括超低能耗建筑技术、近零能耗建筑技术等
《中共中央国务院关于对〈河北雄安新区规划纲要〉的批复》	中共中央国务院	2018 年	要坚持绿色发展，采用先进技术布局建设污水和垃圾处理等，推广超低能耗建筑，优化能源消费结构等
《“十三五”节能减排综合工作方案》	国务院	2017 年	要强化建筑节能，实施建筑节能先进标准领跑行动，开展超低能耗及近零能耗建筑建设试点
《建筑节能与绿色建筑发展“十三五”规划》	住房和城乡建设部	2017 年	强化建筑节能与绿色建筑材料产品产业支撑能力，推进建筑门窗、保温体系等关键产品的质量升级工程
《建筑业发展“十三五”规划》及《建设科技创新“十三五”专项规划》	住房和城乡建设部	2017 年	都明确提出要把发展超低能耗建筑和近零能耗建筑作为未来建筑能效提升的重要途径
《中共中央国务院关于进一步加强城市规划建设管理工作的若干意见》	中共中央国务院	2016 年	支持和鼓励各地结合自然气候特点，发展被动式房屋等绿色节能建筑。第一次在中央层面发出了发展近零能耗建筑的信号
《关于 2016 年全国节能宣传周和全国低碳日活动的通知》	国家发展改革委、教育部等	2016 年	推进超低能耗建筑、高性能绿色建筑示范
《城市适应气候变化行动方案》	国家发展改革委、住房和城乡建设部	2016 年	积极发展被动式超低能耗绿色建筑，通过采用高效高性能外墙保温系统和门窗，提高建筑气密性

同时，各地都出台了相关政策来强力推动超低能耗建筑的发展，详见附录 1。2018 年 2 月，河北省发布被称为史上最强的超低能耗建筑补贴政策——《石家庄市人民政府关于加快推进被动式超低能耗建筑发展的实施意见》。此外，超低能耗建筑展会和论坛也蓬勃发展。2019 年 10 月，第 23 届国际被动房大会暨第五届中国(高碑店)国际门窗博览会在我国高碑店市顺利召开。2019 年 11 月，第八批《超低能耗建筑低能耗建筑产品选用目录》于第 18 届住博会期间向社会公布。2020 年 1 月 16 日，河北省印发了《被动式超低能耗建筑产业发展专项规划(2020—2025)》的通知。自 2014 年 1 月起至 2020 年 2 月，全国共 23 个省、自治区、直辖市及 13 个地级市累计发布了 82 项关于超低能耗建筑的法规和政策，覆盖地域广、扶持力度大、目标精准，极大地促进了近零能耗建筑的发展。从这些法规和政策的发布年份来看，2016 年是转折点，政策发布数量急速攀升，2017 年和 2018 年发布数量最为密集，总计超过 40 个；2019 年全年累计发布与超低能耗建筑相关的法规和政策 15 个(图 1.3)。从这些法规和政策发布地所在气候区的分布情况看，寒冷地区所发布的政策数量总计 58 个，占所有气候区发布总量的 71%；其次是夏热冬冷地区，发布数量总计为 18 个，占比 22%；其他气候区发布数量合计占比 7%(图 1.4)。

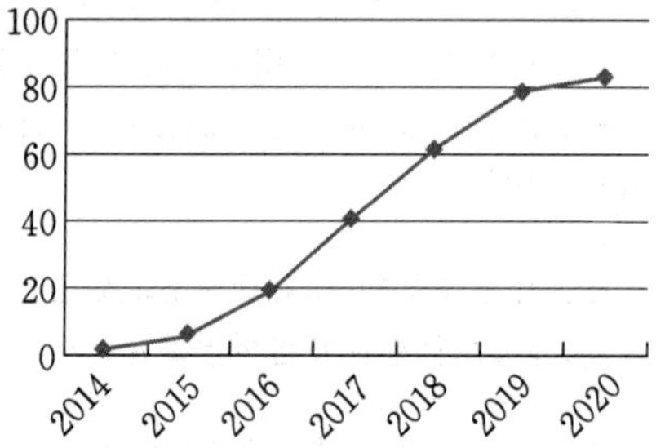

图 1.3　2014.1—2020.2 各地法规政策累计发布数量

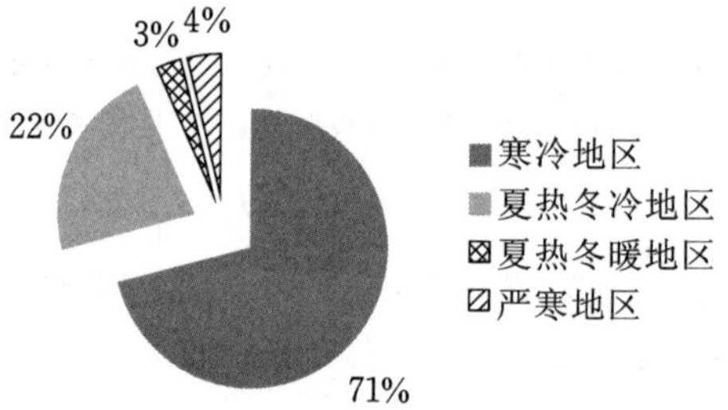

图 1.4　各气候区法规政策发布数量占比

从关于超低能耗建筑的法规和政策的分布情况看，京津冀区域、山东地区发展速度最快。其中，河北省、河南省及山东省的政策法规发布数量位居前三，分别是 23 个、11 个和 10 个，远超其他省份(图 1.5)。

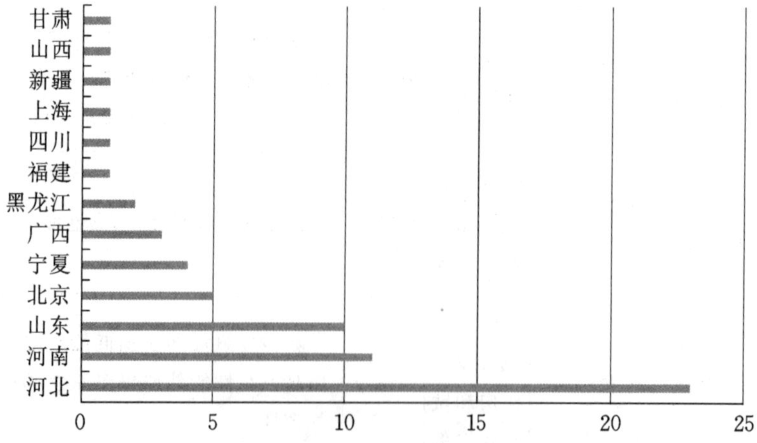

图 1.5　各省市法规政策发布数量

从政策类型看，这些被动式超低能耗建筑政策涵盖了行政法规、专项规划、部门规章及规范性文件等主要类型，实现了由宏观导向到规划目标再到实施方案的层层递进，极大地推动了近零能耗建筑的实施与落地。

除了有顶层设计方面的政策外，各省市在经济上也出台了经济激励政策。从2016年开始，全国有16个省、自治区、直辖市和地级市相继出台了经济激励政策，对被动式超低能耗建筑给予了资金奖励、容积率奖补、售价上浮等政策支持(图1.6)，其中资金奖励方式的占比最高，补贴力度差异较大，最高为1000元/m^2，大部分补贴为200～500元/m^2(图1.7)。2016—2019年，北京市对超低能耗建筑示范项目的奖励资金总额达2.23亿元；2014—2018年，河北省省级财政累计给予超低能耗绿色建筑建设补助资金超过4400万元；截至2019年底，山东省对超低能耗建筑补助资金达4.2亿元；2019年，河南省郑州市对2018年第一批超低能耗建筑示范项目部分奖补资金约为3.5亿元；截至2019年，江苏省对超低能耗建筑示范项目共计补助1850万元。

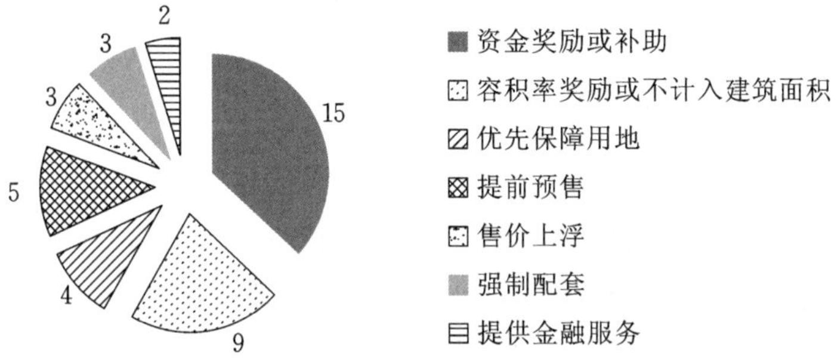

图1.6 各地激励政策类型及个数

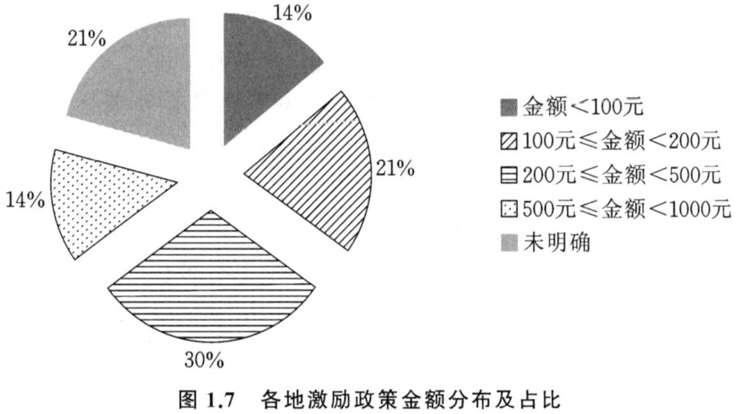

图1.7 各地激励政策金额分布及占比

容积率奖励政策的占比仅次于资金奖励，河北省石家庄市、张家口市、承德市等及河南省郑州市都发布了容积率奖励政策，容积率奖励最高达9%(图1.8)。

除传统的经济激励手段外，我国也正在探索用绿色金融来支持近零能耗建筑发展。2018年，青岛市出台《青岛市推进超低能耗建筑发展的实施意见》，在青岛中德生态园开展超低能耗建筑绿色金融保险试点。

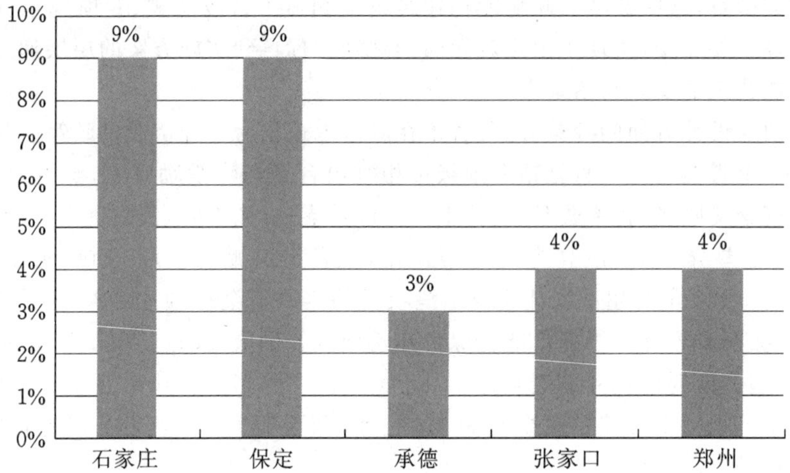

图 1.8 各地容积率奖励比例汇总

1.2.4 相关认证、评价和标准

1.2.4.1 相关认证和评价标识

PHI 认证是目前被动式超低能耗建筑评价标识市场中运作较好的专业认证之一，但 PHI 认证的技术体系与我国建筑标准体系、管理体系及气候条件等有较大差异，需根据我国的实际情况开展被动式超低能耗建筑标识工作。

为推动被动式超低能耗建筑在我国的市场规范化和技术标准化，发挥标识的市场激励作用，我国建筑节能协会开展了我国被动式超低能耗建筑的评价工作，对达到被动式超低能耗建筑要求的项目授予标识。评价标识工作包括设计和施工两部分。设计部分评价标识在施工图设计文件审查通过后进行；施工部分在建筑竣工验收前进行。建筑竣工验收一年后，可对被动式超低能耗建筑进行后评估。申报标识的建筑需依据相关标准，评定其能耗水平并进行相关技术评价，居住建筑需满足《被动式超低能耗绿色建筑技术导则》的相关要求，公共建筑能耗水平应比现行国家标准《公共建筑节能设计标准》中的能耗水平低 60%。

评价标识的申请由业主单位、房地产开发单位提出，鼓励设计单位、施工单位和物业管理等相关单位共同参与。2016—2017 年，我国共 34 个项目被授予被动式超低能耗绿色建筑标识。项目类型包括办公建筑、居住建筑、学校建筑、展览中心、康复中心等，分布于北京、天津、河北、山东等 13 个地区。其中，代表性项目有青岛中德生态园被动式超低能耗建筑技术体验中心，山东城建学院实验实训中心，科净源北京 K20 园区的 3 号楼、11 号楼、13 号楼，高碑店列车新城一期，首开太原花溪龙苑西的 28 号楼等。

1.2.4.2 相关标准

2015—2019 年，从中央到地方都加快了标准化建设，河北、北京、山东青岛、黑龙江、河南、上海、青海、江苏等地都陆续出台了符合当地特点的被动式超低能耗建筑的设计、评价、检测、应用、施工、验收的标准、导则和图集，为快速推动各地被动式超低能耗建筑提供了有力的技术支撑。2015 年，住房和城乡建设部印发了《被动式超低能耗绿色建筑技术导则（试行)(居住建筑)》;2017 年 7 月 1 日,由住房和城乡建设部科技与产业化发展中心和中国建筑标准设计研究院有限公司联合主编了《被动式低能耗建筑——严寒和寒冷地区居住建筑》(16J908-8)标准图集,对工程项目的精细化设计提供了有力支撑;2019 年 1 月 24 日,住房和城乡建设部发布了国家标准《近零能耗建筑技术标准》(GB/T 51350—2019),首次确立了我国近零能耗建筑的概念和不同气候区不同类型近零能耗建筑的技术指标体系。

截至 2019 年 10 月,我国现行超低能耗建筑专项技术、评价及标准检测、工程设计及施工验收相关标准和图集见表 1.6。

表 1.6 我国现行超低能耗建筑相关标准和图集

标准名称	标准编号	适用范围	分类
《近零能耗建筑技术标准》	GB/T 51350—2019	设计、施工、运行、评价	国家标准
《被动式超低能耗建筑——严寒和寒冷地区居住建筑》	16J908-8	设计图集	国家图集
《被动式超低能耗建筑评价标准》	DB13(J)/T 8323—2019	民用建筑评价	河北省地标
《被动式超低能耗建筑节能检测标准》	DB13(J)/T 8324—2019	民用建筑检测	河北省地标
《被动式超低能耗居住建筑节能设计标准》	DB13(J)/T 273—2021	工程设计	河北省地标
《被动式超低能耗公共建筑节能设计标准》	DB13(J)/T 263—2021	工程设计	河北省地标
《被动式超低能耗居住建筑节能设计标准》	DB37/T 5074—2016	工程设计	山东省地标
《河南省超低能耗居住建筑节能设计标准》	DBJ41/T 205—2018	工程设计	河南省地标
《被动式低能耗居住建筑节能设计标准》	DB23/T 2277—2018	工程设计	黑龙江省地标
《被动式低能耗居住建筑节能构造》	DBJT 02—109—2016	设计图集	河北省图集
《被动式低能耗建筑施工及验收规程》	DB13(J)/T 238—2017	工程施工	河北省地标
《近零能耗居住建筑质量控制标准》	T/CECS 677—2020	—	团体标准

此外,在编被动式超低能耗建筑标准有:行业标准《近零能耗建筑检测评价标准》,京津冀地区施工标准《超低能耗建筑节能工程施工技术规程》,团体标准《近零能耗建筑评价标准》。

通过对国内外被动式超低能耗的相关标准研究,目前国内外评价被动房的主要指标包括气密性、采暖和生活热水用能、采暖负荷、室内舒适度指标、建筑物总用能、制冷负荷、除湿需求等。德国被动房的指标体系见表 1.7,要实现被动房的这些功能,就必须匹配符合其要求的建筑材料。通过对标准的研究发现,被动式超低能耗建筑材料主要关注六个方面:门窗系统产品、密封材料、保温材料、防水卷材系统产品、高性能玻璃、能源环境一体机和新风系统等材料及产品。

表 1.7　德国被动房的指标体系(2014 版)

<table>
<tr><td rowspan="2"></td><td rowspan="2">类别</td><td rowspan="2">指标名称</td><td colspan="2">指标要求</td></tr>
<tr><td>居住建筑</td><td>非居住建筑</td></tr>
<tr><td rowspan="7">控制性指标(设计认证指标)</td><td>气密性</td><td>n_{50}</td><td colspan="2">≤0.6 h</td></tr>
<tr><td rowspan="6">能耗指标</td><td>总一次能源</td><td colspan="2">≤120 kW·h/(m^2·a)</td></tr>
<tr><td>采暖</td><td colspan="2">采暖需求≤15 kW·h/(m^2·a)
或采暖负荷≤10 W/m^2</td></tr>
<tr><td>制冷</td><td>≤15 kW·h/(m^2·a)+0.3 W/(m^2·aK) DDH,或者制冷负荷≤10 W/m^2且制冷需求>4 kW·h/(m^2·aK)·8e+2×0.3 W/(m^2·aK)·DDH·75 kW·h/(m^2·a),但该需求最大不能超过45 kW·h/(m^2·a)+0.3 W/(m^2·aK)·DDH</td><td>制冷需求≤
15 kW·h/(m^2·a)</td></tr>
<tr><td>热桥损失系数</td><td colspan="2"><0.01/(m·K)</td></tr>
<tr><td>超温频率</td><td colspan="2">≤10%</td></tr>
<tr style="display:none"></tr>
<tr><td rowspan="4">软性指标(跟建筑运行和居住体验有关)</td><td rowspan="4">室内环境指标</td><td>室内温度</td><td>20～26 ℃</td><td>20～26 ℃</td></tr>
<tr><td>超温频率</td><td>≤10%</td><td>≤10%</td></tr>
<tr><td>室内 CO_2 浓度</td><td>≤1000 ppm</td><td>≤1000 ppm</td></tr>
<tr><td>通风系统</td><td colspan="2">要求具有高效通风设施并带有热回收装置,热回收率≥75%;同时,通风设备的电力需求不超过 0.45 kW·h/m^3</td></tr>
</table>

注:DDH(Dry-bulb degree hours)为一年中室外干球温度高于某温度时刻的干球温度与该温度的差值的逐时累计值(单位:千度小时)。

1.2.5　技术应用现状

1.2.5.1　被动式技术

通过对 53 个 PHI 认证的项目被动式技术使用率的分析可以看出,这些项目都使用了自然通风和自然采光技术,说明这两项技术的应用难度不大,易于实现。这就要求建筑要进行以气候特征为引导的建筑设计。在设计阶段,通过优化空间布局,使建筑的平面设计有利于自然通风和采光。在这 53 个项目中,遮阳和被动式得热技术的使用率也较高,遮阳有内置、外置、中置多种选择,据安装形式和造价不同,遮阳又可分为可调遮阳和不可调遮阳。我国五大气候分区的建筑,根据太阳得热的不同特征均需要遮阳。因此,选择的多样性和应用的广泛性也决定了遮阳技术易于实现。在这 53 个项目中,使用绿植的项目超过了半数,绿植既能缓解热岛效应又能装饰环境,对于屋面隔热是很好的选择。在当前条件下,光导、地道风和蓄热技术受到成本和使用条件的限制,在这 53 个项目中使用较少(图 1.9)。

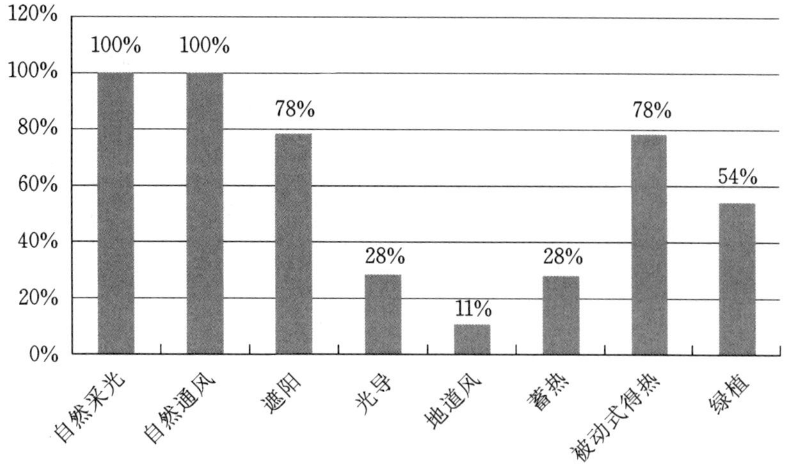

图 1.9　被动式技术使用分布

1.2.5.2　主动式技术

图 1.10 为主动式技术使用分布，从图中可以看出，高效照明、节能电器和新风热回收 3 项技术的利用率较高。高效照明，如采用智能化的照明控制方式，根据室内外照度的变化，调整室内光源，在降低室内负荷和利用自然采光之间寻求最大的节能空间。节能电器，如节能灯具、冷水机组、新风机组、变频水泵、风机等，目前市场上节能产品多样、多选择性使得该项技术在大部分项目上都能得到应用。对于被动式超低能耗绿色建筑来说，围护结构良好的保温隔热性能，导致建筑密闭，气流不易流通，为保证建筑内的新风量，需要采用高效的新风热回收系统，在 53 个通过 PHI 认证的项目中大部分都采用了热回收系统，通过回收利用排风中的能量降低供暖制冷需求，实现超低能耗目标。除上述 3 项技术外，其余主动式技术的使用率都较低，这是由于这 53 个项目遍及全国，样本数较少且分布广泛，地域性和气候性体现不出来，而技术的使用需要根据项目所在地区气候资源条件选择，故这 53 个项目中技术选择的趋势性并不明显。

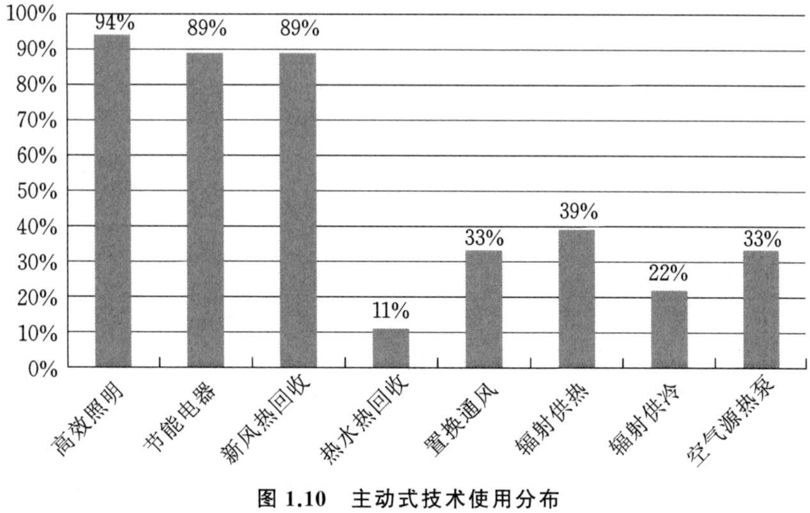

图 1.10　主动式技术使用分布

1.2.5.3 可再生能源利用

《被动式超低能耗绿色建筑技术导则(试行)(居住建筑)》提出超低能耗建筑辅助供暖供冷应优先利用可再生能源,减少一次性能源的使用。可再生能源主要包括太阳能、地源热泵、空气源热泵及生物质燃料等。通过对这53个项目的分析得出,太阳能和地源热泵应用率最高,一方面是由于项目所在地太阳能和浅层地热能资源较丰富,促进了可再生能源的使用;另一方面是由于利用太阳能和地热能相较于利用其他可再生能源,技术手段更为成熟,市场推广度高。而风力发电需占用大面积土地且成本高,地域的限制约束了其发展,因此,在这53个项目中,只有1个项目用到了风力发电。此外,还有2个项目应用了空气源热泵,1个项目采用了地道风技术。

通过对其中16个项目增量成本数据的汇总整理,可以看出,增量成本在660～3265元/m^2间浮动,浮动区间较大。增量成本最高的为公共建筑,最低的为居住建筑。对于5项居住建筑,增量成本平均为858元/m^2,除1个项目的增量成本为1500元/m^2外,其余4个项目的增量成本均小于800元/m^2。对于11项公共建筑,增量成本平均为1540元/m^2,除1个项目外,其余增量成本均高于800元/m^2。可以看出,对于被动式超低能耗绿色建筑,公共建筑的增量成本水平普遍高于居住建筑。整体来看,被动式超低能耗居住建筑的增量成本,除少数项目成本过高外,基本能将增量成本控制在700元/m^2,而公共建筑的增量成本基本可维持在1500元/m^2的水平。这对于项目建成后产生的环保效益、经济效益及社会效益来说,是可以接受的。

被动式超低能耗绿色建筑增量成本主要由被动式技术、主动式技术、可再生能源系统和自控系统这4部分产生。从16个项目增量成本分配数据的统计得出(5个项目的增量成本分配数据缺失),所有项目均使用了被动式技术,如自然通风、自然采光、遮阳、光导、绿植等,对增量成本的贡献率达到56%,主动式技术和可再生能源对项目增量成本的贡献率相当,贡献率最低的是自控技术。由此得出,作为被动式超低能耗绿色建筑,被动式技术的应用是首要的,也是必要的。通过采用自然采光、通风、遮阳、光导等被动式技术,减少建筑冷热量的损失和渗透,再辅以热回收、高效冷热源系统、节能照明等主动式技术,就能将建筑能耗保持在较低水平。而可再生能源可作为建筑冷热源,使建筑减少对常规能源的消耗。因此,在项目增量成本的构成方面,被动式技术的投入是最高的,主动式技术及可再生能源系统可根据项目被动式技术的使用情况再做甄选;被动式技术的投入相对较低;自控技术作为"优选项"技术,并不是使建筑达到超低能耗的必要技术,因此在增量成本中占比较小。

1.2.6 发展趋势

1.2.6.1 发展方向

我国出台的各项国家和地方政策,与已完工被动式超低能耗建筑项目的示范作用,将从北到南、从城市到农村深入推动我国被动式超低能耗建筑项目的发展。当前,我国被动式超低能耗建筑将朝着部品化、精细化、创新化、合理化、国际化方向发展。

(1) 部品化发展

被动式超低能耗建筑外围护结构、保温材料等产品将逐步达到设计标准化、生产部品化，结合装配式建筑施工速度快、造价便宜的优势，未来发展装配式被动式超低能耗建筑，将提高建筑的施工效率和项目的经济效益。

(2) 精细化发展

被动式超低能耗建筑的无热桥和高气密性都要求项目的精细化设计和施工，所以相关建筑材料的精细化生产是关键。选择高品质的门窗系统的型材、玻璃及玻璃间隔条、密封材料、五金配件等材料，以保证门窗的传热系数，外窗的气密、水密和抗风压性能，要达到这些性能，就需要门窗材料的精细化生产，另外，外窗安装精细化也是比较重要的环节之一。因此，建筑材料的精细化发展是今后的发展趋势。

(3) 创新化发展

被动式超低能耗建筑外墙保温材料直接影响项目的安全和节能水平，我国保温材料将从以聚苯板为主的有机材料向以岩棉板为主的无机材料过渡，更加注重保温材料的防火、防水防潮性能。同时，大力发展多功能复合保温材料，整体提升材料的保温性能。

(4) 合理化发展

我国气候类型复杂，严寒地区采暖是关键，夏热冬冷地区冬季需采暖、夏季需制冷，需因地制宜制定被动式超低能耗建筑相关设计、施工等相关政策和标准体系。此外，我国城市建筑以高层办公楼及住宅为主，年新增建筑体量大，被动式超低能耗建筑要结合我国主要建筑类型进行合理发展。

(5) 国际化发展

我国将继续向欧洲先进国家学习被动式超低能耗建筑关键技术，包括防水隔汽膜、防水透气膜的本土化开发，高效的地源热泵技术、可再生能源利用技术的应用等。我国被动式超低能耗建筑相关技术和材料系列产业，在适应本国国情发展的同时，将逐步达到国际先进标准水平。

1.2.6.2 发展阶段

我国被动式超低能耗建筑从技术水平上，大致将历经以下五个阶段：

(1) 第一阶段：第一代传统被动房

根据德国被动房研究所(PHI)的最新划分标准，被动房一共分成了 3 类，分别为传统的被动房(Passive House Classic)、被动房+(Passive House Plus)和优质被动房(Passive House Premium)。为简单起见或按照发展的先后顺序，我们分别将其称作第一代、第二代和第三代被动房。

如图 1.11 所示，第一代被动房(Passive House Classic)，也就是传统的被动房。菲斯特教授创建的第一座被动房就是这样的被动房，通俗地讲，就是冬天不用主动供暖，夏天不用主动制冷的房屋；山西和陕北古老的窑洞也可以叫作“原始的被动房”。

第一代传统的被动房不仅要满足节能标准，还需要满足其他一些指标。从表 1.8 中我们可以看出，德国传统的被动房与我国 65%的节能房屋相比，德国传统的被动房在多方面都显示出其先进性。

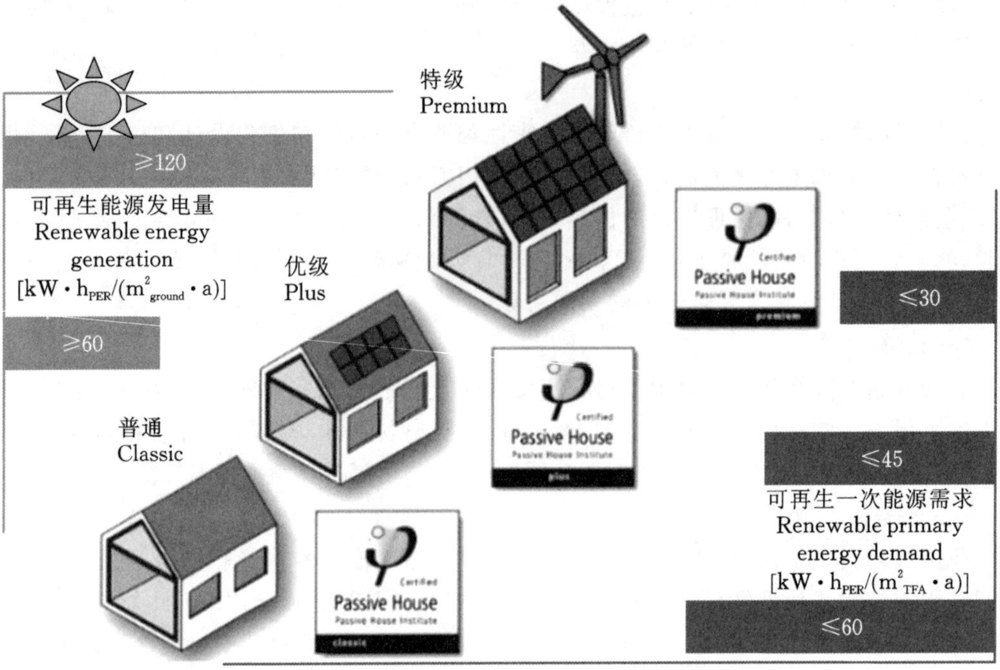

图 1.11 德国被动房研究所对被动房的分类标准

表 1.8 德国被动房与我国 65%的节能房屋设计标准比较

各项指标	德国节能建筑(EnEV2014)	德国传统的被动房	我国 65%的节能居住建筑(JGJ 26—2010)	
			秦皇岛(寒冷地区)	哈尔滨(严寒地区)
屋顶传热系数 K[W/(m² · K)]	≤0.20	≤0.15	≤0.45	≤0.25
外墙传热系数[W/(m² · K)]	≤0.28	≤0.15	≤0.60	≤0.40
外窗传热系数[W/(m² · K)]	≤1.1	≤0.8	≤2.0	≤1.6
房屋气密性	—	n_{50}≤0.6	—	—
室内温度(°C)		20～26	18	
室内相对湿度		40%～60%		
室内二氧化碳含量		≤1000 ppm		
超温频率		5%		
允许噪声级		卧室≤30 dB		卧室≤37 dB
		起居室≤35 dB		起居室≤45 dB
最大采暖负荷(W/m²)	—	10	32	—
采暖需求[kW · h/(m² · a)]	30	15	45.53	73.35

续表1.8

各项指标	德国节能建筑(EnEV2014)	德国传统的被动房	我国65%的节能居住建筑(JGJ 26—2010)	
			秦皇岛(寒冷地区)	哈尔滨(严寒地区)
制冷需求[kW·h/(m²·a)]	—	15	—	—
总一次能源需求[kW·h/(m²·a)]	—	120	—	—
新风系统热回收效率(%)	≥70	≥75	—	—
通风系统	机械通风或窗户通风	带热回收新风系统	自然通风	自然通风
采暖制冷系统(示例)	冷凝式锅炉	热泵/生物质颗粒	集中供暖(热电联产、燃煤燃气锅炉)	

注:*K* 指传热系数。

(资料来源:节选自秦皇岛在水一方被动房示范项目资料汇编)

从表1.8可以看到,德国的第一代被动房(也叫传统的被动房),是被动房的基础版本。不但节能90%以上,而且许多其他指标也是远远高于我国节能65%的房屋标准;节能65%的房屋应该是目前国内绝大部分既有建筑的节能水平了。住房和城乡建设部新制定的超低能耗建筑技术标准,相当于德国传统的被动房标准。从整个围护结构来看,或者从门窗的传热系数来看,住房和城乡建设部新制定的超低能耗建筑的传热系数标准都要比国内的既有节能建筑低50%左右。也就是说,从这些指标(包括实际能耗)比较,我们国家既有建筑的耗能是同纬度同气候区的发达国家被动房耗能的3倍左右。如果再加上我们的平均建筑寿命为30年左右,和发达国家建筑寿命为100年左右相比,也是3倍左右的资源浪费、人力消耗和环境污染。再看一下室内相对湿度、二氧化碳含量、噪声级别等指标,不难得出结论,被动房不但节能标准高,同时也是舒适度标准高的绿色建筑。

(2) 第二阶段:第二代被动房

所谓第二代装配式被动房,也就是在第一代被动房的基础上,加上了可再生能源,从而在第一代被动房节能90%的基础上,另外那10%的热负荷或冷负荷也可以通过可再生能源来补充,最终使得建筑本体对传统能源的消耗接近零,因此也叫近零能耗或零能耗建筑。在PHI的最新分类标准里将这种近零能耗或零能耗建筑叫作被动房+(Passive House Plus),我们为了区分于传统的被动房,因而把它称作第二代被动房。

所谓的近零能耗或零能耗建筑,实际上只是对传统的能源而言是零能耗,即不再消耗煤或石油了,无论是采暖还是制冷,除了利用围护结构的被动式原理以外,其余主动补充的部分能源都来自可再生能源。

被动房的供热或制冷需求不超过15 kW·h/(m²·a),原来的第一代被动房的标准仍然适用,但是由于采用新的分类方法,将采用可再生的一次能源(Primary Energy Renewable,PER)总需求代替一次能源需求的提法。对于传统的被动房(Passive House Classic)而言,可再生的一次能源需求最多是60 kW·h/(m²·a);而被动房+(第二代),对可再生的一次能源需求不会超过45 kW·h/(m²·a),因而,被动房可再生能源发电必须大于或等于

60 kW·h/(m^2·a)。对于优质被动房(Passive House Premium:第三代)而言,可再生的一次能源需求被限制在刚好小于或等于 30 kW·h/(m^2·a),那么该建筑的可再生能源就要至少发电 120 kW·h/(m^2·a)。

2019 年 9 月 1 日,我国又出台了《近零能耗建筑技术标准》(GB/T 51350—2019)。这个标准是一个非强制性的标准,和原有的建筑节能标准相比,可节能 60%～75%。和德国被动房标准相比,基本上相当于德国的第二代被动房。而超低能耗建筑,是近零能耗建筑的初级形式,节能标准要比近零能耗建筑低 10 个百分点,也就是比国内原有建筑的节能标准节能 50%以上,大体上相当于德国第一代被动房的节能水平。而零能耗建筑,则是近零能耗建筑的高级形式,相当于德国第三代被动房(产能房)的标准。

《近零能耗建筑技术标准》(GB/T 51350—2019)虽然不是强制性标准,但其具有引领性、前瞻性、和国际标准的衔接性等。根据超低能耗、近零能耗和零能耗建筑规定的节能技术指标要求,我们可以比较一下它们的具体能耗数值要求。

按照现有的建筑节能指标,全国多数地区以 65%的节能作为考核指标,北京等先进地区的节能要求为节能 75%,这些都是强制性的标准要求。按照 1980 年的建筑能耗指标是 25 kgce/(m^2·a),则节能 50%后建筑能耗就是12.5 kgce/(m^2·a),节能 75%后建筑能耗就是 6.25 kgce/(m^2·a),节能 80%后建筑能耗就是 5.0 kgce/(m^2·a),节能 85%后建筑能耗就是 3.75 kgce/(m^2·a),节能 90%后建筑能耗就是 2.5 kgce/(m^2·a),节能 95%后建筑能耗就是 1.25 kgce/(m^2·a)。而国家近零能耗居住建筑能效指标规定,建筑能耗综合值为小于或等于 6.8 kgce/(m^2·a),或≤55 kW·h/(m^2·a);寒冷地区的供暖年耗热量≤15 kW·h/(m^2·a),供冷年耗冷量是根据使用地的干湿球变化来计算的,假如是 10 kW·h/(m^2·a),年采暖和制冷的能耗为≤25 kW·h/(m^2·a),约占建筑能耗综合值的 45%左右。在被动式设计时,仅依靠围护结构就可以节能 90%以上,再加上《近零能耗建筑技术标准》(GB/T 51350—2019)中规定,采用可再生能源的比例要大于或等于 10%,因此建筑的供暖和制冷就可以不再依赖传统的能源,实现对传统能源而言的近零能耗。

(3) 第三阶段:产能房(Passive House Premium)

在第二代被动房的基础上,加大可再生能源的补充程度,就形成了第三代产能房。德国的产能房或第三代被动房,相当于我国《近零能耗建筑技术标准》(GB/T 51350—2019)中的零能耗建筑。产能房具体有以下两个特点:

① 产能大于用能。按照德国 PHI 的标准要求,第三代被动房属于优质被动房,对可再生的一次能源的需求小于或等于 30 kW·h,自身可再生能源的发电能力要大于或等于 120 kW·h。

② 所谓的零能耗建筑,并不是说没有能量消耗,而是说除了采暖和制冷的能量消耗可以通过自身的建筑围护结构来实现近零能耗外,鉴于仅靠围护结构来实现取暖和制冷的零能耗并因此而带来高成本的建造并不一定是一个合理的选择,如果只是把依靠被动式原理的围护结构设计节能维持在 90%以上的水平,其他部分都考虑用可再生能源来补充,或许在经济上和技术上都是更加经济可行的方案,那么采取后者,也就是顺理成章的事了。因此,围护结构一般都是将 90%的节能目标作为被动式设计的基础,将其余 10%的采暖或制冷能量需求以可再生能源作为补充来具体实现零能耗,也就是相对于传统能源来说,是实现

零能耗或零排放了。把通过围护结构实现采暖和制冷节能 90%以外的能量消耗用可再生能源补充，这种方式属于主动式补充，主动补充的部分超过建筑本身的取暖和制冷的能源需求，还有热水、做饭和照明等能量需求后，就可以对外销售，形成区域性的分布电网的一部分。这是未来电网和建筑相结合的产物，是未来发展的方向。这些输出到周边地区的新能源，既可以为别的传统建筑提供可再生能源，也可以用于周边的工业或其他产业。

(4) 第四阶段：生态建筑(装配式被动房)

装配式被动房和前三代被动房或国内的近零能耗建筑的三个档次划分又有什么不同呢？第四代装配式被动房是在前三代被动房的基础上发展起来的，是在继承了前三代国际被动房的基础上，在满足国内超低能耗、近零能耗和零能耗建筑三个层次需求的基础上，又有新的发展、新的特色和新的优势。第四代装配式被动房的新发展或新特点主要为以下 5 个方面：

① 生态平衡和零排放

在德国第三代被动房的基础上，第四代装配式被动房首先强调生态平衡和零排放，这个零排放不仅仅是二氧化碳的零排放，更重要的是建筑的整体对环境的零排放。比如说，建筑内居住的人，其排泄物不能对环境产生污染。这是装配式被动房的显著特点之一。在第三代被动房里，我们只看到了节能和室内舒适度参数的提升，没有考虑排泄物对环境的污染问题。这也是生态平衡问题，也就是说，一个绿色的生态建筑，对环境的影响应该是趋于零的。

典型的生态建筑之一，是美国西雅图的布里特中心。布里特中心首先是产能大的建筑，其自身发电量为 212601 kW·h；消耗量为 134019 kW·h；剩余的电力卖给电网。西雅图布里特中心号称世界上最绿色的商业建筑，其建筑材料选择了蓄热混凝土和重组木(CLT)，都是绿色建材。所谓的 CLT 技术，是未来木结构建筑的新兴材料。北美 80%以上的民用建筑，都是木结构建筑。

布里特中心的所有排泄物均在地下室进行了生物处理，采用锯末和蚯蚓对排泄物进行联合处理，最后将排泄物变成无臭无味的有机肥料。布里特中心还有许多亮点，包括地源热泵技术等。

② 被动式与装配式初步统一

被动式建筑可将能效提高 10 倍以上，装配式建筑可将建造效率提高 10 倍以上。二者有效结合，将产生乘数效应，其结果必将是产生巨大的经济效益、社会效益和环境效益。很遗憾，两种建筑在我国基本上是两条线，各自都在独自推广，一开始都需提高一次性成本 20%～30%，从而使得广泛普及受到一定的制约，需要政府给予政策性支持。2014 年，我国成立了被动式集成建筑产业联盟，意在将被动式建筑与装配式建筑结合起来；2018 年，我国又成立了被动式装配建筑专业委员会，以加强被动式建筑与装配式建筑结合的组织保障。经过 6 年多的努力，已在业界达成了共识并形成了不少成果。

第四代被动房(装配式被动房)是在前三代被动房的基础上，逐步强化被动式和装配式的二者融合，最终实现完全的统一。实际上，国际上的被动房，从木结构开始，本来就是装配式的，包括钢结构被动房，也是装配式的。只有 PC 结构的被动房，目前还存在现浇和预制的问题。随着被动式建筑的不断普及，利用装配式技术，将被动式原理融合到装配式预制构件的设计和制作之中，也是迟早的事情。北京建工新型建材有限责任公司的预制构件厂将北京金海湖的一个被动房小区在工厂制作完成，标志着我国第一个混凝土结构的装配式被动房项目已经真正实现了产业化。2019 年，在中国被动式集成建筑材料产业联盟和中国散协被动式装配建筑专业委员会组织的泉州会议上，北京建工新型建材有限责任公司的陈喜旺总工程师在大会上对该项目作了一个详细的技术报告。可以说，装配式被动房，无论是木结构、钢结构，还是混凝土 PC 结构，在我国都已经实现了技术上的无障碍实施。

把被动式和装配式有机结合起来，可以说是装配式被动房在我国业界的一个突出特点。以前这么多年，我国的被动房建筑和装配式建筑都发展了不少年，但还没有真正把三大结构的装配式和被动式都结合起来。因此，我们把装配式被动房归类为第四代被动房或生态建筑的一个显著特点，也是为了区分于以前三代被动房的不同特点，彰显科技进步的优势所在。

当然，目前被动式和装配式的结合还是初步的，等到达到高度和精密结合的程度时，我们将要将其划分为第五代被动房的发展成果了。

③ 初步智能化

被动式建筑发展到第四代时，还没有普遍实现智能化。因此，第四代被动房只能说是初步智能化。如果木结构、钢结构和混凝土结构，还有混合结构的建筑，都达到装配式被动房的水平，从经济学上讲，现有的建筑不但实现零能耗，而且劳动生产率将提高 10 倍以上，我国和发达国家的人均劳动生产率也将处于同样的水平。

第四代装配式被动房只做到了初步智能化，即被动式和装配式的初步融合。智能化当然指的是自动化的高级阶段，初步智能化也就是由自动化向智能化过渡的阶段。

④ 全生命周期更加趋近碳中性

第四代被动房的第四个主要特点是全生命周期趋于碳中性。从原料开始，也就是建造房子所用建材的原料，有些是取自可再生材料，比如木材和秸秆建材等生物质材料。生物质材料不但可再生，可持续发展，而且吸收二氧化碳。即便不是完全可再生原料或材料，也可通过相对延长其使用寿命，提高其质量，使其成为相对可再生材料。譬如，钢铁材料的回收利用，长寿命石材的恒久耐用等。其次是在运输当中，采用绿色能源，比如电动汽车。到了工厂后，清洁生产，获得绿色建材产品。然后，通过深加工，直接成为预制构件或部品部件，然后再绿色运输到现场机械化组装成装配式被动房。当房屋废弃时，其所用建材都变成再生建材，重新作为绿色建筑的一部分，不再浪费天然资源。而且在对建筑固废的处理过程中，也是采用可再生能源，不产生新的碳排放。在建筑的整个生命周期均逐步趋于碳中性、零排放。这是第四代被动房的重要特征之一。

⑤ 从住人到养动物和种植物

第四代被动房不仅仅可以住人，而且是种植和养殖的基础设施。也就是说，被动房变成生态房的同时，具备了另一个全新的功能。以前由于被动房的一次性投资成本比较高，无法大面积推广。到了第四代被动房就不一样了。第四代被动房已经从一个纯消费的产品，变成了一个生产性的工具。人们可以借助第四代被动房，在住人的同时，养动物和种植物，形成经济产业，将其变成赚钱的工具。大力发展第四代被动房，就形成了建筑业、养殖业和种植业三业齐飞的良好态势。我们形容这样的发展态势，叫作一业带三业，间接还带动了建材、新能源、固废资源开发、旅游康养和文化艺术的繁荣昌盛。

(5) 第五阶段:第五代装配式生态智能化被动房

在第四代被动房的基础上,再加上智能化,就变成了装配式生态智能化被动房。

在传统被动房的基础上,几代被动房的技术不断发展、要素不断增加,从装配式、模块化,到生态化和智能化。在可预见的未来,高度智能化的装配式生态被动房似乎是我们目前可以看到的更加理想的系统,也就是高度智能化的超级生态系统。这样的超级生态系统,是我们要追求和奋斗的目标。

实际上,在最初的装配式被动房阶段,初步智能化就已经开始了,只不过是还没有发展到高级阶段,因而也不能以高度智能化来作为特征。在初步智能化阶段,装配式的效率还没有发挥出来,十倍因子的理论或许只体现出几倍,无法抵消学习成本和运输成本,导致装配式建筑也比普通建筑的一次性投资高 20%~30%,也让不少经济支付能力弱的用户裹足不前。当在 5G 和 6G 等智能通信和智能基础设施环境支持下,第五代装配式生态智能被动房的效率和效益都将得到高度发挥和实现,不但运营成本低、高质量,而且一次性投资也将大幅度降低,正如古诗所言"旧时王谢堂前燕,飞入寻常百姓家"。普通老百姓也不会因为一次性投资高而放弃建设高质量被动房了。

对第五代装配式生态智能被动房的一些现有和未来功能和特点,兹简述如下:

① 和前四代装配式生态被动房不同,前四代装配式生态被动房只是部分实现了智能化;随着 5G 和 6G 时代的到来,全面智能化将深入我们生活的各个方面。

② 智能化建筑的功能包括自动窗帘、自动遮阳、智能防盗、环境监测、人体健康监测、地震预报、智能家居、远程遥控、机器人保姆、日程安排、大数据和云计算。

③ 目前已经初步开展一些智能建筑与智能家居项目内容,诸如网络接入系统、防盗报警系统、消防报警系统、煤气泄漏探测系统、远程抄表系统、紧急求助系统、远程医疗诊断及护理系统、室内电器自动控制管理及开发系统、集中供冷热系统、网上购物系统、语音与传真(电子邮件)服务系统、网上教育系统、股票操作系统、视频点播和付费电视系统,等等。5G 和 6G 时代,其他美好的前景我们还无法想象!

1.3 国内外被动式超低能耗建筑发展对比分析

我国建筑的特点与德国建筑的特点相比也具有较大的差异,我国住宅多以多层和高层建筑为主,建筑密度大、容积率高、入住率差别较大。与德国相比,我国建筑体型系数较小,建筑中公共区域较大,实现高层建筑超高性能难度较大。

我国人民的生活习惯与德国人民的生活习惯也存在较大的差异。我国人民习惯通过自然通风解决室内新风和过热问题,习惯部分时间和部分空间的室内参数保证,习惯过渡季开窗降温。同时不同气候区、不同经济水平居民生活方式、生活习惯差别较大,做饭时油烟、水蒸气大,厨房和卫生间存在间歇排风等。

在气候特点、建筑特点、生活习惯及用能特点等方面,我国与德国也都存在较大的差异,目前我国每年新增建筑面积约 20 亿平方米,超过所有发达国家每年新增建设面积的总和。我国现有建筑 80%以上都是高耗能建筑,建筑能耗普遍为德国、丹麦等发达国家建筑能耗的 3 倍以上,即使执行"二步"节能标准(50%节能标准)后,建筑能耗也是德国、丹麦等发达国家建筑能耗的2倍;我国建筑节能技术相对落后,在设计水平、建筑技术、材料制造及应用上,都与西方发达国家存在较大差距。我国建筑节能潜力巨大,任务艰巨。因此,发展中国特色的被动式超低能耗建筑体系是我国建筑发展的必由之路。德国在建筑节能方面的很多做法,值得我国学习借鉴。

2 被动式超低能耗建筑材料的发展现状

被动式房屋的概念最早是由瑞典阿达姆森教授和德国的菲斯特博士提出的，按照达姆施塔特被动房研究所公布的要求，建筑必须在年热能需求、热负荷、气密度和基本能源需求等方面符合特定的标准，才能称为合格的“被动房”。而目前国内外评价被动房的主要指标包括气密性、采暖和生活热水用能、采暖负荷、室内舒适度指标、建筑总用能、制冷负荷、除湿需求等，这对于我国的建筑材料质量提出了更高的要求。为实现被动房舒适度和节能等相关目标，需要有：①优良的外围护保温（包含墙体保温、屋面保温、地面保温等）；②优良的节能门窗产品（包括建筑上所有外窗、进户门、单元门、天窗等）；③无热桥设计；④优良的建筑整体气密性；⑤适配的建筑外遮阳技术；⑥热回收超过 75%的新风设备。

2.1 门窗系统及配套材料

门窗是建筑围护结构的组成部分，同时也是外围护结构中保温最薄弱的环节，门窗能耗累计占了建筑能耗的一半。因此，门窗节能性能是被动房达到节能指标的关键。被动房用门窗最关键的两个指标是密封性能和保温性能。目前，北京最新的外窗保温节能要求仅达到了德国 1995 年的水平，见表 2.1、表 2.2。

表 2.1 德国规范对外窗保温性能的限值[W/(m² · K)]

年份	1977 年	1982 年	1995 年	2002 年	2009 年	2012 年	2020 年
传热系数	3.5	2.8	2.0	1.7	1.3	1.1	0.8

表 2.2 北京市节能标准对外窗保温性能的限值[W/(m² · K)]

年份	1986 年	1997 年	1999 年	2004 年	2013 年	2021 年（1 月 1 日）
传热系数	6.4	4.0	3.5	2.8	2.0	1.1

2.1.1 产业现状

2.1.1.1 国外概况

(1) 发展历程与特征

自 1991 年第一座被动房建成以来，以德国为代表的西方国家开始大力推广被动房（被动房在国内被称为被动式超低能耗建筑）。被动房主要采用被动式技术，配合带热回收的新风系统，以达到能耗平衡。其中被动式技术中的重要部品就是门窗，门窗在国外的发展主要以铝、塑、木三种材质为主，其传热系数根据不同地区有不同的性能指标。欧洲门窗行业的整体技术水平仍远超中国的门窗行业。欧洲门窗市场仍为木窗、铝合金窗和塑料窗三者并存，其特点是：

① 流行高档木窗，具备与铝、塑窗同样的使用功能，符合人们亲近自然的需求。虽然木窗在欧洲市场的整体用量不占主导地位，但在个别地区（如北欧）仍为主要门窗种类。

② 铝合金门窗基本上采用带断桥的彩色铝合金型材。

③ 彩色塑料窗多采用表面覆膜技术，以保证耐候性。

④ 由于铝合金材料质地美观、色彩丰富，欧洲门窗市场开发了铝合金扣板技术的木铝、塑铝复合型材，甚至在扣合部位填充 PU 发泡，并进一步提高了保温性能。其中木铝窗由于室内一侧为木材，给人一种自然的感觉，更受市场欢迎，用量正逐年提高。

⑤ 欧洲已基本上采用镀膜中空玻璃或镀膜三玻中空玻璃来作为门窗的玻璃，双玻间距一般为 14 mm，玻璃厚度不小于 5 mm，镀膜玻璃的价格已经比白玻璃便宜。欧洲玻璃标准要求传热系数 U 值不大于 2.0 W/(m^2 · K)，中空玻璃内要充氮气或氩气，从而更进一步提高了门窗的保温性能。欧洲门窗标准要求门窗的保温系数 K 值不大于 1.4 W/(m^2 · K)。

国外超低能耗建筑用窗的发展，主要体现在玻璃和窗框的衍变：门窗从单玻、双玻、双玻 low-E 再到三玻 low-E，实现玻璃能耗损失和获得的差值，由负转正；窗框从以前的窄断面，发展到现在的 82～130 mm 系列不等，窗框的断面和强度设计也有了较大的提高，气密性得到了加强。国外被动式门窗框体的材质也有很大改变。铝合金窗在隔热条的宽度以及腔体填充的材质方面有很大提高，为减少框体之间对流换热，还增加了气密性胶条的宽度；塑钢窗也从最基本的三腔结构，发展到现在的 6 腔和 7 腔结构，从原来的两道密封发展到三道密封结构（表 2.3）。铝木复合门窗也从原来的木材隔热调整为现在的木材与其他保温材料的复合结构，对节约木材、提高门窗整体性能起到了重大的作用。

表 2.3　不同节能标准要求下门窗发展的技术措施

建筑类型		居住建筑			
节能标准		节能 65%	节能 75%	节能 80%	节能≥90%
外窗传热系数[W/(m^2 · K)]		≤2.8	≤2.0	≤1.1	≤1.0
气密性		不低于 6 级	不低于 7 级	不低于 7 级	不低于 8 级
玻璃传热系数[W/(m^2 · K)]		2.5～2.7	1.6～1.8	≤0.8	≤0.8
玻璃配置		普通中空玻璃	Low-E 中空玻璃或普通三层中空玻璃	三玻双层 Low-E 充氩气玻璃	三玻双层 Low-E 暖边间隔条充氩气玻璃、真空玻璃、四玻三中空玻璃
铝合金窗框型材	系列	60 系列	65 系列	90 系列	90 系列
	隔热条宽度(mm)	≥14.8	≥24	≥40	≥50
	密封数量	2 道	2 道	2 道	3 道

续表2.3

建筑类型		居住建筑			
铝包木窗框型材	系列	IV 58 系列	IV 68 系列	IV 78 系列	Passive 130 系列
	厚度(mm)	58	68	78	129
	密封数量	3 道	4 道	5 道	5 道
PVC 窗框型材	系列	60 系列	65 系列	75 系列	82 系列
	腔室数量	≥3 腔	4 腔或 5 腔	≥6 腔	≥7 腔
	密封数量	2 道	3 道	3 道	3 道

被动式超低能耗建筑用门窗，在技术方面主要是解决如何提高门窗的保温性能和门窗的气密性，以及保障门窗安装工艺的问题。被动式超低能耗建筑用门窗产品主要是以铝、塑料、木材三种材质为主。目前铝窗主要通过加大隔热条的宽度、腔体填充保温隔热材料等措施降低铝窗的传热系数；塑窗主要是从型材宽度、腔室的设计以及增强型材的选择方面降低门窗的传热系数；木窗则是在门窗框的截面宽度和材料的复合方面来降低门窗的传热系数，以达到节能的目的。

(2) 产业结构

目前，国外多以系统窗为主，输出技术和材料，成本高，但技术成熟。国内主要以型材设计、加工和门窗的组装生产企业为主，能够实现自主研发的企业较少。

在高端产品领域，大部分塑料门窗的高端产品均来自国外品牌；国内多以 55 系列、60 系列、65 系列为主，但多腔体和宽截面的产品较少，不能满足我国超低能耗建筑发展需求。我国铝合金门窗厂多集中于东南沿海城市，仅广东就已有 8000 多家，大多以生产加工为主，缺乏自主研发能力。一些高性能门窗厂多分布于北方城市，主要以木窗的生产为主，具备一定的研发能力。特别是京津冀地区，随着建筑节能要求的不断提高，节能标准从原有的 75% 提升到 2021 年的 80%，门窗的传热系数从 2.0 W/(m^2·K)提升到 1.1 W/(m^2·K)，将极大地促进门窗产业的升级。

塑料窗在节能方面具有优势，在欧美发达国家市场占有率超过 50%。我国刚引进塑料窗时，其质量与欧美相差不大，但经过长时间的发展，欧美塑料窗质量逐步提高，而中国塑料窗则停滞不前。目前，我国的塑料窗主要应用在低端房屋，市场价格低廉，塑料窗如果想有新的发展，必须提高质量。

断桥铝合金窗是我国市场中的主流产品，市场占有率超过 50%。在欧美发达国家，铝合金属于高档材料，其价格比木窗还要高。对于铝合金这种宝贵的资源应该更好地加以应用，但在我国却应用泛滥，我国南方地区许多铝合金窗甚至是非断桥的，从而造成了巨大的资源浪费。铝合金窗虽然宝贵，但问题也明显，铝合金属于金属，传热快，在新的节能标准形势下需要在其断桥方面进行研究，提高断桥效果，而这必然导致铝合金窗成本上升，如以铝合金窗的保温系数 K 值 1.5 W/(m^2·K)为基础，K 值每降低 0.1 W/(m^2·K)，则铝合金窗的价格将上升 100 元左右。所以需要给铝合金窗定出合理的市场价格，否则铝合金窗将有可能重蹈塑料窗的覆辙。

木窗目前在市场中定位为高档窗，这源于木材给人以回归自然的感觉。但实际上我们将木窗定义为高品质窗是因为木材具有传热系数低的属性，制作成窗户以后容易达到建筑节能标准。木窗现在市场价格较高，但是当其保温系数 K 值为 1.5 W/(m^2 · K)以下，或者更低时，其良好的节能效果，就使得木窗相对而言更便宜了。

(3) 国外重点发展技术及产品技术性能指标

目前被动房发展较快的国家主要有德国和奥地利，而门窗技术主要以德国为代表。在门窗开发方面，德国主要以门窗结构如何提高框体的隔热和降低玻璃的导热系数为主攻方向；部分系统门窗厂家，从五金和智能化等方面进行深入研究。欧洲门窗企业大部分技术以节能指标为着力点，在如何降低门窗导热，同时获得太阳得热方面统筹考量。玻璃占窗的面积最大，其传热系数基本可以达到 0.6 W/(m^2 · K)，采用四玻三腔技术或真空技术时，玻璃传热系数在 0.4 W/(m^2 · K)左右；窗框为窗的主要受力结构，目前窗框的传热系数只能达到 0.8 W/(m^2 · K)左右，与玻璃的节能性能还相差甚远。

(4) 国外主导企业

国外的企业主要有布戈(BUG)、茵特诺姆(internorm)、古特曼(gutumam)、旭格(schueco)、柯梅令(kommering)、维卡(VEKA)等系统研发企业；主要产品包括铝包木、铝合金和塑钢窗，其整窗传热系数为 0.8 W/(m^2 · K)。BUG、internorm、gutumam、Raico、旭格为系统门窗企业，主要以技术输出和材料输出为主，采取授权生产的方式，培育门窗生产企业。

2.1.1.2 国内概况

(1) 国内发展历程与特征

2017 年 3 月，住房和城乡建设部印发《建筑节能与绿色建筑“十三五”专项规划》，对超低能耗建筑、近零能耗建筑提出明确要求：到 2020 年，开展超低能耗小区(园区)、近零能耗建筑示范工程试点，建设超低能耗、近零能耗建筑示范项目 1000 万平方米以上，超低能耗建筑门窗面积约 300 万平方米。

我国建筑节能以 1986 年原建设部颁布的《北方地区居住建筑节能设计标准》为启动标志，当年出版的《民用建筑节能设计标准》中要求新建居住建筑在 1980 年当地通用设计能耗水平基础上节能 30%。门窗节能也随着建筑节能的发展有了长足进步。

在建筑外围护结构中，外窗、外墙、屋面和地面为建筑能耗的四大部位。通过门窗损失的能量约占建筑围护部件总能耗的 40%～50%，可见门窗是建筑节能的关键所在。因此，降低被动式超低能耗建筑外窗的能耗，提高被动窗的保温隔热性能，是实现被动房节能的重要环节。随着我国建筑节能标准的提高及各地被动式超低能耗建筑鼓励政策的出台，国内符合标准要求的被动窗种类越来越多，其配置也越来越丰富。例如保温系数 $K \leqslant 0.8$ W/(m^2 · K)的真空复合中空、四玻三腔等高性能玻璃，柔性暖边间隔条、防水透气膜、节能附框等。窗框种类及形式也是多样化的，例如铝木复合、隔热铝合金、塑料、玻璃纤维增强聚氨酯、聚氨酯隔热铝合金等一系列符合标准要求的被动窗型材。被动窗市场中铝木复合及隔热铝合金材质的被动窗因进入市场较早、发展时间较长，相关标准及产品工艺较为完善，目前在国内市场中应用较多。

图 2.1 中选取了 19 个通过 PHI 认证的项目进行分析，其中，9 项采用塑料窗，8 项采用铝包木外窗，5 项采用铝合金窗(有的项目使用两种以上的外窗)。塑料窗是采用 U-PVC 塑料型材制作而成的窗，具有抗风、防水、保温等良好特性，且工艺技术成熟，市场占有率高，因而多数项目选择塑料窗。铝包木外窗，“内木”结构典雅，“外铝”结构坚固耐久，能加强门窗的抗日晒、风吹、雨淋等性能，近年来在我国逐渐形成规模化生产，市场化程度逐步提高，故也已成为众多被动式超低能耗绿色建筑外窗的新选择。虽然我国大多数建筑都在使用铝合金窗，但由于铝合金窗导热系数高，密封性差，不宜在对围护结构保温性能要求高的被动式超低能耗建筑中使用，故在 19 个项目中，使用率最低。

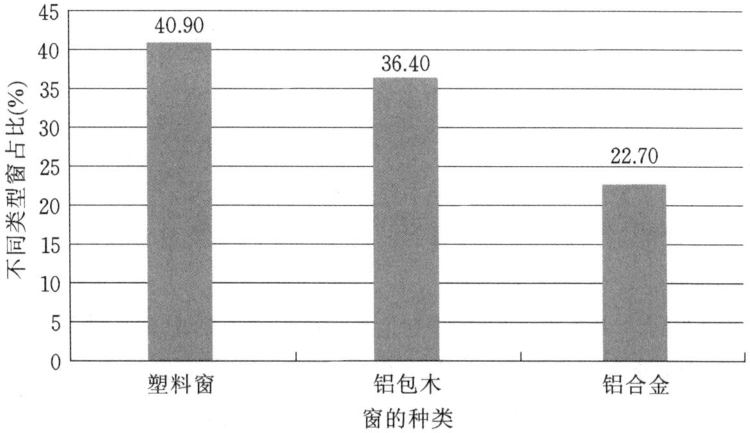

图 2.1 外窗使用情况及比例

建筑整体气密性能对实现超低能耗目标非常重要。良好的气密性可以减少冬季冷风渗透，降低夏季非受控通风导致的供冷需求。在气密性设计方面，通过认证的被动房项目多选择气密性等级高的门窗；在建筑造型和节点设计方面力求简洁，减少出现气密性难以处理的节点；采用抹灰层、石材、气密性薄膜等材料构筑气密层，并对节点做气密性处理；对门洞、窗洞、接线盒、管线贯穿处等易发生气密性问题的部位也要采取相应措施并做详细说明。

(2) 产业结构及区域分布

超低能耗建筑用门窗大部分产品以塑窗和木窗为主，铝窗份额逐步减少。根据目前大部分超低能耗建筑的分布，超低能耗建筑用门窗主要分布在北方地区，以华北地区为主。门窗企业销售收入区域分布图如图 2.2 所示。我国超低能耗建筑用门窗产品以木窗和塑窗为主。缺乏自主研发能力的企业，多以生产塑钢窗系统为主；具有实力的大企业以木窗为主，铝窗和塑窗为辅。

从欧洲门窗市场的发展规律和实际现状来看，国内门窗未来的发展将以木窗、铝合金窗、塑窗三种门窗在市场上长期共存为主，并且结合各自特点的复合材料门窗会越来越多，如木铝窗等。即门窗将朝着系列化、多样化、高档化、自动化、人文化方向发展，而且精品化、个性化意识越来越强。

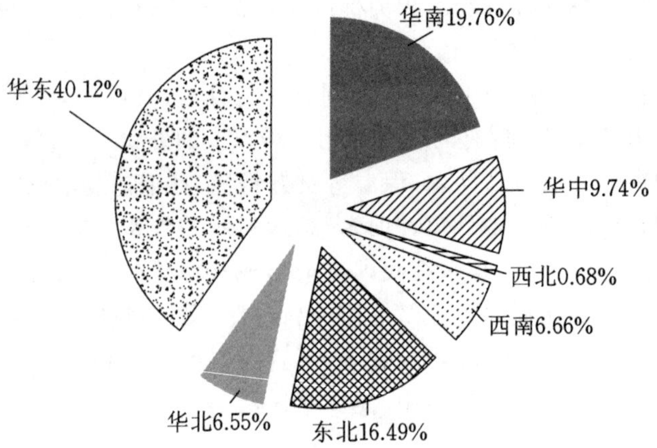

图 2.2　门窗企业销售收入区域分布图

国内木窗的发展有以下特点：从应用范围来说，木窗从过去广泛应用于各种各样的场合，逐步过渡到以室内应用为主，木窗在室内装饰方面的作用越来越突出；从工艺角度而言，木制门窗生产的自动化程度越来越高，技术越来越先进。另外，高档木窗，具备与铝合金窗、塑料窗同样的使用功能，符合人们亲近自然的需求。虽然木窗的整体用量不占主导地位，但必将长期存在。

目前，铝门窗在国内市场上无疑占主导地位，但是由于铝型材良传导、高能耗的材料属性而不被建筑节能政策大环境所接受，为此 20 世纪 90 年代末铝门窗行业引进了欧洲隔热断桥的铝合金系统，也就是时下政府所大力推广的门窗，尤以内、外双色的隔热铝门窗最为流行，已成为这几年建筑门窗的新宠。

从国家的政策导向以及欧美国家门窗的发展轨迹可以看出，隔热铝门窗将成为未来国内门窗行业的主流门窗，当前国内门窗的发展趋势也充分证明了这一点。

在政府的大力推动下，塑料门窗的质量迅速提高，尤其是彩色塑料窗覆膜技术的进一步发展，其标准和规范逐步完善，最终将使得塑料门窗成为一个规模巨大、高度发展的产业。塑料门窗因其造型美观，色泽明快，装饰性好，品种及色彩丰富，且表面光滑，手感细腻，可增强居室的豪华性和艺术气氛，进而能更好地满足人们日益增长的装饰需求。其良好的耐候性、耐腐蚀性、防火性、电绝缘性，以及优越的节能性能和最好的性价比等，使得塑料门窗越来越得到广大消费者的关注。

据专家估计，国内塑料窗将继续从木窗及铝合金窗的市场中抢夺份额，并将持续增长。几种材料的窗在新建住宅、重新装修市场以及旧窗更换市场上所占的比例将不会有太大的变化。

(3) 产业规模及市场需求预测

据大数据统计，我国 2013 年门窗行业市场规模为 4589 亿元，比 2012 年增长了近 800 亿元；2014—2016 年，门窗行业市场增速较之前有所下降；2017 年，受益于一些国家政策，门窗行业市场规模有所扩大，达到了 6605 亿元。从 2019 年我国楼市市场发展来看，我国门窗行业发展速度进一步提升，全年规模为7300亿元。据统计，2020—2021年我国门窗行业全年规模达到10000亿元。

从企业规模来看，我国门窗行业以小型企业为主。我国门窗行业中，小型企业销售收入占比为66.33%；中型企业次之，为20.54%；大型企业销售收入占比为13.13%，如图2.3所示。

根据河北省产业规划，到2025年河北省要完成竣工或在建超低能耗建筑面积1340万平方米，门窗面积将近335万平方米。由于各地针对超低能耗建筑补助政策不断出台，以及标准体系不断完善，预计在2030年我国超低能耗建筑面积将达到近亿平方米，超低能耗门窗面积将近3000万平方米。在我国已经得到PHI认证的53个被动房项目中，被动窗的应用情况以墨瑟、森鹰居多，如图2.4所示。可以看出，我国被动窗的发展存在两极分化趋势，所以我们要加大行业监管力度，出台相应的调节措施来抑制这种垄断情况的发生。

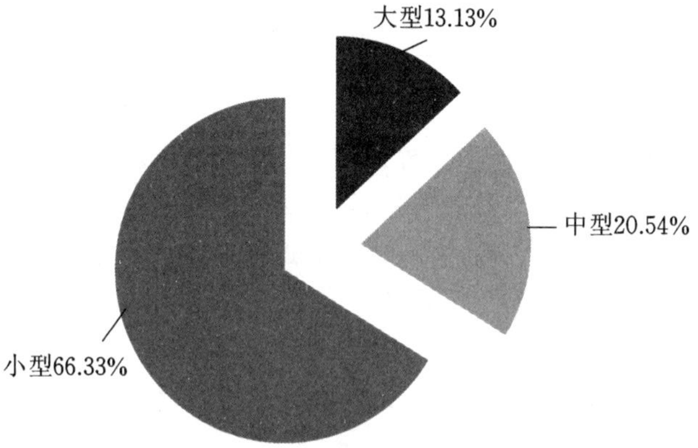

图2.3 我国门窗行业不同规模企业销售收入占比

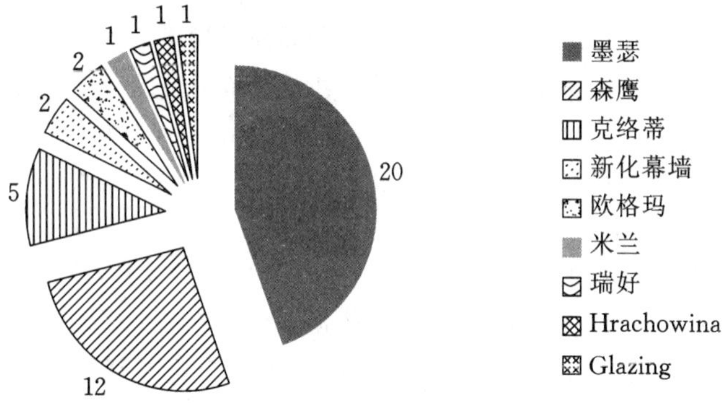

图2.4 国内通过PHI认证的门窗应用项目数量

(4) 国内重点发展技术及产品技术性能指标及对比分析

目前，国内重点发展的技术都进一步降低了门窗的传热系数，表2.4根据模拟计算数据得出了影响门窗保温性能的因素。

表 2.4 隔热腔填充保温材料对 K 值的影响

铝合金系列	填充方式	框的 K 值 [W/(m² · K)]	线传热系数 [W/(m² · K)]	框+扇投影宽度(mm)	整窗 K 值 [W/(m² · K)]	整窗 K 值差 [W/(m² · K)]
65 系列铝合金双玻	腔体不填充	3.06	0.0731	97.50	2.494	0.053
	隔热腔填充	2.85	0.0796	97.50	2.441	
66 系列铝合金三玻	腔体不填充	2.92	0.0718	97.50	2.133	0.055
	隔热腔填充	2.71	0.0774	97.50	2.078	
75 系列铝合金双玻	腔体不填充	2.66	0.0757	108.34	2.385	0.089
	隔热腔填充	2.36	0.0838	108.34	2.296	
75 系列铝合金三玻	腔体不填充	2.45	0.0826	108.33	2.033	0.093
	隔热腔填充	2.14	0.0906	108.33	1.940	

另外,建筑遮阳技术也是我国目前重点发展的技术。建筑遮阳装置一般分为外遮阳、内遮阳和位于两层玻璃之间的中置遮阳。外遮阳应用最广泛,它适用于朝南、朝东、朝西的大面积窗户及天窗处;内遮阳主要以防眩为主、遮阳为辅,适合于冬季采暖地区,在防止阳光直射的同时,可以让阳光进入室内以提高温度;中置遮阳兼有内外遮阳的特点,一体性较强,不易损坏,但造价较高。通过不同遮阳装置的组合使用,在夏季可以大大降低空调负荷,在冬季可以节省取暖能源。研究结果表明,利用遮阳技术,建筑物可节省约 40%的能源。德国十分注重建筑遮阳技术的研发和应用,无论是办公楼、商业建筑还是住宅楼,随处可见遮阳装置。

(5) 国内主导企业

国内超低能耗建筑用门窗以河北奥润顺达为代表,墨瑟、米兰、美驰、维卡、柯梅令、森鹰等主要生产铝包木门窗、塑料门窗和铝合金门窗,其保温性能均可达到 U_W=0.8 W/(m² · K),达到国际先进水平。其中墨瑟、米兰、美驰、森鹰以生产木窗为主,其超低能耗建筑门窗主要为 IV78 系列、120 系列、130 系列等;维卡、柯梅令,以研发和生产塑料门窗为主,其代表产品为 82 系列塑料窗和 88 系列塑料窗;铝合金窗以系统窗厂家为主,代表的产品为 90 系列铝合金窗和 106 系列铝合金。目前国内"被动式低能耗建筑产业技术创新战略联盟"的被动式低能耗建筑产品选用目录(第八批)中共计 38 家企业,其中 84%均为北方的门窗企业。

北方冬季采暖能耗巨大,且政府推行清洁能源,实施老旧小区节能改造,故近年来被动式超低能耗建筑技术的发展应用及相关配套的部品生产企业或基地以北方严寒和寒冷地区为主。

2.1.2 相关产业政策

国内政策主要为地方政策,且大多为专项资金补助、奖励容积率、开放预售等政策。自 2016 年开始,部分省市相继发布文件明确超低能耗建筑发展目标和具体实施的管理办法,截至 2019 年 12 月,有 7 个省及自治区、13 个城市共出台了 28 项超低能耗建筑激励政策。

2020年7月27日，河北省人民政府办公厅印发了《关于支持被动式超低能耗建筑产业发展的若干政策》，该政策指出，2020年和2021年石家庄、保定、唐山市每年分别新开工建设被动式超低能耗建筑8万平方米、20万平方米，其他设区的市每年分别新开工建设被动式超低能耗建筑3万平方米、12万平方米，定州、辛集市2021年分别新开工建设2万平方米。2022—2025年每年以不低于10%的速度递增。到2025年，全省竣工和在建被动式超低能耗建筑面积合计达到1340万平方米以上。

该政策还要求要利用省级大气污染防治(建筑节能补助)专项资金，对单个项目(以立项批准文件为准)建筑面积不低于2万平方米的被动式超低能耗建筑示范项目给予资金补助。目前超低能耗建筑产业及被动窗市场正处于起步阶段，但在技术迭代，产品规模化生产，政策支持以及建筑节能标准的提升等多重作用下，建筑行业高质量发展，并将带动建筑相关部品部件、建材、建筑设计、建筑施工及运维服务等行业的全面升级，催生巨大市场空间。

在标准方面，2015年，住房和城乡建设部印发《被动式超低能耗绿色建筑技术导则(试行)(居住建筑)》，指导推动在居住建筑中发展超低能耗建筑。2019年，住房和城乡建设部又印发了国家标准《近零能耗建筑技术标准》(GB/T 51350—2019)，标准中明确指出了超低能耗建筑的定义，并对公共建筑、居住建筑的超低能耗建筑的能效水平、技术指标及措施进行了规定，有力地支撑了超低能耗建筑的发展。

在政策措施方面，2017年，住房和城乡建设部印发了《建筑节能与绿色建筑“十三五”专项规划》，将发展超低能耗建筑作为了重点工程，提出到2020年全国建设超低能耗、近零能耗建筑示范项目1000万平方米以上，推动超低能耗建筑规模化发展。2017年，住房和城乡建设部会同财政部等部门印发《关于开展中央财政支持北方地区冬季清洁取暖试点工作的通知》等文件，明确要求试点城市积极推动超低能耗建筑建设。

2.1.3 存在的主要问题

目前超低能耗建筑在产业上属于概念时期，行业内尚未形成统一的标准和认识，除部分企业外，大部分企业不能完全保障产品的性能。超低能耗建筑达到的“五恒”生活体现的是建筑整体，单一产品不能代表整体，只能综合考虑，但目前大部分企业尚未达到系统集成，容易使得建造完成后，存在建筑达不到预期效果的问题。另外，项目设计施工的技术水平、施工时的监督检测标准、后期的运营维护等关键问题都亟待解决。

随着新材料的研发及国外技术的引进，也不乏新的技术方案来生产制造被动窗，但目前这些技术方案及工艺流程并不被业内人员所熟知或接受，只能通过市场多元化的发展来逐步推动新材料、新技术，从而使其被大众熟知并认可。

目前我国被动窗市场仍处于较为混乱的阶段，以次充好的现象较为严重，真正大型生产并有较高质量保证的企业较少，有自己独立的被动窗加工生产和创新研发的系统及技术方案的生产制造企业并不多。被动窗的技术发展并不充分，正在经历市场的优胜劣汰。另外，超低能耗建筑门窗行业中也还存在低价中标的乱象。

2.1.4 主要发展路径及对策建议

主要技术发展路径：型材断面小型化，玻璃轻量化，操作智能化，应用便捷化，性能标准化。发展新型门窗材料或复合材料，减小门窗的截面；采用热反射膜或其他新技术，减小玻璃自身重量；门窗五金与智能家具等匹配，实现智能化；研发新的门窗安装方式，使超低能耗建筑用门窗的安装和拆卸更加方便；在门窗性能要求方面，根据不同气候区的要求，形成标准，实现门窗性能的标准化。

从标准和行政法规等方面对超低能耗建筑门窗进行约束，避免低价中标的行业乱象，使门窗的经济价值得以体现，引导行业健康发展。以免出现“一窝蜂”似的发展，造成行业乱局。由于超低能耗建筑的特殊性，外窗的更换需要破坏保温，为避免造成大面积换窗，把握当下，正确选择超低能耗建筑门窗，才是发展的主要途径。

2.2 保温系统

2.2.1 产业现状

2.2.1.1 国外概况

外墙外保温是保温效果最好、应用最广泛的一种建筑保温形式。选择保温材料时主要考虑导热率与燃烧特性，德国常用的保温材料有聚苯乙烯（EPS、XPS）、聚氨酯（PU）、木质软纤维等有机类保温材料，以及人造矿物纤维（矿棉、岩棉）、泡沫玻璃、发泡水泥保温块、真空绝热保温板等无机类保温材料。EPS是德国使用最为广泛的保温材料，市场占有率约80%。外墙保温隔热层厚度一般为23～40 cm，屋顶保温方式主要有隔热（采用膨胀珍珠岩、玻璃棉和聚苯乙烯泡沫等保温材料隔热）和反射降温（常在屋顶刷铝银粉或采用表面带有铝箔的卷材来达到反射的目的）等。地下室一般采用XPS板环绕式保温层，地下室顶板大多采用岩棉或矿棉保温板。施工时地下室顶板与地面以上的保温层无缝连接，绝不能产生热桥，更不能出现渗水。保温施工完成后可以通过热敏相机（红外成像仪）进行检查，不同颜色显示不同的表面温度，通过热敏图检验保温层施工质量。

2015年全球隔热保温材料产业市场规模为404.8亿美元，其中西欧为101.2亿美元，占全球隔热保温材料产业市场的25%；北美为93.1亿美元，占23%；亚洲及其他地区为210.5亿美元，占52%。按隔热保温材料类型划分，2016年有机类隔热保温材料产业的市场规模最大，达到243亿美元，占全球隔热保温材料市场份额的60%；岩棉、玻璃棉分别占隔热保温材料产业市场的17%和23%。

国外常用的建筑保温材料有膨胀型聚苯乙烯（EPS）板、矿棉/岩棉、玻璃棉、挤塑型聚苯乙烯（XPS）板等。从市场份额来看，EPS板、矿棉/岩棉占据建筑市场主导地位，2016年EPS板占欧洲建筑保温材料总量的82.7%，矿棉/岩棉、玻璃棉占比为14%，XPS板占比为2.8%。

洛科威集团（ROCKWOOL）、泰和尼科（TECHNONICOL）、帕洛克（PAROC）、圣戈班集团（Saint-Gobain）、可耐福（Knauf）的产能分别是250万吨、65万吨、35万吨、32万吨、32

万吨，企业产能集中度很高。

全球聚氨酯泡沫市场比较分散，但也有大型的综合性公司和独立厂商。主要行业参与者包括德国巴斯夫集团（BASF）、亨斯迈（Huntsman）、特瑞堡（Trelleborg）、陶氏化学（DOW）和瑞克赛尔集团（Recticel）。

目前，全球生产建筑用真空绝热板芯材的公司有申德欧集团（STO，德国）、Kingspan Group plc（英国）、Alumasc Group plc（美国）和 Cabot Corporation（美国）等。德国、英国、美国等已逐步建立了应用真空绝热板的建筑市场，迄今已有数十项真空绝热板应用于地面、屋面、阳台、墙面等保温隔热的工程实例。德国申德欧集团（STO），专业从事建筑材料、外墙外保温体系的生产和销售，经过长期发展，已成为建材行业具有相当大知名度的跨国公司之一。早在 20 世纪 60 年代，STO 集团就推出了外墙外保温体系。五十多年的工程实践中，STO 集团为全球提供了 5 亿多平方米的外墙外保温系统和涂料产品，奠定了 STO 集团在行业内的领先地位。

Kingspan Group plc 公司是全球领先的保温材料制造商，其生产和销售业务遍布欧洲、北美和澳大利亚，在全世界范围内共有 103 个机构，其中包括 65 个制造工厂。Kingspan Group plc 公司的产品涉及建筑墙面屋面保温板、管路及送风通道保温板、太阳能保温系统和建筑隔热保温系统四大领域。

Alumasc Group plc 公司从 20 世纪 70 年代起开始做建筑外墙保温系统。其产品主要包括保温材料和面层材料，为不同建筑要求的用户提供设计和规格选择，对于不同类型的建筑有不同的系统。对于新建建筑，该公司主要提供 Swistherm 外墙保温系统和 Swisrail 外墙保温系统。其中 Swistherm 系统采用高密度岩棉矿物棉作为保温层，Swisrail 系统采用高密度 EPS 作为保温层。对于旧房翻新，Alumasc 公司则提供 Swisslab 和 Swisspan 外墙保温系统（采用酚醛泡沫作为保温层）。

总体上看，国外建筑保温材料产业发展趋势是由有机类材料向无机类材料转变，由单一材料主体向复合材料转变；材料由低品质向高品质转变，由低性能向高性能转变。

2.2.1.2 国内概况

(1) 历程和特征

我国企业生产的保温材料种类较多，主要有 EPS/XPS 板（B1 级）、真空绝热板、PU 板、酚醛板、岩棉、保温砂浆等。受我国建筑防火规范的限制，依据被动房相关标准的要求，目前我国被动式超低能耗建筑主要采用的保温材料包括 EPS、XPS、岩棉板/条、聚苯板（B1 级）、石墨聚苯板（B1 级）、挤塑聚氨酯板（B1 级）和真空绝热板等。在 PHI 已认证的 53 个项目中，多数项目采用岩棉和 EPS 作为围护结构保温材料（有的项目使用两种以上的保温材料），如图 2.5 至图 2.7 所示。岩棉整体性好、刚度高，并具有耐冲击、保温、隔热、隔声、防潮，成本低等优点；EPS 具有导热系数小，保温隔热效果好，轻质等优点。岩棉为 A 级阻燃，EPS 为 B1 级阻燃，两者保温、隔热、阻燃性能出色，且市场化程度高，使其已成为被动式超低能耗绿色建筑中广泛应用的外保温材料。XPS 挤塑板因其导热系数低的优势，也被选为较多项目的外保温材料，但由于其价格较高等原因，使用率略低于 EPS 和岩棉。同样地，聚氨酯也是由于价格因素而被限制了使用。

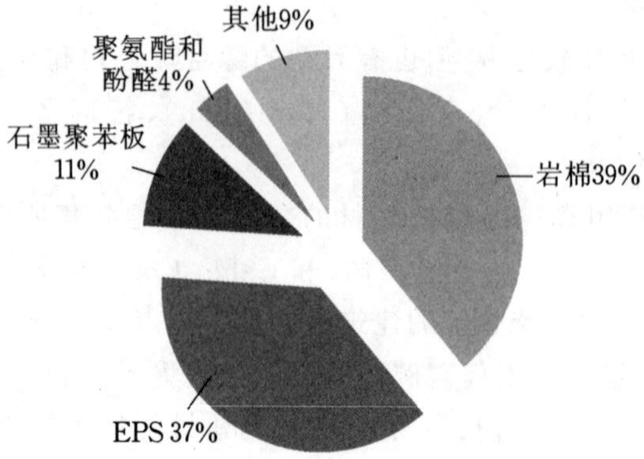

图 2.5　我国通过 PHI 认证的被动房墙面用保温材料占比

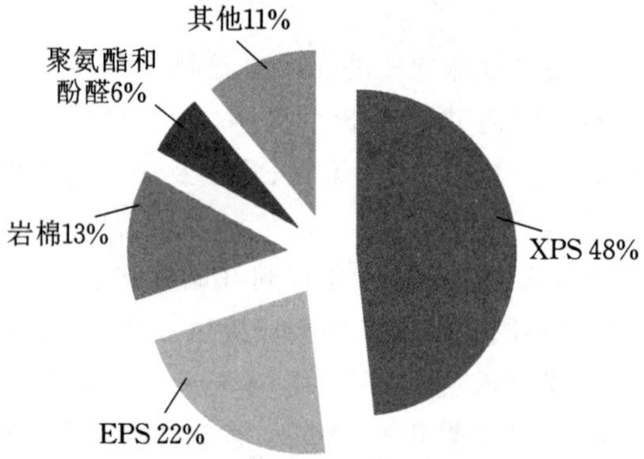

图 2.6　我国通过 PHI 认证的被动房屋顶用保温材料占比

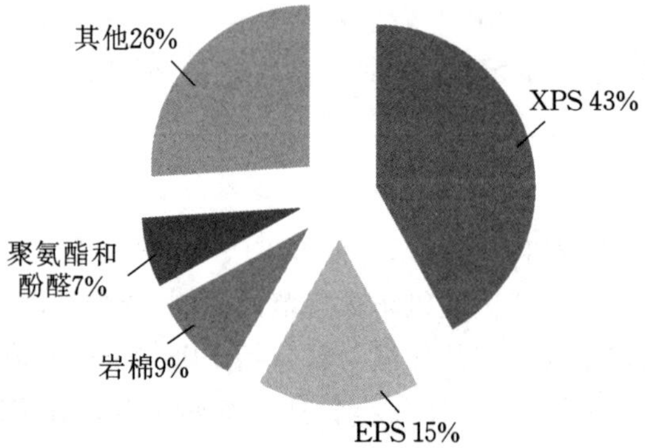

图 2.7　我国通过 PHI 认证的被动房地面用保温材料占比

(2) 产业结构

我国建筑保温材料生产企业主要分布于华东、华北、华南地区，其市场占比分别为43％、33.1％和15.5％(图2.8)。其中，大企业的效益普遍高于小企业。目前我国建筑市场中主要的保温材料有岩棉板/条、聚苯板(B1级)、石墨聚苯板(B1级)、聚氨酯板(B1级)、真空绝热板等。

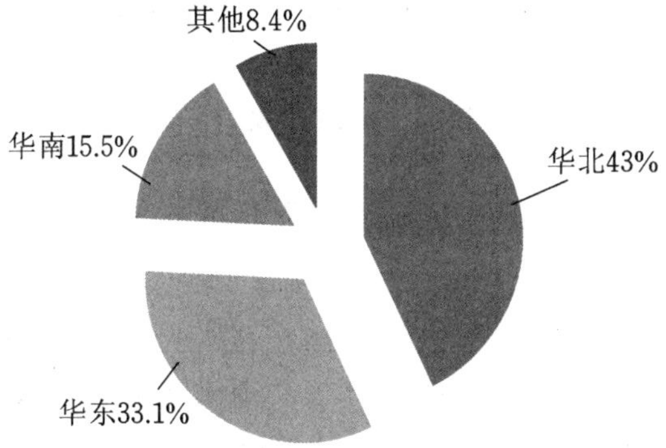

图 2.8 我国保温材料企业数量区域分布

① 岩棉

受到国内建筑防火等级逐步提高等因素的影响，无机建筑保温材料发展迅速，尤其是岩棉产品变化最大。我国的岩棉产量已由 2010 年的 118 万吨增长到 2019 年 320 万吨。国内岩棉产能由于缺少整体规划，加之前几年整体行业效益较好，岩棉企业新建生产线较多，岩棉产品出现了局部产能过剩的问题，河北地区岩棉过剩最为显著，加之有大量的矿棉（不能达到建筑用岩棉国家标准）冒充岩棉在建筑市场应用，给岩棉行业造成了较大的负面影响。据调查，目前全国岩棉企业布局较为分散，绝大多数企业收入规模在 10 亿元以下，产能集中度很低。

② 聚苯板、石墨聚苯板

目前，我国建筑保温市场常用的外墙保温系统有：聚苯板薄抹灰外墙外保温系统、胶粉聚苯颗粒外墙外保温系统和挤塑聚苯板、外墙外保温系统，约占国内外墙外保温市场 75％的份额。另外，机械固定发泡聚苯板钢丝网架板外墙外保温系统、发泡聚苯板现浇混凝土外墙外保温系统约占 10％的市场份额。石墨聚苯板以其防火性能好、导热系数低、尺寸稳定性强、耐候性和耐久性好等特点，也成为国内外超低能耗建筑中使用最广泛的保温材料。

③ 聚氨酯板

2000 年，我国聚氨酯产量约 100 万吨，约占全球总产量的 10％；2018 年，我国聚氨酯产量达 1130 万吨，占全球总产量的 45％左右。我国目前已成为世界上最大的聚氨酯生产国。2017 年，我国消费的聚氨酯泡沫、合成革浆料和涂料分别占全球总产量的 39.19％、17.12％和 16.09％。目前我国生产聚氨酯的区域主要有 4 个：一是以上海为中心的长三角地区，其区域内的聚氨酯原料和制品占据了国内聚氨酯市场的 50％；二是以广东为中心的珠三角地区，该地区的聚氨酯产品很多用于外贸；三是以葫芦岛为中心的环渤海和东北地区，其最大优势是具有雄厚的化工业基础和宏伟的产业规划，聚氨酯产品品种众多且产量大；四是以兰州为中心的西北地区，正在逐步形成聚氨酯下游产品产业链。

④ 真空绝热板

我国真空绝热板发展时间较短，市场认知有限，加之成本较高，国内应用仍处于导入期，其中约 80％的真空绝热板应用于冰箱、冰柜等家电制造领域。2010 年国内真空绝热板产量仅80万平方米，2015年达到了1105万平方米，2018年国内真空绝热板销量约2000万平方米，产值达25亿元左右。

真空绝热板具有优越的保温性能和超薄的厚度，应用于要求较高的寒冷地区的建筑外墙保温更具优势。

(3) 产业规模

我国建筑保温材料产业起步于2005年，目前已形成以岩棉、EPS/XPS板、矿物棉、玻璃棉、聚氨酯、耐火纤维、硅酸钙绝热制品等为主的产业。从外墙外保温材料的使用比例来看，2016年聚苯板(EPS板)薄抹灰外墙外保温系统、胶粉聚苯颗粒外墙外保温系统和挤塑聚苯板(XPS板)外墙外保温系统是市场上应用量最多的系统，基本上占据国内外墙外保温市场75%以上的份额。另外，机械固定发泡聚苯板钢丝网架板外墙外保温系统、发泡聚苯板现浇混凝土外墙外保温系统和聚氨酯(现浇、喷涂和板类)外墙外保温系统大约占据20%的市场份额，其他系统约占5%的市场份额。2017年我国外墙保温材料总产量约为692万吨，销售收入达808.6亿元。据中国保温网预测，2022年我国外墙保温材料市场规模将超过1750亿元，年复合增长率达到12%。

总体上看，我国建筑保温材料将不断向高性能产品演化，多种保温材料进行复合，发挥不同材料的优势，性能互补以达到最好的保温效果，比如岩棉与有机材料的复合产品等。此外，我国建筑保温材料将向部品化、可便利安装、持久高效等方向发展。

(4) 国内重点发展技术及产品技术性能指标

国内岩棉板、聚苯板、聚氨酯板和真空绝热板生产过程中所使用的主要设备见表2.5。

表2.5　国内建筑用保温材料的主要设备

材料分类	主要技术设备
岩棉板	①原料配料设备；②熔化设备(冲天炉)；③离心成纤设备；④集棉、布棉摆锤设备；⑤制板成型设备(打褶、预压、固化炉)；⑥燃气热风系统；⑦冷却切割设备(纵切机、横切飞锯、横切铡刀、长度测量装置)；⑧切割除尘装置；⑨碎边回收设备等
聚苯板	①输送机；②给料机；③冷风干燥机；④喷漆机；⑤涂装机；⑥自动覆膜机；⑦液压机等
聚氨酯板	①开卷区域：由多台开卷机、输送辊道、引送机、剪切机、覆膜机等设备组成；②板材成型区域：有上下两层辊压成型设备及快速更换机；③发泡区域：由聚氨酯高压发泡机、浇注机、双履带层压机等设备组成；④锯切区域：由随动锯切机和铣边机组成；⑤码垛包装区域：由快速输送辊道、自动翻转、码垛、打包系统等组成
真空绝热板	①搅拌桶；②布料装置；③芯材成型机；④烘干机；⑤真空机

目前，国内评价被动房用保温材料的主要指标包括导热系数、吸水率和抗压强度、抗拉强度、尺寸稳定性、耐酸碱性能等，具体技术标准和主要指标见表2.6。

表 2.6 国内被动式超低能耗建筑用保温材料的相关标准和主要指标

名称	产品标准	主要性能指标
岩棉	《建筑用岩棉绝热制品》(GB 19686—2015) 《建筑外墙外保温用岩棉制品》(GB/T 25975—2018) 《建筑防火隔离带用岩棉制品》(JC/T 2292—2014)	(1) 岩棉条导热系数(平均温度 25 ℃)≤0.048 W/(m·K) (2) 岩棉板导热系数(平均温度 25 ℃)≤0.040 W/(m·K) (3) 质量吸湿率≤0.5% (4) 短期吸水量(部分浸入)≤0.5 kg/m² (5) 岩棉条垂直于表面的抗拉强度≥80 kPa (6) 憎水率≥98% (7) 酸度系数≥1.6 (8) 尺寸稳定性:长度、宽度和厚度的相对变化率≤1.0%
模塑聚苯板	《模塑聚苯板薄抹灰外墙外保温系统材料》(GB/T 29906—2013)	(1) 导热系数(平均温度 25 ℃)≤0.039 W/(m·K) (2) 表观密度:18～22 kg/m³ (3) 垂直于表面的抗拉强度≥0.1 MPa (4) 尺寸稳定性≤0.3% (5) 吸水率(体积分数)≤3%
真空绝热板	《建筑用真空绝热板》(JG/T 438—2014)	(1) 导热系数:Ⅰ型≤0.005 W/(m·K)、Ⅱ型≤0.008 W/(m·K)、Ⅲ型≤0.012 W/(m·K) (2) 穿刺强度≥18 N (3) 垂直于表面的抗拉强度≥80 MPa (4) 压缩强度≥100 kPa (5) 表面吸水量≤100 g/m² (6) 穿刺后垂直于板面方向的膨胀率≤10%
聚氨酯板	《硬泡聚氨酯板薄抹灰外墙外保温系统材料》(JG/T 420—2013)	(1) 硬泡聚氨酯芯材密度:为 PIR 时,≥30;为 PUR 时,≥35 (2) 导热系数(平均温度 23 ℃)≤0.024 W/(m·K) (3) 尺寸稳定性≤1.0% (4) 吸水率(体积分数)≤3% (5) 垂直于板面方向的抗拉强度≥0.1 MPa

(5) 国内主导企业

① 中亨新型材料科技有限公司

a. 主要产品

中亨新型材料科技有限公司生产的 HVIP 气凝胶真空绝热板是采用纳米材料和真空科技,将含有诸多纳米孔隙的芯材,封装于高阻薄膜内,再经由真空工艺制得。此产品的导热系数达到 0.006 W/(m·K)以下，保温性能为普通聚苯板(EPS)的 7 倍，所用原材料均为无机材料，防火等级达到 A 级。

b. 性能指标

HVIP 气凝胶真空绝热板的性能指标见表 2.7。

表 2.7 HVIP 气凝胶真空绝热板的性能指标

项目		指标要求	检测标准
导热系数[W/(m·K)]		≤0.006	《建筑用真空绝热板》(JG/T 438—2014)
穿刺强度(N)		≥18	
垂直于表面的抗拉强度(kPa)		≥80	
压缩强度(形变 10%)(MPa)		≥0.1	
表面吸水量(g/m²)		≤100	
尺寸稳定性(70 ℃)(%)	长度、宽度	≤0.5	
	厚度	≤1.0	
穿刺后垂直于板面方向的膨胀率(%)		≤10	
耐久性(30 次循环)	导热系数[W/(m·K)]	≤0.006	
	垂直于表面的抗拉强度(kPa)	≥80	
燃烧性能		A 级	

② 亚士创能科技(上海)股份有限公司

a. 岩棉板(条)

亚士创能科技(上海)股份有限公司(以下简称为亚士创能)生产的岩棉外墙保温系统具有导热系数低、透气性好、燃烧性能级别高等优势，可应用于新建、扩建、改建的居住建筑和公共建筑外墙的节能保温工程，包括外墙外保温、非透明幕墙保温和墙体外保温系统的防火隔离带。

其岩棉板(条)的性能指标见表 2.8。

表 2.8 亚士创能生产的岩棉板(条)的性能指标

检验项目	性能指标			
	岩棉板			岩棉条
	TR7.5	TR10	TR15	TR80
尺寸稳定性(%)	长度、宽度和高度相对变化率≤0.2			
外观	表面平整，不应有妨碍使用的伤痕、污迹及破损			
垂直于表面的抗拉强度(kPa)	≥7.5	≥10.0	≥15.0	≥80.0
潮湿状态下抗拉强度保留率(7 d)(%)	≥50			≥50

续表2.8

检验项目		性能指标			
		岩棉板			岩棉条
		TR7.5	TR10	TR15	TR80
吸水量(部分浸入)(kg/m²)	24 h	≤0.2			≤0.4
	28 d	≤0.4			≤0.8
质量吸湿率(%)		≤0.5			≤0.5
憎水率(%)		≥98.0			≥98.0
燃烧性能		A 级			A 级
导热系数(25 ℃)[W/(m·K)]		≤0.04			≤0.048
剪切强度(kPa)	纵向	—			≥60
	横向	—			≥20
剪切模量(MPa)	纵向	—			≥4.0
	横向	—			≥1.0
酸度系数		≥1.8			≥1.8

b. 石墨聚苯板

亚士创能科技(上海)股份有限公司生产的石墨聚苯板以德国巴斯夫公司的发泡聚苯乙烯绝热材料为原料,这种材料提供了优异的保温性,同时,石墨聚苯板含有红外吸收物,这些红外吸收物和反射物降低了导热率。采用石墨聚苯板作为保温材料时,比普通的 EPS 可减小 20%的厚度,节约了资源。此石墨聚苯板的性能指标见表 2.9。

表 2.9 石墨聚苯板的性能指标

检验项目	性能指标
表观密度(kg/m³)	18~22
压缩强度(形变 10%)(MPa)	≥0.1
垂直于表面的抗拉强度(MPa)	≥0.1
弯曲变形(mm)	≥20
导热系数[W/(m·K)]	≤0.033
尺寸稳定性(%)	≤0.3
水蒸气透过系数[ng/(Pa·m·s)]	≤4.5
吸水率(体积分数)(%)	≤3
燃烧性能	B1 级

c. 膨胀聚苯板(EPS)

亚士创能科技(上海)股份有限公司生产的 EPS 板表面采用专用抹面砂浆防护,并由耐碱网格布增强,不仅提高了系统的抗冲击强度,还可以避免板间裂纹和龟裂纹的产生。该产品运用范围广泛,适合我国不同气候条件下的建筑外墙外保温需求,其产品性能指标见表 2.10。

表 2.10 EPS 板的性能指标

检验项目	性能指标
表观密度(kg/m³)	18～22
压缩强度(形变 10%)(MPa)	≥0.1
垂直于表面的抗拉强度(MPa)	≥0.1
弯曲变形(mm)	≥20
导热系数[W/(m·K)]	≤0.039
尺寸稳定性(%)	≤0.3
水蒸气透过系数[ng/(Pa·m·s)]	≤4.5
吸水率(体积分数)(%)	≤3
燃烧性能	B1 级

③ 安徽轩鸣新材料有限公司

a. 主要产品

安徽轩鸣新材料有限公司(以下简称为安徽轩鸣)位于安徽省宣城市广德市经济开发区西区,年产 6 万吨岩棉制品。该公司主要产品包括高强度屋面岩棉板、建筑多功能岩棉板、外墙外保温岩棉板、夹芯板岩棉芯材、外墙外保温岩棉带等。

b. 性能指标

安徽轩鸣生产的岩棉板(条)的性能指标见表 2.11。

表 2.11 安徽轩鸣生产的岩棉板(条)的产品性能指标

项目		性能指标	
		岩棉板	岩棉条
垂直于表面的抗拉强度(kPa)		≥15.0	≥100
吸水量(部分浸入)(kg/m²)	24 h	≤0.1	≤0.4
质量吸湿率(%)		≤0.3	≤0.5
憎水率(%)		≥98.0	≥98.0
燃烧性能		A 级	A 级

续表2.11

项目	性能指标	
	岩棉板	岩棉条
导热系数(25 ℃)[W/(m·K)]	≤0.04	≤0.046
横向剪切强度(kPa)	—	≥20
横向剪切模量(MPa)	—	≥1.0
酸度系数	≥1.8	≥1.8

④ 南京红宝丽新材料有限公司

a. 主要产品

南京红宝丽新材料有限公司的主要产品为 HBL 聚氨酯保温板,采用的原料聚氨酯组合聚醚是通过化学分子结构改性,改变聚氨酯的链状结构,克服了传统阻燃技术中阻燃剂易迁移和 PIR(Polyisocyanurate Foam)泡沫易二次发泡的缺点,使产品分子结构更稳定,并实现了阻燃效果不衰减;同时采用了高温成型技术,使产品结构更加稳定可靠。

该产品是在连续生产线上以硬泡聚氨酯为芯材,两面附以柔性无机卷材为面层,一次成型的聚氨酯保温复合板。其导热系数低,阻燃性能高、尺寸稳定性好,易与墙面和饰面层粘结;板材采用数控切割,尺寸精度高。

b. 性能指标

HBL 聚氨酯保温板的性能指标见表 2.12。

表 2.12 HBL 聚氨酯保温板的性能指标

检验项目	性能指标
表观密度(kg/m³)	≥35
导热系数[W/(m·K)]	≤0.022
压缩强度(MPa)	≥0.15
拉伸强度(MPa)	≥0.10
吸水率(%)	≤3.0
尺寸稳定性(%)	≤0.8
氧指数(%)	≥30

⑤ 江苏卧牛山保温防水技术有限公司

a. 主要产品

江苏卧牛山保温防水技术有限公司的主要产品有模塑聚苯板、石墨聚苯板外墙外保温、防水隔气膜、塑性体沥青防水卷材、聚合物改性沥青聚酯胎防水卷材等,其中石墨改性模塑聚苯板为其主要产品,具有优越的保温隔热性能,良好的防水、抗风压和抗冲击性能,可有效减小保温系统厚度,是房地产开发商、设计方和施工单位优选的保温隔热系统。

b. 性能指标

江苏卧牛山保温防水技术有限公司生产的改性石墨聚苯板的性能指标见表2.13。

表2.13 改性石墨聚苯板的性能指标

检验项目	性能指标
表观密度(kg/m³)	≥18
导热系数[W/(m·K)]	≤0.032
弹性模量(MPa)	≤0.5
拉伸强度(MPa)	≥0.10
吸水率(%)	≤3.0
尺寸稳定性(%)	≤0.3
燃烧性能(芯材)	≥B1级

⑥ 德和科技集团股份有限公司

a. 主要产品

德和科技集团股份有限公司(以下简称为德和科技)是中国早期的泡沫玻璃生产企业之一。其生产能力为年产高性能泡沫玻璃35万立方米,聚氨酯、PIR10万立方米,各种管支架10万套,另外还生产玛瑶脂、密封胶、耐磨剂、砂浆等配套材料。德和科技是目前全球名列前茅的泡沫玻璃制造商之一。

b. 性能指标

德和科技生产的泡沫玻璃的性能指标见表2.14。

表2.14 泡沫玻璃的性能指标

检验项目	性能指标
密度(kg/m³)	≥116
导热系数[W/(m·K)]	≤0.038
抗压强度(kPa)	≥636
抗折强度(kPa)	≥471
吸水率(%)	≤0.2
燃烧性能	不燃

2.2.2 相关产业政策

我国建筑保温材料的发展必须符合我国国家和地方政策的要求,契合高质量发展要求,生产和应用的高质量、环保的高水平将是建筑保温材料不断进取的方向。我国外墙保温材料有关国家及地方政策见表2.15和表2.16。

表 2.15 我国建筑保温材料的相关国家政策

名称	时间	政策要点
《建筑节能与绿色建筑发展“十三五”规划》	2017年	强化建筑节能与绿色建筑材料产品产业支撑能力，推进建筑门窗、保温体系等关键产品的质量升级工程
《城市适应气候变化行动方案》	2016年	积极发展被动式超低能耗绿色建筑，通过采用高效高性能外墙保温系统和门窗，提高建筑气密性
《“十三五”节能环保产业发展规划》	2016年	鼓励开发保温、隔热及防火性能良好、施工便利、使用寿命长的外墙保温材料、低辐射镀膜玻璃、断桥隔热门窗、遮阳系统等，开发推广结构与保温装饰一体化外墙板
《国务院办公厅关于促进建材工业稳增长调结构增效益的指导意见》	2016年	重点发展轻质饰面复合材料、外墙保温和内墙轻质隔音条板、高档外墙保温岩棉板、泡沫混凝土内隔墙(砌块)
《促进绿色建材生产和应用行动方案》	2015年	支持利用尾矿、产业固体废弃物，生产新型墙体材料、机制砂石等

表 2.16 我国建筑保温材料的相关地方政策

名称	颁布时间	省/市
《山东省绿色建筑促进办法》	2019年	山东省
《被动式低能耗居住建筑节能设计标准》	2019年	黑龙江省
《上海市超低能耗建筑技术导则(试行)》	2019年	上海市
《2019年全市建筑节能、绿色建筑与装配式建筑工作方案》	2019年	石家庄市
《河南省省级节能和资源循环利用专项资金及项目建设管理办法》	2019年	河南省
《郑州市人民政府关于印发郑州市清洁取暖试点城市示范项目资金奖补政策的通知》	2018年	郑州市
《北京经济技术开发区2019年度绿色发展资金支持政策》	2019年	北京市
《甘肃省住建厅关于组织申报2018年建筑节能绿色建筑装配式建筑计划项目及专项资金的通知》	2018年	甘肃省
《关于加快推进被动式超低能耗建筑发展的实施意见(试行)》	2018年	衡水市
《装配式建筑和被动式超低能耗项目建筑面积及财政奖励实施细则》	2018年	张家口市
《湖北省2019年建筑节能与绿色建筑发展工作意见》	2019年	湖北省

续表2.16

名称	颁布时间	省/市
《全面推进绿色建筑发展的实施方案》	2017年	乌鲁木齐市
《关于组织申报2017年度省级节能减排(建筑节能)专项引导资金的通知》	2017年	江苏省
《四川省建筑节能与绿色建筑发展"十三五"规划》	2017年	四川省
《江西省建筑节能与绿色建筑发展"十三五"规划》	2017年	江西省
《宁夏回族自治区绿色建筑示范项目资金管理暂行办法》	2017年	宁夏回族自治区

2.2.3 存在的主要问题

(1) 产品性能有待提升

被动房对建筑保温材料要求十分严格,目前市场上的保温材料在一定程度上都存在性能缺陷,比如真空绝热板的覆阻气膜较薄、易损伤漏气,板缝间易产生热桥等问题,因此被动式超低能耗建筑施工时不会使用单层真空绝热板,当使用双层真空板作为保温层时,应错缝铺装,且应采用聚氨酯胶粘剂粘贴;岩棉板/岩棉条本身存在易吸水的特点,被动式超低能耗建筑对岩棉板/岩棉条的酸度系数、尺寸稳定性、憎水率提出了更高的要求,普通产品一般难以满足超低能耗建筑的要求。

(2) 被动房用产品标准缺失

目前岩棉、聚苯板、真空绝热板等保温材料已出台了产品标准和技术规程等,但是还没有针对被动房应用的保温材料相关标准,导致保温材料生产企业只能以现有产品标准组织生产,所提供的材料性能指标差异大,难以为被动式超低能耗建筑提供高质量的保温材料,不利于保温材料行业整体技术的规范和提升。

(3) 行业集中度低

我国保温材料行业生产企业过多,企业规模偏小,设备简陋,产品质量良莠不齐、产业集中度低、市场控制力弱,低端制造的低端产品为了获得市场,以次充好,扰乱市场,这对被动式超低能耗建筑选用保温材料产品极为不利。据统计,我国岩矿棉生产企业约200多家,其中:设计产能10万t/a以上的生产企业仅4家,国内岩棉单线规模大都在3.5～6 t/h的水平,还有不少生产线单线规模小于3.5 t/h,与国外差距较大。

(4) 企业创新能力不足

我国的保温材料生产企业以民营企业为主,企业资金融资能力差,对产品研发和行业创新发展不够重视,造成产品研发和创新能力不足,产业发展总是处于跟随状态,市场竞争集中在中低端产品,高附加值的产品占比不高,产业发展水平较低。保温材料的高精尖产品仍有很大的发展空间。

(5) 业务模式单一

保温隔热性能是检验被动房的关键指标,即便是保温材料性能达到被动房的要求,如果设计和施工环节不能和保温材料很好地配套起来,将会因节点方案设计不完善或者施工不规范而导致外保温性能不佳等问题。这类问题产生的主要原因在于,我国大多数保温材料生产企业还都是单纯的生产制造,设计环节基本不参与,施工经常外包,导致各责任主体间相互制约、相互脱节,工程建设进度慢、成本高,质量也达不到被动房的要求。

2.2.4 主要发展路径

(1) 推动行业技术创新

支持行业龙头企业、设计单位与高校、科研院所和大型企业共建技术研发中心,鼓励企业加大研发投入,通过自主研发、联合开发和引进新技术相结合的方式,开展技术攻关和推进产业化(重点可放在岩棉材料、玻璃棉材料、橡塑材料、有机和无机复合绝热节能材料、满足超低能耗建筑需求的保温系统产品等领域),开展重点技术联合攻关,开发适应被动式超低能耗建筑需要的新技术、新产品,培育一批具有自主知识产权、有核心技术、有持续创新能力的创新型企业。

(2) 提高产品性能指标

首先,应关注和提升被动房所使用的保温系统材料的导热系数,高效的保温材料是被动房应用的关键;其次,系统的节能构造必须避免冷(热)桥的存在,对板缝、板端及构件相邻部位的节能构造要进行优化;再次,应优化系统材料间的界面性能,保温板与墙面之间,保温板与保温板之间,保温板与防护抹面层之间必须实现充分的相融和粘结,规避保温层脱落事故;最后,要保障系统的防火安全,被动房建设要从材料性能和防火构造上进行优化,确保防火安全。

(3) 推动业务模式升级

引导保温材料龙头企业加强与建筑设计、建筑施工等关联产业的互动,培育专业化产业联盟,实现保温材料行业的装配化和工业化,即集保温材料集约化生产与规模化经营、施工服务规范化发展于一体的现代化工业发展模式,为客户提供产品订购、深化设计、生产集成、装配安装和后期维护等一站式服务,提升企业绝热节能材料整体解决方案的配套能力。

(4) 编制相关材料标准

针对被动式超低能耗建筑需要的不同类型的保温材料和保温系统,编制不同材料的产品标准、施工工法、应用图集、技术指南等,重点围绕岩棉保温系统、聚氨酯复合保温系统和石墨聚苯板保温系统开展标准的编制工作,进一步对设计、施工、检测等做出明确要求,严格控制原料,优化工艺参数,提升被动房用保温材料的保温性能、耐久性等指标。

2.3 防水密封系统

基于被动式低能耗建筑的高寿命、高能效的理念,其对于保温系统有效性、门窗系统的气密性等均提出了更为严格的要求。而外墙保温层开裂,屋面、门窗渗水等问题,不仅会影响建筑外观,缩短建筑使用寿命,还会导致建筑围护结构的保温性能及气密性大大降低,从而使建筑能耗升高。因此，选择高质量、高寿命的防水密封材料，建立高效的防水密封系统，对于保障被动式低能耗建筑高质量发展具有重要意义。

被动式低能耗建筑屋面防水密封系统追求的是在50年之内不需要维修。为了达到高效的防水密封性能，被动式低能耗建筑在紧贴混凝土屋面板处设置一道防水隔汽层，使用不含水的胶粘材料铺设保温层，保温层上部设置两道高性能防水卷材。这种防水构造可以避免屋面保温层进水从而导致保温结构破坏，还可以阻止水和湿气侵入结构内部。在实际工程应用中，被动式低能耗建筑屋面防水主要采用铝箔面的防水隔汽卷材作为防水隔汽层，在有效隔绝室内水汽透过结构基层进入保温层的同时兼具隔热保温的作用。而保温层上部的两道高性能防水卷材，一般采用SBS高聚物改性沥青卷材，该类型的防水卷材是由SBS弹性体与沥青混合而成，兼具橡胶的防水性能和沥青易施工的性能。优质的SBS改性沥青卷材弹性体含量高，耐候性、耐腐蚀性、抗老化性能都非常好，可满足被动式低能耗建筑的使用寿命要求。

幕墙体系、复合骨架体系及轻钢龙骨内保温体系等复合构造型墙板系统中，面板与面板拼缝结合部位也容易成为水和空气的侵入点，从而影响建筑保温节能的效果。为解决以上问题，被动式低能耗建筑中通常将防水透汽膜及防水隔汽膜两者配合使用，既可阻隔风雨等自然因素对建筑围护结构的侵袭，又以疏堵结合的方式防止湿气在保温体系中的滞留，可有效避免真菌和冷凝水在墙体或屋面的围护结构里产生，对保温层及围护结构提供长期稳定的保护作用，延长建筑的使用寿命。

除此之外，被动式低能耗建筑门窗节点的防水构造也很重要。为了保证门窗系统的气密性和保温性能，被动式低能耗建筑在门窗安装时，会在墙体与门窗之间的节点过渡位置采用高效的防水密封系统，这种密封系统由防水隔汽膜和防水透汽膜组成，可以防止室外水分进入门窗与结构的缝隙，同时使结构内的水汽能自由蒸发，这样可以显著提高外窗的保温气密性，同时解决了窗户节点的节能、防水问题。

由此可知，要保障房间的气密性，需要密封材料与防水材料、抹灰砂浆、保温材料等互相结合，形成高气密性建筑。而相关密封材料有建筑密封胶、预压膨胀密封带、防水隔汽膜、防水透汽膜、岩棉或硬泡聚氨酯等产品。

据相关数据分析，气密性引起的能量损失占据建筑物能耗的较大比例，如图2.9所示，所以不同国家对于建筑的气密性都提出了较高的要求，见表2.17。

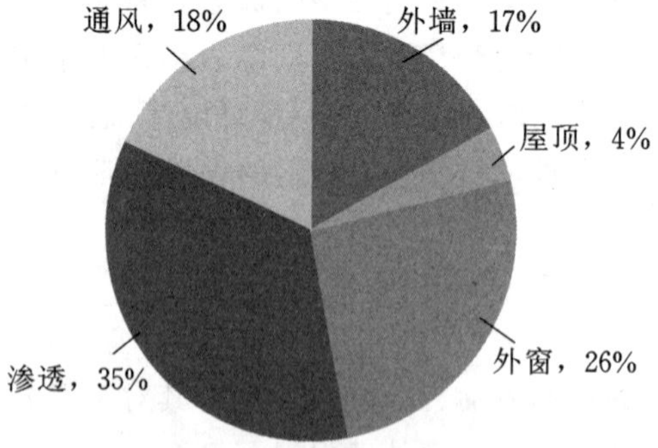

图2.9 建筑能量损失占比

表 2.17 不同国家的气密性要求

国家	类别	指标名称	指标要求
瑞典	气密性	换气次数 N_{50}（在室内外压差 50 Pa 的条件下，每小时的换气次数）	⩽0.3
德国			⩽0.6
中国			⩽0.6

本节主要就被动式低能耗建筑外围护结构防水密封材料的发展现状进行分析。

2.3.1 产业现状

2.3.1.1 国外概况

(1) 国外发展历程与特征

20 世纪四五十年代，德国、加拿大和美国的建筑学家发现，沥青防水卷材与涂膜防水材料具有自粘性与密闭性，使得混凝土结构中的残余水分被封闭在结构内，水汽无法散发从而导致屋面与墙体真菌滋生，严重影响到室内空气质量与人体健康。因此，德国、美国建筑界开始使用具有透气性能的屋面垫层来取代自粘卷材与涂膜防水材料，这种透气性垫层空铺于屋面基层之上，使现浇混凝土屋面板的水汽迅速排放出去，从而避免了墙体霉变。

20 世纪 70 年代，世界能源危机的爆发使得欧美国家对建筑节能问题越来越重视。能源专家发现，这种透汽性垫层虽然使混凝土屋面的水汽得以散发，有效解决了霉变和受潮的难题，但是由于水汽向保温层排放，反而影响了保温材料的保温性能和耐久性。

经过不断的科学研究与实践，德国、美国的建筑界专家发现，将不透汽的卷材作为隔汽层空铺于屋面基层，使用透气性的防水膜包覆保温层，这样既能够让混凝土屋面的水汽在一定程度上得以散发，又可以使保温层的水汽迅速散发出去。隔汽层与防水透气膜的配合使用，既能够解决建筑受潮与霉变，又能保证保温层的保温性能，从而真正实现保温节能的目的。

20 世纪 80 年代末，欧美发达国家开始将防水透汽膜广泛应用于公共建筑和住宅建筑，并将使用了防水透汽膜的房子称为“会呼吸的房子”。此外，在保温层外铺设防水透汽膜不必再浇筑细石混凝土作为保护层，既保护了保温层，又降低了建筑成本。随后，日本、马来西亚等亚洲国家也相继引进该技术，开始大量生产及使用防水透气膜。

欧美防水密封材料发展历史长，产业发展进入成熟后期，集中度水平较高，同时优秀的防水密封材料公司也在全球布局发展。

(2) 产业结构

① 防水卷材

欧洲的沥青基防水卷材分为 SBS 和 APP 改性沥青卷材及氧化沥青油毡。SBS 改性沥青卷材在北欧应用较多，APP 改性沥青卷材在气温较高的南欧应用较多，两者用量大致持平；氧化沥青叠层油毡的使用局限于翻修施工，在东南欧国家使用较多。欧洲的改性沥青卷材技术十分发达，走在世界的前端。欧洲的主要改性沥青卷材公司还在国外开展业务，如法国所普瑞玛集团(Soprema)和德国德威达公司(VEDAG)都在我国开展了改性沥青防水卷材的销售业务。

在欧洲,一些发达国家已经过渡到平屋面以改性沥青卷材为主导,如法国的SBS改性沥青防水卷材已约占平屋面市场的84%,意大利的APP改性沥青防水卷材已约占平屋面市场的90%以上。

美国的屋面防水,原来与其他国家一样,采用叠层(4层)沥青油毡防水,后随着橡胶和塑料技术的快速发展,橡胶和塑料类防水卷材应用越来越多,单层高分子卷材很快成为主要的屋面防水材料。

② 防水透汽膜及防水隔汽膜

根据相关资料显示,在美国,一般将防水隔汽膜和防水透汽膜同时使用,在北美和欧洲的大多数地区防水透汽膜的使用已经成为习惯并被强制要求。在美国,隔汽膜生产企业大概有100多家,其中形成规模的企业大概有40多家,基本上,生产隔汽膜的企业都生产防水透汽膜。其中涂刷式隔汽膜产品生产企业较多,规模企业达到20～30家,而自粘型隔汽膜生产企业主要有6家;美国的建筑承包商基本都具有安装隔汽膜/防水透汽膜的能力。美国成立了ABAA(Air Barrier Association of America)协会,专门负责防水透汽膜/隔汽膜产品的市场开拓、安装培训以及宣传。

在被动式低能耗建筑的发源地德国,防水透汽膜/隔汽膜的应用也相当广泛,据不完全统计,德国80%以上的建筑都会使用防水透汽/隔汽膜。如此高的使用率得益于欧盟对于建筑节能要求的相关政策的实施以及被动式节能建筑在德国的广泛推广。

(3) 产业规模

欧洲防水市场以应用于商业平屋面为主。沥青基防水卷材市场总量基本稳定,2011/2016年分别为9.51亿平方米/9.55亿平方米。而欧洲防水卷材市场总量,2011/2016年分别为13.57亿平方米/13.64亿平方米。

欧美的防水材料的下游需求基本以修缮为主。因为欧洲的建筑业发展已经达到了后期,防水材料需求更多的是存量建筑的修缮需求。美国新建屋面防水需求约为25%,而改造屋面防水需求高达75%,当前美国防水市场主要依靠房屋的翻修需求来带动。公用建筑中翻修市场约占75%,住宅建筑中翻修市场约占82%。我国的建筑仅作屋顶、地下室、厨卫的防水;美国对建筑的外墙、阳台、层至层之间都会做防水,而且做双层防水。我国防水材料与建筑成本占比仅0.7%～1.5%,而美国甚至可以达到8%～10%。欧美主要防水材料生产商营收规模及市场占有率见表2.18。

表2.18 欧美主要防水材料生产商营收规模及市场占有率

公司名称	营业收入规模及市场占有率	业务覆盖范围
奥地利碧谢霍夫曼公司	8.19亿欧元(2014),防水卷材年产量为5亿平方米,占有奥地利85%的市场份额(2002)	在世界各地拥有26个分支机构(2014)

续表2.18

公司名称	营业收入规模及市场占有率	业务覆盖范围
瑞士西卡(Sika)集团公司(简称西卡或瑞士西卡)	销售收入为81亿瑞士法郎(包括工业系统在内),西卡在全球建筑化学品领域拥有9%的市场占有率(2019)	在100个国家有分支机构,在全球有超过300家工厂
法国所普瑞玛集团	30亿欧元(2019),公司占北美改性沥青防水卷材市场的40%	在世界90多个国家和地区拥有60个生产基地、13个研发中心和2个培训中心
美国盖福(GAF)材料集团(以下简称美国GAF或美国盖福)	超过32亿美元,美国市场占有率25%	在美国有23个工厂,在欧洲有36个工厂,2015年收购了欧洲最大的防水公司Copa集团,成为世界最大的防水和屋面系统供应商

(4) 国外重点发展技术及产品技术性能指标

在欧洲,玻纤胎基主要用于保护层和氧化沥青卷材,SBS和APP改性沥青卷材99%采用聚酯胎。欧洲通常采用双层防水,氧化沥青玻纤胎卷材用于基层,表面采用聚酯胎改性沥青卷材,发展趋势是SBS卷材比例越来越大,APP逐渐减少。在欧洲,最上层暴露的改性沥青卷材的表面,一定是片岩或者是颗粒矿物粒料,其目的是抵抗紫外线侵袭,提高卷材的耐老化能力,延长卷材的使用寿命。

在欧美和日本,应用最普遍的防水系统是沥青屋面系统。沥青屋面系统的抗风揭性好,不易被风吹起、不易被物体刺破,同时,系统中层与层之间通过液体沥青结合在一起,形成一个整体,在完工的屋面中,实际上不存在任何接缝,也就消除了接缝这一薄弱环节。此外,当沥青直接涂在结构混凝土屋面板上或涂在保温屋面板上时,可认为整个屋面是一个全粘系统,而这种全粘系统的一大好处,是能分担建筑物受到的应力(如风荷载、振动和弯曲等)。热沥青施工时,采用现代的设备控制沥青温度、黏度以及烟气的排放,既能保护环境,又能提高施工质量。

另一种得到大力推广的技术是种植屋面耐根穿刺防水卷材。种植屋面可以通过滤除尘埃来缓解空气污染状况,可以湿润城市空气,可以吸附噪声并减少噪声的反射,在冬天起到保温作用而在夏天起到降温作用,同时避免人口稠密地区“热岛效应”的产生。种植屋面用卷材应兼具阻止植物根穿透的功能。

目前防水透汽膜的生产工艺主要有4种:①闪蒸法。采用的不是熔融纺丝技术,而是干法纺丝技术。闪蒸法中的纤维直径非常细,因此具有优良的防水透汽性。目前只有美国杜邦公司采用闪蒸法工艺生产防水透汽膜,其防水性能达到1.2~1.5 m水柱不透水,水蒸气透过量为1000 g/(m^2 · 24 h),拉伸强度为300 N/(50 mm)。②热塑性吹膜挤出复合工艺。

国内外大多企业均采用此技术，即高分子材料＋聚烯烃微孔膜＋高分子材料通过热复合而制成防水透汽膜。水蒸气通过微孔膜扩散，液态水或水滴因其表面张力的作用，无法通过，也就防止了水的渗透，使透汽膜有了防水的功能。这种方式生产的防水透汽膜不含胶水，具有强度高、延展性好、抗热老化和抗紫外线、水蒸气易透过等特点，一般防水性能在 1～2 m 水柱不透水，水蒸气透过量为 600～1000 g/(m^2 · 24 h)，拉伸强度和产品厚度成正比，常规产品的拉伸强度为 150～450 N/(50 mm)。③喷胶或刮胶复合(热熔胶复合)。这种工艺最早应用在卫生巾、尿不湿以及防护服上，但是因中间透汽膜的微孔易被热熔胶堵塞而导致透汽量降低，并且热熔胶的耐温性差，因此不能称为真正意义上的建筑防水透汽膜。④流延复合。这种工艺是用塑料粒子热熔后依靠塑料本身的黏性复合，但是这种方式生产的防水透汽膜透汽性差，无法满足建筑防水要求。

(5) 国外主导企业

随着全球范围内防水行业的蓬勃发展，目前国际市场上有瑞士西卡(Sika)集团、美国盖福(GAF)集团、美国卡莱尔(Carlisle)集团、法国所普瑞玛(Soprema)集团等防水材料国际龙头企业。

瑞士西卡是以防水产品起家的全球化巨头，目前公司业务遍及全球七十多个国家及地区。西卡创立于 1910 年，最初的产品是砂浆防水制剂，如今产品涉及建筑(约 80%)和工业(约 20%)两大领域，业务划分为七个目标市场：混凝土、防水、屋面、地坪、密封和粘结、修补加固及工业。西卡是目前欧洲主要的 PVC、TPO 卷材生产企业。

美国 GAF 是北美最大的屋面公司，其收购了欧洲最大防水公司 Icopal 集团，从而成为当今世界最大的防水和屋面系统供应商。GAF 是美国坡屋面市场第一大系统供应商，并且在美国第一个采用坡屋面系统全寿命周期保修制度。其太阳能光伏屋面专用 TPO 防水卷材是世界唯一一家承诺提供超过太阳能光伏电池组件寿命的防水卷材质量保证的公司。

美国卡莱尔公司是一个多元化的工业制造业跨国集团公司，其产品以隔汽膜、透汽膜、防水卷材为主，其中 TPO 防水系统占北美市场的第一名，应用面积超过 2.8 亿平方米。卡莱尔率先在美国为单层屋面系统提供最高 40 年的质量保证保险。

法国所普瑞玛集团创建于 1908 年，其产品分为三种类型：自粘卷材类、防水透汽类和非透汽类。所普瑞玛是世界上改性沥青防水卷材(SBS、APP)技术的发明者和领导者，其产品/系统畅销全球 90 多个国家和地区，在全球拥有 50 个生产基地，专业提供建筑及土木工程防水和保温产品。

以上国外龙头防水材料生产企业生产的产品在中国市场上也有销售，但目前销售量并不高。目前我国被动式低能耗建筑采用的国外防水材料有德国威达集团的防水材料以及与北京东方雨虹防水技术股份有限公司(以下简称东方雨虹)达成战略合作的杜邦公司的特卫强防水透汽膜/隔汽膜产品等。

德国威达集团公司具有 160 年的历史，是德国最大、历史最悠久的防水材料生产企业。威达集团公司的技术能力可以追溯到 1846 年，其屋顶产品遍布世界各国。针对被动式低能耗建筑屋面系统，该公司具有多种配套产品，见表 2.19。其产品入选“被动式低能耗建筑产业技术创新战略联盟”被动式低能耗建筑产品选用目录(第八批)，产品技术指标见表 2.20。

表 2.19 德国威达集团公司屋面防水系统配套产品

层次	产品名称	产品规格	产品特性
面层卷材	VEDASPRINT (RC) bluegreen4.0 厚板岩面含加强筋的聚酯胎 SBS 改性沥青防水卷材	SBS PY Ⅰ 4	上表面覆盖彩色岩石颗粒,抗紫外线,不上人屋面可直接外露使用。热熔铺设
	VEDATOP DUO 板岩面含加强筋的聚酯胎 APP/SBS 双面改性沥青防水卷材	SBS APP Ⅱ 4	产品上涂层用 APP 改性沥青,耐热性能好;下涂层用 SBS 改性沥青,施工性能优良,融合了两类改性沥青各自的优势。热熔铺设
底层卷材	VEDATOP SU 3.0 厚含加强筋玻纤胎 SBS 改性沥青自粘防水卷材	I PE 3	可用作屋面底层防水材料,安装在基层或 EPS 或 PU 屋面保温板上,对各种屋面的适应能力强,同时可以用于旧屋面上
	VEDTOP TM 1.7 厚玻纤网格胎双面自粘性 SBS 改性沥青自粘防水卷材	PE	可用作屋面底层防水材料,直接与硬质岩棉板粘结
	VEDTOP VU 3.0 厚双面自粘性 SBS 改性沥青防水卷材	I PE 3	可用作屋面底层防水材料,通过热沥青与泡沫玻璃粘结
保温材料	EPS、XPS、岩棉、泡沫玻璃等	—	对用于被动房的保温材料的要求要比一般保温材料更高
隔汽卷材	VEDATECT SK-D 1.2 厚耐碱特殊铝箔面玻纤胎自粘性 SBS 改性沥青隔汽卷材	AL G 1.2	可用作屋面系统隔汽层材料,S_d 值(等效空气厚度)达 1500 m,尤其适用于轻钢结构屋面系统
	VEDAGARD ES-PLUS 4.0 厚耐碱铝箔聚酯胎上表面自粘 SBS 改性沥青隔汽卷材	ALPYG4	可用作屋面系统隔汽层材料,S_d 值(等效空气厚度)达 1500 m,上表面可与 EPS、PU 和岩棉直接粘接,尤其适合混凝土基面
配件	威达雨水斗	—	低导热系数,可与防水卷材热熔粘接
专用涂料	威达专业涂料	聚氨酯沥青丙烯酸	根据预算选择,用于维修屋面和室内防水,以及卷材难以处理的节点部位
	VEDAFORCE 110G 威达专用无纺布	—	高性能无纺布,专门搭配威达涂料使用

表 2.20 德国威达产品性能

产品名称	产品型号	性能指标				适用范围
		低温柔度(℃)	高温流淌性(℃)	最大抗拉力(N/5 cm)	最大抗拉力下的延伸率(%)	
玻纤聚酯胎基改性沥青隔火自粘防水卷材	VEDATOP SU (RC)100	−20	70	纵/横≥800/800	纵/横≥2/2	各气候区
产品名称	产品型号	低温柔度(℃)	耐水汽渗透性等效空气层厚度 S_d(m)	最大抗拉力[N/(5 cm)]	最大抗拉力下的延伸率(%)	
自粘性耐酸碱特殊铝箔面玻纤胎隔汽卷材	VEDATECT SK-D(RC)100	−15	1500	纵/横≥400/400	纵/横≥2/2	

杜邦公司(DUPONT)成立于 1802 年,其业务遍及全球 90 多个国家和地区,以广泛的创新产品和服务涉及农业与食品、楼宇与建筑、通信和交通、能源与生物应用科技等众多领域。2015 年,陶氏化学公司(以下简称陶氏)和美国杜邦公司(以下简称杜邦)宣布合并,成为全球仅次于巴斯夫的第二大化工企业。杜邦防水透汽膜在美国一年的销售额大约 3 亿多美元,占美国防水透汽膜约 2/3 的市场。2017 年,东方雨虹已与杜邦签订战略合作协议,双方以联合品牌的方式,在大中华区共同推广特卫强防水透汽膜产品。该公司部分产品技术指标见表 2.21 和表 2.22。

表 2.21 杜邦防水透汽膜产品性能

项目	防风防水透气膜				测试标准
	标准型	加强型	反射型	加强反射型	
厚度(mm)	0.17	0.49	0.22	0.49	—
水蒸气透过量[g/(m² · 24 h),≥]	1000	500	400	400	GB/T 17146
不透水性(mm,≥)	1000	500	2000	200	GB/T 328.10
最大拉力(纵向)[N/(50 mm),≥]	300	300	200	315	GB/T 328.9
最大拉力(横向)[N/(50 mm),≥]	300	260	190	270	GB/T 328.9
钉杆撕裂性能(N,≥)	40	150	70	210	GB/T 328.18
UV 及热老化(168 h) 最大拉力(%)	— 80%	— 80%	— 80%	— 80%	GB/T 18244

表 2.22 杜邦防潮隔汽膜产品性能

项目	防潮隔汽膜		测试标准
	标准型隔汽膜	反射型隔汽膜	
厚度(mm)	0.25	0.31	—
水蒸气透过量[g/(m^2·24 h),≥]	10	1.5	GB/T 17146
不透水性(mm,≥)	1500	2000	GB/T 328.10
最大拉力(纵向)[N/(50 mm),≥]	150	150	GB/T 328.9
最大拉力(横向)[N/(50 mm),≥]	112	150	GB/T 328.9
钉杆撕裂性能(N,≥)	200	200	GB/T 328.18

2.3.1.2 国内概况

(1) 国内发展历程与特征

① 防水材料

20 世纪 40 年代,我国开始使用沥青油毡。沥青油毡起源于欧洲。1947 年我国第一家防水材料厂——上海万利油毛毡厂成立,1952 年我国油毡产量达到 1500 万平方米。在之后相当长的一段时期内,油毛毡类防水材料都是我国唯一的防水材料。

20 世纪 70 年代以来,随着经济的发展,建筑业迅速崛起,对防水材料的要求也进一步提升,相应地,我国开发出三元乙丙橡胶、氯化聚乙烯—橡胶共混、聚氯乙烯等合成高分子防水卷材以及 SBS、APP 改性沥青防水材料。由于在沥青中加入了高聚物 SBS 或 APP 等改性剂,因此改善了防水材料的高低温性能和耐久性。直到 20 世纪 80 年代,改性沥青防水卷材、高分子防水卷材以及防水涂料等新型建筑防水材料被引进国内,我国的防水材料产业才开始快速发展。

20 世纪 80 年代以来,世界范围内的防水材料发生了根本性的变化和进步,改性沥青防水材料逐步成为主流产品,并随着化学工业的进步和建筑风格的多样化,传统防水材料逐渐被淘汰,新型改性沥青防水材料、TPO 防水片材等高分子防水材料已成为建筑防水材料行业的发展趋势。

过去,国内对于防水隔汽膜、防水透汽膜及专用粘贴剂组成的专门用于门窗洞口的密封系统并无相关的概念。2009 年,住房和城乡建设部科技与产业化发展中心与德国能源署在中国推广被动式建筑,防水密封膜材料概念才开始被引入国内,目前国内防水透汽膜质量参差不齐,主要与生产工艺有关。真正的防水透汽膜不是用胶水复合的,也不是用聚乙烯或者 TPO 淋膜生产,所以耐温可达−40～100 ℃,透汽量大于或等于 1500 g/(m^2·24 h)。近几年我国政府对建筑节能越来越重视,并制定了《透汽防水垫层》等标准及《防水透汽膜建筑构造》、《压型钢板、夹芯板屋面与外墙建筑构造》等专项图集,使得防水透气膜得以推广。

② 密封材料

我国建筑密封胶起源于 20 世纪 70 年代,此时中国主要的建筑密封材料产品是聚氯乙烯(PVC)油膏、PVC 胶泥、沥青嵌缝油膏。20 世纪 80 年代,我国开始推进城镇化建设,这时大量现代化建筑的涌现，活跃了建筑密封材料市场，但这时的国产密封材料行业还处于产能落后阶段，无论是质量、种类还是数量上都不能满足市场需求，因而只能依赖进口建筑密封材料。为了改变这种现状，政府在“六五”、“七五”、“八五”的发展规划中，将弹性、塑性密封胶的发展列为重点项目进行推进，支持企业采购国外先进技术和设备，加大密封材料技术的研发力度，一直到20世纪80年代末，我国才陆续出现中高端密封材料产品，但是产量很低，仅为密封材料总量的5%左右，95%依旧为低端的油膏等产品。据资料显示，当时国产油膏的销售量也仅仅为4.4万吨，国内密封材料生产依旧不能满足市场需求，而像硅酮密封胶等高端密封胶产品，一直到1997年之前，其主要来源还是从国外进口。但从1997年开始，用于玻璃幕墙的硅酮结构密封胶的生产、进口、分装、销售、施工等环节，开始严格受国家经贸委、国家建材局、国家技术监督局、建设部、国家工商局、国家商检局等六部委控制和管理，至此中国国内密封胶行业开始崛起，建筑密封材料的研发工作大大推进，民用和建筑密封材料呈现不同的景象。随着建筑密封材料技术的不断突破，国内建筑密封材料行业开始活跃，再加上城镇化持续推进，节能建筑的普及，南水北调等各种水利工程的建设以及现代装饰的高科技产物——玻璃幕墙、光电幕墙、铝板幕墙、彩钢板幕墙、石材幕墙、陶板幕墙、点式幕墙等的大量建设，促使硅酮结构胶、中空玻璃密封胶、幕墙嵌缝胶、门窗用密封胶等建筑密封胶产量不断提高。

膨胀预压密封带是一种经过特殊浸泡及预压缩处理的密封带，具有遇水膨胀的性能。其用于门窗框侧边、凸出墙面支架、管线与保温系统接缝处，具有密封性和防水性。可在保温系统与门窗框、保温系统与预埋件、保温系统与穿墙管道等之间，起到一定柔性过渡及防水的作用。过去，门窗框侧边、凸出墙面支架、管线与保温系统接缝处大多使用密封胶进行密封，很少有使用膨胀预压密封带密封的，可以说在“被动房”概念提出之前，还未有相关产品的概念。针对此类产品目前还没有相关的国家标准和行业标准，并且国内大多密封材料企业并未掌握其生产工艺和技术。

(2) 产业结构及区域分布

① 防水卷材

目前我国建筑防水材料的产品以SBS/APP改性沥青防水卷材、合成高分子防水卷材、防水涂料以及自粘聚合物改性沥青防水卷材为主。2019年普通改性沥青卷材占比34.16%，高分子卷材占比12.10%，防水涂料占比28.09%，自粘聚合物改性沥青防水卷材占比17.50%，合计占比达到91.85%(图2.10)。其中，防水卷材仍是防水材料的主要类型，占比63.76%。而从所用原材料的种类来看，沥青类防水材料是使用的主流，占比51.66%。

我国防水材料行业的集中度仍较低。目前行业内有3000余家生产企业，生产的非标产品占到行业总产量的80%左右。其中，2019年规模以上防水材料生产企业仅有653家。2019年9月防水卷材生产许可证没有取消前，有证的企业占比不到一半。我国建筑防水材料生产企业市场占有率排名如图2.11所示。

2014年以来，东方雨虹、科顺防水科技股份有限公司(以下简称科顺股份)、江苏凯伦建材股份有限公司(以下简称凯伦股份)这三家公司营收总额占行业规模以上防水企业营收总额的比例逐步提升，并且在2018年和2019年前三季度呈现继续加快之势。2019年，这三家企业营业收入总额占行业规模以上企业营收总额的24.06%，利润总额占比达48.64%。

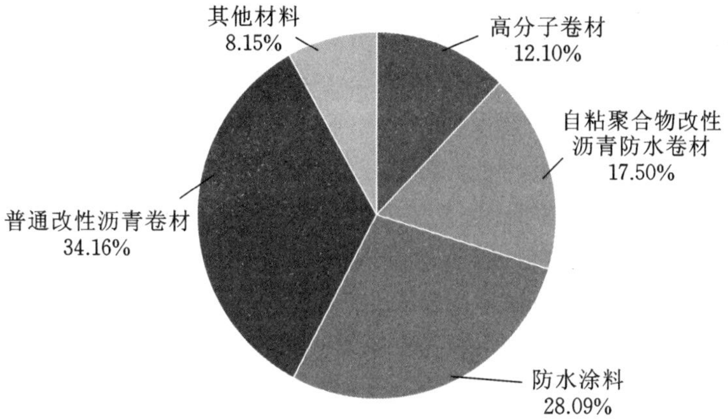

图 2.10　2019 年建筑防水材料产品结构

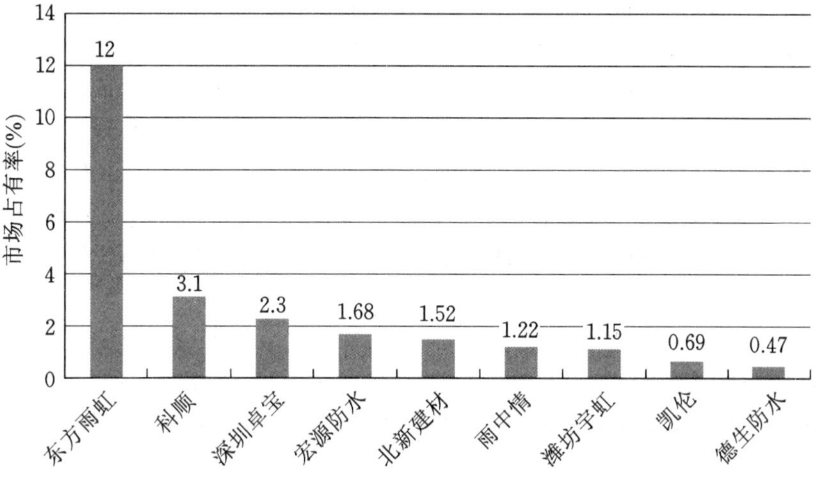

图 2.11　我国建筑防水材料生产企业市场占有率排名

行业集中度加速提升的背后是三大驱动力：行业监管趋严、环保标准提升和下游房地产行业集中度的快速提升。

② 建筑密封胶

目前我国建筑密封材料生产企业的分布有以下特点：南方地区市场主要以硅酮胶、聚硫胶、丁基胶应用为主，北方地区市场则以中空玻璃复合胶条、三元乙丙胶条应用为主。从布局来看，南方以生产胶的企业为主，北方以生产胶条的企业为主，南方市场规模较大的企业主要有广东新展化工新材料有限公司（以下简称广东新展）、成都硅宝科技股份有限公司（以下简称成都硅宝）、山东永安胶业有限公司（以下简称山东永安）。生产胶条以及胶的企业主要集中在东北地区，具备一定生产规模的有盘锦黑马胶业有限公司（以下简称盘锦黑马）、盘锦铸诚塑胶有限公司（以下简称盘锦铸诚）、铁岭铁研橡塑制品有限公司（以下简称铁岭铁研）等企业。从市场影响力上来看，南方生产密封胶的企业规模较大，在行业内影响力较高，北方企业相对规模较小，产品单一。

③ 防水透汽膜和防水隔汽膜

由于建筑防水透汽膜和防水隔汽膜进入国内市场仅仅几年时间,国内企业大部分处于研发生产阶段。少数有能力生产防水透汽膜和防水隔汽膜的企业大部分位于河北、山东等地区。

④ 膨胀预压密封带

目前国内企业大部分处于对膨胀预压密封带的研发生产阶段。少数有能力生产膨胀预压密封带的企业主要位于河北地区,并且由于其仅适用于被动房,应用领域较小,而且国内市场尚未完全打开,因而其产业发展缓慢。

(3) 产业规模及市场需求预测

① 防水卷材

伴随着雄安新区建设、长江经济带发展、粤港澳大湾区建设、海南自贸试验区建设等项目进一步落实,各地方基础设施建设需求旺盛,加上老旧小区改造大面积开工等因素影响,防水材料的市场需求依然很大。近年来我国沥青和改性沥青防水卷材产量逐年攀升,2020年我国沥青和改性沥青防水卷材产量达22.52亿平方米,较2019年增加了4.02亿平方米,同比增长21.7%,2021年上半年中国沥青和改性沥青防水卷材产量已完成13.41亿平方米。

我国防水材料产业已形成“一强多优”的产业格局。“一强”为行业龙头:东方雨虹。“多优”为行业领跑企业:科顺股份、凯伦股份、北新建材集团有限公司(以下简称北新建材)(收购3家区域龙头防水企业)、宏源防水科技集团有限公司(以下简称宏源防水)、潍坊市宇虹防水材料(集团)有限公司(以下简称潍坊宇虹)、深圳市卓宝科技股份有限公司(以下简称深圳卓宝)等。

我国2020年上半年规模以上防水企业(规模以上企业是指主营业务收入在2000万元以上的企业)的利润总额达73.97亿元,较2019年增加了8.18亿元,同比增长12.4%,2021年上半年规模以上防水企业的利润总额已完成28.93亿元。国内防水材料产业市场规模巨大。

我国经济已进入中速增长阶段,房地产开发企业对后续投资将继续保持谨慎态度,但伴随着被动式低能耗建筑的兴起,以及雄安新区建设、长江经济带发展、粤港澳大湾区建设、海南自贸试验区建设等项目进一步落实,各地基础设施建设需求旺盛,加上老旧小区改造大面积开工等因素影响,防水行业的下游市场将在中短期内仍处于中高速增长阶段,防水材料的需求将会保持一定的增长速度。

从远期来看,即使新开工面积下降,但由于二次装修市场的存在,防水建材市场规模仍将保持稳定。据业内专家估计,65%的建筑的防水工程6~8年后需要翻新。因此,在建筑存量面积不断增大后,防水建材翻新需求将占较大比重。

我国房地产500强企业对于产品品牌的选择也越来越集中。优秀的防水材料企业在渠道、全国化产能布局、品牌和服务四个方面存在对接地产需求的较大优势。从中国房地产开发企业500强首选防水材料5强榜单历年的变化情况来看,东方雨虹2012—2019年间始终稳居榜首。这受益于该公司2018年设立了工程建材集团,以整合工程直销和工程经销渠道,使得2019年该公司直销比例在公司销售中所占比例大幅提高。大地产商会选择具备更强品牌力的公司。施工和服务对防水工程质量影响大,施工和售后服务更好的企业易受青睐。

展望2023年，大型基建工程、房地产、城镇老旧小区改造仍是防水行业快速发展的引擎，预计防水材料市场需求依然旺盛，防水行业可能会有更多的兼并重组案例，央企、上市公司的进入将会重塑行业格局。全行业将在创新发展、提升价值、规范市场秩序等方面寻求突破，迈向高质量发展新阶段。2021年中国房地产500强企业首选防水材料品牌如表2.23所示。

表2.23　2021年中国房地产500强企业首选防水材料品牌

排序	品牌名称	品牌首选率
1	东方雨虹	30%
2	科顺	18%
3	北新防水	10%
4	卓宝	10%
5	雨中情	8%
6	三棵树防水(含大禹九鼎)	7%
7	凯伦	6%
8	大禹防水	4%
9	蓝盾	3%
10	远大洪雨	3%

② 膨胀预压密封带、防水透汽膜及防水隔汽膜

经过近几年的发展，我国被动房已经从小规模试点向规模化方向发展，其中河北最大的社区超过100万平方米，石家庄在2018年新开发的被动房项目已经超过60万平方米，而2018年上半年全国新增被动房项目相当于以往被动房项目开发总和，除此之外，国家和地方出台各种被动房补贴政策，也大大加快了被动房的发展。伴随被动房相关的建筑材料的发展，作为被动房气密性的关键材料——防水隔汽膜、防水透汽膜和膨胀预压密封带也由于被动房概念的提出才逐渐进入公众的视野，我国相关的产业也从无到有，但其发展时间仅有几年，因此，我国所生产的产品其性能不如国外的产品，但随着政府政策支持力度的加大，国内部分密封材料企业开始快速发展相关产业。就目前而言，生产相关产品的规模以上的企业有河北筑恒科技有限公司、南京玻璃纤维研究设计院有限公司、山东万事达建筑钢品有限公司等。

我国的建筑防水透汽膜技术最早是从欧美国家引进的，目前国内生产企业还较少。近几年我国政府对建筑节能越来越重视，使得建筑防水透汽膜在我国得到大力推广。随着国内建设需求的增加，我国防水透汽膜/隔汽膜产品的生产商也日渐增多，但尚未形成产业规模。目前国内防水透汽膜/隔汽膜生产企业基本都是50～200人不等的中小型企业。比较

具有知名度的有宁波山泉建材有限公司，其 2015 年防水透汽膜销量达到 5000 万～6000 万平方米，出口占 90%，隔汽膜销量较小，年均 400 万～500 万平方米。目前国内建筑业使用最多的是杜邦特卫强防水透汽膜，杜邦与我国防水行业龙头企业东方雨虹达成战略合作后，迅速占领了国内建筑用防水透汽膜市场。

由此可见，我国防水透汽膜/隔汽膜产业市场潜力很大，借助被动式低能耗建筑的大力推动和快速发展，未来我国防水透汽膜/隔汽膜产业还有很大的发展空间。国内相关企业应加强产品研发、提升产品质量、提高生产能力，才能助力防水透汽膜/隔汽膜产业健康快速发展。

③ 建筑密封胶

在大力倡导节能建筑建设的今天，中空玻璃对高质量的密封胶需求也日益提高，这对于密封胶产业来说是个大的机遇，发展前景很大。此外，建筑密封材料的发展得益于建筑业的持续发展，该发展带动了建筑门窗密封材料稳定增长。由于建筑密封材料是门窗节能的关键，所以，密封材料的需求存在一定的刚性，市场需求较大。据统计，2010 年房屋竣工面积为 28 亿平方米，2011 年房屋竣工面积为 32 亿平方米，2012 年房屋竣工面积为 36 亿平方米，房屋竣工面积每年平均增长率为 15%；房屋竣工面积增加必然会促使门窗、幕墙使用数量的增加。如果按门窗面积占建筑面积的 25%计算，2012 年门窗增加量达到 9 亿平方米，以每平方米门窗使用密封胶条 5 m 估算，密封胶条的需求量在 45 亿米左右。再者，建筑密封材料受益于中空玻璃的大量推广，而中空玻璃的诸多优越性能取决于密封材料质量的好坏，所以，密封材料对建筑节能起到重要作用。而且我国中空玻璃生产量增加很快，但相对于我国建筑市场每年 30 多亿平方米的竣工面积及 9 亿多平方米的门窗需求量，中空玻璃的使用率、普及率依然很低。目前，欧美国家中空玻璃的普及率已达到 80%以上，而我国普及率不足 10%，市场空间巨大。随着中空玻璃推广标准将来逐步变成强制标准，中空玻璃的需求将呈现大幅增加态势，密封材料的需求也将随之增加，市场前景广阔。

总之，我国保障房、城镇化建设步伐的加快，将带动大量商用楼和新建住宅需求，建筑密封材料的市场需求也将继续增大。加之，国内密封材料产品性能已与国外产品一致，且价格优势明显，使得国内建筑市场 70%左右的市场份额都被国内的密封材料产品所占据，基本实现了对国外产品的替代。在我国大力倡导科技生产、节能降耗、绿色建筑的背景下，国内密封材料的品质和性能有望进一步提升，性价比的提高也必然能加强国内密封材料在国际市场的竞争力，出口量也会相应增加。在绿色建筑的市场导向作用下，绿色建筑密封材料的普及度也会相应提高，这也给生产高端建筑密封材料的企业带来新的发展机遇。

据统计，2009 年我国各类建筑密封材料产量已超 60 万吨，其中大部分为高档弹性密封胶，产品结构与发达国家相似。根据 2014 年第二十届全国铝门窗幕墙行业年会工作报告可知：2013 年建筑硅酮类密封胶用量在 60 万～70 万吨，全行业硅酮密封胶总产量增加 20%左右，杭州之江有机硅化工有限公司（以下简称杭州之江）、广州市白云化工实业有限公司（以下简称广州白云）、郑州中原思蓝德高科股份有限公司（以下简称郑州中原）、成都硅宝、广州市安泰化学有限公司（以下简称广州安泰）、山东永安等企业的产量都有 15%～20%以上的增幅。随着市场对密封胶需求量的快速增加，传统工艺已经满足不了需求，这也促使生产企业采购大型自动化装置，从而实现从原材料输送到最终成品包装的自动化，加快企业走向现代化的速度。

我国密封材料的产品标准与国外相比，技术指标相当，试验方法相似，但检验项目通常要比国外标准多，且增加了部分应用性能的相关检验。

经过几十年的发展，国内建筑密封胶的种类和性能指标与国外建筑密封胶的种类和性能指标相差不大，部分国内优秀的密封胶的性能还超过了国外的产品。但是由于被动房高寿命性能的要求，被动房的密封胶使用量并不多，因而，未来被动房的发展并不能大大提高密封胶销量，但是被动房所带来的节能建筑却会大大增加硅酮密封胶的市场份额。

(4) 国内重点发展技术、产品技术性能指标及对比分析

国家建筑标准设计图集《被动式低能耗建筑—严寒和寒冷地区居住建筑》(16J908—8)中规定了隔汽卷材、防水卷材的选材要求。《透汽防水垫层》(JC/T 2291—2014)、《建筑外墙防水工程技术规程》(JGJ/T 235—2011)等产品标准、施工技术规程也提出了对相应产品的技术要求。屋面/墙面用防水透汽膜性能指标对比见表 2.24。

表 2.24 屋面/墙面用防水透汽膜性能指标对比

<table>
<tr><th colspan="3" rowspan="2">检验项目</th><th colspan="7">技术要求</th></tr>
<tr><th>《透汽防水垫层》(JC/T 2291—2014)</th><th>《被动式低能耗建筑产品选用目录》</th><th>《建筑外墙防水工程技术规程》(JGJ/T 235—2011)</th><th>宁波山泉企业标准</th><th>北京东方雨虹屋面/墙面用防水透汽膜</th><th>杜邦特卫强数据</th><th>德国博仕格有限公司 Winflex Wall & Roof 防水透汽膜</th></tr>
<tr><td rowspan="4">拉伸力[N/(50 mm)]</td><td rowspan="2">纵向</td><td>墙面用</td><td>≥130</td><td rowspan="2">≥160</td><td rowspan="4">Ⅰ型≥100；Ⅱ型≥250</td><td rowspan="2">≥98</td><td rowspan="2">≥300</td><td>300</td><td rowspan="2">165</td></tr>
<tr><td>屋面用</td><td>金属屋面≥180
瓦屋面≥260</td><td>400</td></tr>
<tr><td rowspan="2">横向</td><td>墙面用</td><td>≥80</td><td rowspan="2">≥220</td><td rowspan="2">≥64</td><td rowspan="2">≥300</td><td>300</td><td rowspan="2">230</td></tr>
<tr><td>屋面用</td><td>金属屋面≥140
瓦屋面≥200</td><td>400</td></tr>
<tr><td rowspan="4">断裂伸长率(%)</td><td rowspan="2">纵向</td><td>墙面用</td><td rowspan="2">—</td><td rowspan="2">≥60</td><td rowspan="4">Ⅰ型≥35；Ⅱ型≥10</td><td rowspan="4">≥25</td><td rowspan="2">≥15</td><td>200</td><td rowspan="2">63</td></tr>
<tr><td>屋面用</td><td>300</td></tr>
<tr><td rowspan="2">横向</td><td>墙面用</td><td rowspan="2">—</td><td rowspan="2">≥60</td><td rowspan="2">≥15</td><td>200</td><td rowspan="2">62</td></tr>
<tr><td>屋面用</td><td>250</td></tr>
</table>

续表2.24

检验项目			技术要求						
			《透汽防水垫层》(JC/T 2291—2014)	《被动式低能耗建筑产品选用目录》	《建筑外墙防水工程技术规程》(JGJ/T 235—2011)	宁波山泉企业标准	北京东方雨虹屋面/墙面用防水透汽膜	杜邦特卫强数据	德国博仕格有限公司 Winflex Wall & Roof 防水透汽膜
撕裂强度(钉杆法,N)	纵向	墙面用	≥40	≥140	≥40	≥40	≥40	—	150
		屋面用						—	
	横向	墙面用	金属屋面≥60 瓦屋面≥120	≥150				—	156
		屋面用						—	
热老化(80 ℃,168 h)	拉力保持率(%)		—	—	≥80	—	≥80	—	—
	断裂伸长率保持率(%)		—	—	≥80	—	—	—	—
	水蒸气透过量保持率(%)		—	—	≥80	—	—	—	—
	不透水性(mm,2 h不透水)		—	—	—	—	≥80	—	—
不透水性(mm,2 h不透水)		墙面用	≥1000	≥1000	≥1000	1500	1000	1500	1000
		屋面用						2000	
透水蒸气性[g/(m^2·24 h)]		墙面用	≥1000	≥300	≥1000	2250	≥1000	1000	377
		屋面用						1000	
水蒸气透过性(S_d值,m)			—	—	—	0.02	—	—	—
防风性(*s*,100 mm)		墙面用	—	—	—	—	—	28	—
		屋面用	—	—	—	—	—	1500	—

由表 2.24 可以看出,国内企业生产的防水透汽膜的透水蒸气性和不透水性并不逊色于国外同类产品。热老化性能方面,我国防水行业龙头企业北京东方雨虹的防水透汽膜产品也能够达到热老化后拉伸力、不透水性保持 80%以上。屋面/墙面用防水隔汽膜/隔汽卷材指标对比见表 2.25。屋面/墙面用防水卷材指标对比见表 2.26。

表 2.25 屋面/墙面用防水隔汽膜/隔汽卷材指标对比

检验项目			技术要求									
			《被动式低能耗建筑产品选用目录》	《被动式低能耗建筑—严寒和寒冷地区居住建筑》(16J908—8)中的耐碱铝箔面玻纤胎自粘改性沥青隔汽防水卷材		江苏卧牛山隔汽防水卷材	北京东方雨虹屋面/墙面用防水透汽膜	北京东方雨虹屋面/外墙用防水隔汽自粘沥青卷材	北京东方雨虹屋面/外墙用防水隔汽自粘沥青卷材	德国威达自粘型耐酸碱特殊铝箔面玻纤胎隔汽卷材	杜邦特卫强隔汽膜	德国博仕格有限公司Winflex Wall & Roof防水透汽膜
				1.2 mm厚	2.5 mm厚							
拉伸力[N/(50 mm)]	纵向	墙面用	≥120	≥400	≥800	≥400	≥150	≥400	≥800	≥400	120	129
		屋面用										
	横向	墙面用	≥180	≥400	≥800		≥120				120	203
		屋面用										
断裂伸长率(%)	纵向	墙面用	≥70	≥2	≥35	≥2	≥50	≥2	≥35	≥2	130	80
		屋面用										
	横向	墙面用	≥60	≥2	≥35		≥50				160	67
		屋面用										
撕裂强度(钉杆法，N)	纵向	墙面用	≥60	≥80	≥200	≥80	≥200	≥80	≥200	—	—	70
		屋面用								—	—	
	横向	墙面用	≥60	≥100	≥150	≥100		≥100	≥150	—	—	68
		屋面用								—	—	
耐热度			100 ℃，2 h无卷曲，无明显收缩	90 ℃，无流淌滴落	100 ℃，无流淌滴落	90 ℃，无流淌滴落	100 ℃，2 h无卷曲，无明显收缩	90 ℃，无流淌滴落	100 ℃，无流淌滴落	—	—	100 ℃，2 h无卷曲，无明显收缩

续表2.25

检验项目		技术要求									
		《被动式低能耗建筑产品选用目录》	《被动式低能耗建筑—严寒和寒冷地区居住建筑》(16J908—8)中的耐碱铝箔面玻纤胎自粘改性沥青隔汽防水卷材		江苏卧牛山隔汽防水卷材	北京东方雨虹屋面/墙面用防水透汽膜	北京东方雨虹屋面/外墙用防水隔汽自粘沥青卷材	北京东方雨虹屋面/外墙用防水隔汽自粘沥青卷材	德国威达自粘型耐酸碱特殊铝箔面玻纤胎隔汽卷材	杜邦特卫强隔汽膜	德国博仕格有限公司Winflex Wall & Roof防水透汽膜
			1.2 mm厚	2.5 mm厚							
热老化(80 ℃,168 h)	拉力保持率(%)	—	—	—	—	≥80	—	—	—	—	—
	不透水保持率(%)	—	—	—	—	≥60	—	—	—	—	—
接缝剪切强度[N/(50 mm)]		—	≥300		≥300	—	≥300	≥300	—	—	—
低温柔性		—	−20 ℃无裂纹		−20 ℃无裂纹	−45 ℃无裂纹	−20 ℃无裂纹	−20 ℃无裂纹	−15 ℃		−45 ℃无裂纹
不透水性		1000 mm,2 h不透水	30 min,0.2 MPa,不透水		30 min,0.2 MPa,不透水	1000,24 h	30 min,0.2 MPa,不透水	30 min,0.2 MPa,不透水	—	2000 mm,2 h不透水	1000 mm,24 h不透水
透水蒸气性[g/(m^2·24 h)]	墙面用	≤30	—	—	—	≤1.5	—	—	—	<15	—
	屋面用		—	—	—		—	—	—		
水蒸气透过性(S_d值,m)		—	—	≥1500	≥1500	—	≥1500	≥1500	≥1500	—	—

表 2.26 屋面/墙面用防水卷材指标对比

<table>
<tr><th colspan="3" rowspan="2">检验项目</th><th colspan="7">技术要求</th></tr>
<tr><th>《被动式低能耗建筑—严寒和寒冷地区居住建筑》(16J908—8)中的耐碱铝箔面玻纤胎自粘改性沥青隔汽防水卷材</th><th>北京东方雨虹含玻纤胎自粘沥青防水卷材</th><th>北京东方雨虹 SBS 沥青防水卷材</th><th>北京东方雨虹铜离子复合基改性沥青耐根穿刺防水卷材</th><th>德国威达玻纤聚酯胎改性沥青隔火自粘防水卷材</th><th>德国威达弹性体改性沥青防水卷材</th><th>德国威达铜离子复合基改性沥青耐根穿刺防水卷材</th></tr>
<tr><td rowspan="4">拉伸力[N/(50 mm)]</td><td rowspan="2">底层</td><td>纵向</td><td>≥1000</td><td rowspan="4">≥1000</td><td>≥700</td><td>≥700</td><td rowspan="4">≥800</td><td>≥600</td><td rowspan="4">≥800</td></tr>
<tr><td>横向</td><td>≥1000</td><td>≥500</td><td>≥500</td><td>≥500</td></tr>
<tr><td rowspan="2">面层</td><td>纵向</td><td>≥700</td><td>≥700</td><td>≥700</td><td>≥600</td></tr>
<tr><td>横向</td><td>≥500</td><td>≥500</td><td>≥500</td><td>≥500</td></tr>
<tr><td rowspan="4">断裂伸长率(%)</td><td rowspan="2">底层</td><td>纵向</td><td>≥2</td><td rowspan="4">≥2</td><td rowspan="4">≥35</td><td rowspan="4">≥35</td><td rowspan="4">≥2</td><td rowspan="4">≥30</td><td rowspan="4">≥40</td></tr>
<tr><td>横向</td><td>≥2</td></tr>
<tr><td rowspan="2">面层</td><td>纵向</td><td>≥35</td></tr>
<tr><td>横向</td><td>≥35</td></tr>
<tr><td colspan="3">耐热性</td><td>100 ℃,无流淌滴落</td><td>100 ℃,无流淌滴落</td><td>100 ℃,无流淌滴落</td><td>100 ℃,无流淌滴落</td><td>—</td><td>—</td><td>—</td></tr>
<tr><td colspan="3">低温柔性</td><td>−20 ℃无裂缝</td><td>−20 ℃无裂缝</td><td>−20 ℃无裂缝</td><td>−20 ℃无裂缝</td><td>−20 ℃无裂缝</td><td>−20 ℃无裂缝</td><td>−25 ℃无裂缝</td></tr>
<tr><td colspan="3">高温流淌性</td><td>—</td><td>—</td><td>—</td><td>—</td><td>70 ℃</td><td>90 ℃</td><td>105 ℃</td></tr>
<tr><td colspan="3">不透水性</td><td>—</td><td>30 min,0.2 MPa,不透水</td><td>30 min,0.2 MPa,不透水</td><td>30 min,0.2 MPa,不透水</td><td>—</td><td>—</td><td>—</td></tr>
</table>

根据上述对比内容可以看出,我国龙头企业如东方雨虹等已经具备生产出优质防水材料的能力,尤其是在防水卷材领域,国内产品性能已经可以比肩国外产品。

和国外产品相比,国产密封材料在技术和质量相当的情况下,更具备价格和地域优势,其发展前景很大。

① 预压膨胀密封带

国家建筑标准设计图集《被动式低能耗建筑—严寒和寒冷地区居住建筑》(16J908—8)中规定的预压膨胀密封带性能指标见表 2.27。

表 2.27　预压膨胀密封带性能指标

项目	性能指标	
氧指数(%)	≥30	
抗暴风雨强度	Ⅰ型	最大承受至 300 Pa
	Ⅱ型	最大承受至 600 Pa
耐久性	经过 30 次－40～70 ℃高低温循环,满足抗暴风雨强度要求	

② 防水隔汽膜、防水透汽膜

2015 年出版的河北省《被动式低能耗居住建筑节能设计标准》,对防水密封膜材料的性能指标给予了规定,该标准是国内第一部关于被动房的标准,但此标准只是纯粹照搬德国标准,材料性能检测标准和指标完全采用德国标准。而 2019 年发布的黑龙江省《被动式低能耗居住建筑节能设计标准》,根据国内检测标准和我国不同地域气候变化大等特点对新材料指标重新规定,其中针对门窗洞口用防水密封膜材料的标准化,住房和城乡建设部委托中材科技南京玻璃纤维研究设计院承担相关工作。目前有关防水密封膜的指标设定值已被收录于国家建筑标准设计图集《被动式低能耗建筑—严寒和寒冷地区居住建筑》(16J908—8)中。根据国家建筑标准设计图集《被动式低能耗建筑—严寒和寒冷地区居住建筑》(16J908—8)可知,可抹灰外围护结构门窗洞口的密封材料性能见表 2.28。

表 2.28　可抹灰外围护结构门窗洞口的密封材料性能

项目		室外一侧防水隔汽膜性能指标	室内一侧防水透汽膜性能指标
厚度(mm)		≤0.7	≤0.7
单位面积质量(g/m^2)		≤200	≤250
拉伸断裂强度[N/(50 mm)]	纵向	≥450	≥500
	横向	≥60	≥80
断裂伸长率(%)	纵向	≥10	≥10
	横向	≥60	≥50
透湿率[$g/(m^2 \cdot s \cdot Pa)$]		$\geq 4.0\times10^{-7}$	$\leq 9.0\times10^{-9}$
湿阻因子		$\leq 9.0\times10^{2}$	$\geq 5.0\times10^{4}$
水蒸气扩散阻力值 S_d(m)		≤0.5	≥30

(5) 国内主导企业

① 防水材料

目前国内市场上防水材料生产企业有东方雨虹、科顺股份、凯伦股份、宏源防水等龙头企业。

东方雨虹陆续通过欧盟CE认证、德国EC1认证、美国FM认证、美国能源署(EPA)能源之星认证等多项国际认证，并获第十七届“全国质量奖”、2017年“全国质量标杆”、“国家技术创新示范企业”等荣誉认定。东方雨虹的防水卷材产品入选“被动式低能耗建筑产业技术创新战略联盟”被动式低能耗建筑产品选用目录(第八批)，产品技术指标见表2.29和表2.30。

表2.29 东方雨虹的防水卷材产品性能

产品名称		屋面和外墙用隔汽防水卷材		屋面和外墙用防水卷材		
生产厂商		北京东方雨虹防水技术股份有限公司				
产品型号		自粘沥青隔汽卷材(GAL 1.2 20)	自粘沥青防水卷材(GAL 1.2 20)	含玻纤胎自粘沥青防水卷材(PYG PE)	SBS沥青防水卷材(PYG M PE 410)	铜离子复合胎基耐根穿刺防水卷材(PY-Cu SBS)
拉伸力[N/(50 mm)]	纵向	≥400	≥800	≥1000	≥700	≥700
	横向	≥400	≥800	≥1000	≥500	≥500
断裂伸长率(%)	纵向	≥2	≥35	≥2	≥35	≥35
	横向	≥2	≥35	≥2	≥35	≥35
不透水性		0.2 MPa，30 min不透水	0.2 MPa，30 min不透水	0.3 MPa，30 min不透水	0.3 MPa，30 min不透水	0.3 MPa，30 min不透水
钉杆撕裂强度(N)	纵向	≥80	≥20	—	—	—
	横向	≥100	≥150			
水蒸气扩散阻力值 S_d(m)		≥1500	≥1500	—	—	—
接缝剪切强度[N/(50 mm)]		≥300	≥300	—	—	—
低温柔性		−20 ℃无裂纹	−20 ℃无裂纹	−20 ℃无裂纹	−20 ℃无裂纹	−20 ℃无裂纹
耐热性		90 ℃，无流淌、滴落	100 ℃，无流淌、滴落	100 ℃，无流淌、滴落	100 ℃，无流淌、滴落	100 ℃，无流淌、滴落
适用范围		各气候区	各气候区	各气候区	各气候区	各气候区

表 2.30　东方雨虹的防水透汽/隔汽膜产品性能

产品名称		防水透汽膜	防水隔汽膜
生产厂商		北京东方雨虹防水技术股份有限公司	
产品型号		屋面/墙面用防水透汽膜	屋面/墙面用防水隔汽膜
最大拉力[N/(50 mm)]	纵向	≥300	≥150
	横向	≥300	≥120
断裂伸长率(%)	纵向	≥15	≥50
	横向	≥15	≥50
不透水性		1000 mm 水柱不透水	2500 mm 水柱不透水
钉杆撕裂强度(N)		≥40	≥200
水蒸气透过量[g/(m^2·24 h)]		≥1000	≤1.5
厚度(mm)		0.17	0.25
热空气老化(80 ℃,168 h)	最大拉力保持率(%)	≥80	≥80
	不透水保持率(%)	≥80	≥60
适用范围		各气候区	各气候区

科顺防水科技股份有限公司成立于 1996 年,是一家以提供防水综合解决方案为主业,集工程防水、家庭防水、建筑修缮业务板块于一体,业务覆盖全球的综合建材企业。科顺股份旗下设有工程防水品牌"CKS 科顺",民用建材品牌"科顺家庭防水",建筑修缮品牌"科顺修缮",防水修缮品牌"1056"等品牌和业务板块,产品涵盖防水材料、砂浆材料、密封材料和排水材料四大类产品;涵盖防水卷材及防水涂料两大类共 100 多个品种,可为客户提供"一站式"建筑防水解决方案。

宏源防水科技集团有限公司成立于 1996 年,现已发展成为集科研开发、生产销售和施工服务于一体的专业化防水系统供应商、"装配式建筑产业基地"、"中国防水行业领军企业"。该公司拥有现代化防水材料生产线 62 条,SBS 生产线、三元乙丙大型硫化生产线均诞生于宏源。目前,该公司防水卷材年生产能力达 2.9 亿平方米,涂料年生产能力达 29 万吨。公司产品涵盖铁路、道桥、市政、民用建筑、工业建筑、军工等防水领域,计 8 大系列、100 多个品种,覆盖多数功能需求。该企业生产的 SBS 弹性体改性沥青防水卷材,执行《弹性体改性沥青防水卷材》(GB 18242—2019)标准。

凯伦股份是一家集防水材料研发、制造、销售及施工服务于一体的国家高新技术企业,先后获得了"中国防水行业质量提升示范企业"、"中国房地产 500 强首选供应商"(中国房地产业协会颁发)、"江苏省优秀企业"(江苏省民营企业家协会颁发)等荣誉称号。目前,凯伦股份在江苏苏州、河北唐山、湖北黄冈、四川南充等地均设有产业基地。2017 年 10 月,凯伦股份实现 A 股上市,成为我国建筑防水行业首家创业板上市公司。该企业生产的 SBS 弹性体改性沥青防水卷材,执行《弹性体改性沥青防水卷材》(GB 18242—2019)标准。

目前国内防水透汽膜生产企业数量不多,规模都比较小。基本上生产防水透汽膜的企业都可以生产隔汽膜。形成一定规模的防水透汽膜生产企业有宁波山泉建材有限公司、浙江诺莱博新材料科技有限公司、江苏迈格斯新材料有限公司、河北筑恒科技有限公司等。

宁波山泉建材有限公司是一家中外合资企业，成立于 2006 年，是一家集科研、生产于一体的建筑新材料科技创新企业。该公司于 2007 年研发成功防水透汽膜，并通过欧盟 CE 认证和美国 ASTM 认证。该企业还编制有产品企业标准。

② 密封材料

德国博仕格有限公司生产的预压膨胀密封带、可抹灰型防水雨布、不可抹灰型三元乙丙防水透汽膜的相关性能指标分别见表 2.31、表 2.32 和表 2.33。

表 2.31 预压膨胀密封带的性能指标

性能指标	产品型号	
	预压膨胀密封带 COMBBAND300	预压膨胀密封带 COMBBAND600
荷载	BG2 级	BG1 级
抗暴风雨强度(Pa)	300	600
热导率 λ_{10}[W/(m·K)]	0.048	0.045
密封透气性 a [m^3/(h·m·(daPa)^n)]	<0.1	<0.1
抗水蒸气扩散系数 μ	≤100	<100
耐候性	−30～+90 ℃，短时间达到+120 ℃	−30～+90 ℃，短时间达到+120 ℃
燃烧性能	B_1 级	B_1 级

表 2.32 可抹灰型防水雨布的性能指标

性能指标	产品型号	
	可抹灰型防水雨布 Winflex 室内侧	可抹灰型防水雨布 Winflex 室外侧
最大抗拉强度(MPa)	纵向>450；横向>80	纵向>450；横向>80
最大伸长率(%)	纵向>20；横向>100	纵向>20；横向>140
燃烧性能	建筑材料等级 B_2 燃烧等级 ClassE	建筑材料等级 B_2 燃烧等级 ClassE
气密性	气密	气密
水密性	>200 cm 水柱	>200 cm 水柱
水蒸气扩散阻力值 S_d(m)	55	0.1

表 2.33　不可抹灰型三元乙丙防水透汽膜的性能指标

性能指标	产品型号							
	不可抹灰型室内侧三元乙丙防水透汽膜				不可抹灰型室外侧三元乙丙防水隔汽膜			
厚度(mm)	0.6	0.8	1.0	1.2	0.6	0.8	1.0	1.2
S_d(m)	84	112	140	170	12	16	20	24
抗拉强度(MPa)	≥6	≥7	≥7	≥8	≥6	≥7	≥7	≥8
断裂伸长率(%)	≥250	≥250	≥250	≥300	≥250	≥300	≥300	≥300
抗撕裂(N)	≥10	≥10	≥10	≥20	≥10	≥10	≥10	≥20
水密性(2 kPa 水压)	通过				通过			
抗老化	通过				通过			
燃烧性能	建筑材料等级 B_2 燃烧等级 E				建筑材料等级 B_2 燃烧等级 E			

河北筑恒科技有限公司生产的防水隔汽膜与防水透汽膜的性能指标见表 2.34。

表 2.34　河北筑恒科技有限公司防水隔汽膜与防水透汽膜的性能指标

项目		防水隔汽膜性能指标	防水透汽膜性能指标
面密度(g/m^2)		230	180
厚度(mm)		0.61	0.49
拉伸断裂强度[N/(50 mm)]	纵向	≥350	≥350
	横向	≥100	≥100
断裂伸长率(%)	纵向	≥20	≥20
	横向	≥50	≥50
不透水性(防水性)		1000 mm,24 h 不透水	1000 mm,24 h 不透水
耐热性(℃)		−40～+100	−40～+100
低温弯折性		无裂痕	无裂痕
水蒸气扩散阻力值 S_d(m)		≥20	≤1.0

山东万事达建筑钢品有限公司生产的防水透汽膜、防水隔汽膜的技术指标见表 2.35。

表 2.35 山东万事达防水透汽膜、防水隔汽膜的性能指标

性能指标		防水透汽膜			防水隔汽膜
		标准型	加强型	反射型	
厚度(mm)		0.17	0.49	0.18	0.25
面密度(g/m^2)		61	145	64	108
透水蒸气性[$g/(m^2 \cdot 24\ h)$]		≥1000	≥500	≥200	≤15
不透水性(mm·2 h)		≥1000	≥1500	≥1000	≥500
拉伸强度[N/(50 mm)]	纵向	≥260	≥315	≥215	≥150
	横向	≥270	≥270	≥180	≥140
断裂伸长率(%)	纵向	≥12	≥11	≥7	≥31
	横向	≥12	≥17	≥11	≥30
撕裂强度(N)	纵向	≥40	≥120	≥40	≥210
	横向	≥38	≥130	≥38	≥210

2.3.2 相关产业政策

近几年来,国家层面不断开展质量监督抽查,打击非标产品,持续出台文件以明确淘汰低端落后产能。防水材料行业属于重污染行业,近年来国家对大气污染的整治力度非常大,环保督察力度不减,对防水材料行业内的小企业形成了持续的淘汰压力。行业监管和环保越来越严格,非标产品和落后产能将被逐步淘汰。2016—2019 年政府质量监督抽查情况和淘汰落后产能的文件政策见表 2.36 和表 2.37。

表 2.36 2016—2019 年政府质量监督抽查情况

时间	抽查行动名称	抽查内容详情	产品合格率
2016 年 4—6 月	2016 年第 2 批防水涂料产品质量国家监督抽查	9 个省、39 家企业的 39 批次产品。抽查企业比例 4%	74.40%
2016 年 12 月	2016 年第 4 批建筑防水卷材产品质量国家监督抽查	17 个省、180 家企业、180 批次产品	93.33%
2017 年 8 月	2017 年第 2 批防水涂料产品质量国家监督抽查	12 个省、40 家企业、40 批次产品	95.00%
2017 年 12 月	2017 年第 3 批建筑防水卷材产品质量国家监督抽查	19 个省、126 家企业、126 批次产品	89.68%
2017 年	2017 年建筑防水产品质量提升专项行动方案	10 个省、102 家企业	90.90%

续表2.36

时间	抽查行动名称	抽查内容详情	产品合格率
2018 年	建筑防水卷材产品质量国家监督抽查	26 个省、124 家企业、124 批次产品	89.52%
2019 年	童鞋等 51 类产品质量国家监督抽查	22 个省、178 家企业、180 批次产品	86.10%

表 2.37　淘汰落后产能的文件政策

发布时间	文件或政策名称	内容要求
2013 年	《建筑防水卷材行业准入条件》	明确了建筑防水卷材新建生产规模、工业与装备要求，同时对生产线能源消耗、环境保护、产品质量等提出明确要求
2013 年	《沥青基防水卷材单位产品能源消耗限额》	将有胎沥青基防水卷材类能耗限定值提高到 220 $kgce/km^2$、有胎沥青基防水卷材能耗先进值提高到 180 $kgce/km^2$
2016 年	《建材工业发展规划(2016—2020 年)》	推广使用长寿命、低渗漏、免维护的高分子防水卷材、防水密封胶
2016 年	《建筑防水卷材产品生产许可证实施细则》	规定发证产品及标准、企业申请生产许可证的基本条件、生产设备及工艺要求等，提高行业发展规范化程度
2019 年	《产业结构调整指导目录(2019 年本)》	淘汰落后生产工艺设备

1997 年 6 月，建设部、国家建材局等五部委将密封材料列为“九五”期间和 2010 年发展规划中化学建材的 4 个重点发展材料之一，提出了重点发展改性沥青防水卷材，积极推进高分子防水片材，适当发展防水涂料，努力开发密封和堵漏材料的发展战略。

1997 年国家经贸委、国家建材局、国家技术监督局、建设部等六部委联合颁发了《关于加强硅酮结构密封胶管理的通知》，对建筑用硅酮结构胶的生产、销售、进口、检验等实施强制管理和准入。同年，国家建材局也颁布了生产认定管理办法；同年 10 月，国家进出口商品检验局发文，进口硅酮结构密封胶需由指定检验机构检验合格后方可使用，直至今日，这项工作仍在继续。

1999 年 6 月，国家经贸委、海关总署、国家出入境检验检疫局又联合发文，对进口结构胶实施统一编号、统一代理、统一商检、统一仓储的“四统一”管理；2000 年，国家经贸委、建设部再次联合下文，对硅酮结构密封胶的采购、使用、检验、技术档案管理、监督检查和处罚等作了相关规定。

2008 年 4 月，科技部、财政部、国家税务总局下达《关于印发〈高新技术企业认定管理办法〉的通知》(国科发火〔2008〕172 号)，将新型橡胶的合成技术及橡胶新材料(包括橡胶新品种的分子设计技术；接枝、共聚技术；卤化技术；充油、充碳黑技术等；特种合成橡胶材料；新型橡胶功能材料及制品，重大的橡胶基复合新材料技术)列为高分子材料的重点开发产品。

相关企业享受高新技术企业相关税收优惠。

2011年，国家发展改革委发布的《产业结构调整指导目录(2011年本)》中，建筑防水和密封等材料的开发与生产属第一类鼓励发展类。同年，国家发展改革委和商务部发布了《外商投资产业指导目录(2011年修订)》，其中将特种密封材料(含高速油封材料)、聚氨酯密封膏配制技术与设备、改性硅酮密封膏配制技术和生产设备制造作为鼓励外商投资的产业。在建设部公告《建设事业"十一五"推广应用和限制禁止使用技术(第一批)》中，单组分聚氨酯泡沫填充剂、建筑用硅酮结构密封胶、硅酮建筑密封胶、聚硫建筑密封胶、聚氨酯建筑密封胶、丙烯酸酯建筑密封胶等作为新技术推广应用，而焦油型聚氯乙烯建筑防水接缝材料(PVC油膏)则作为限制使用的产品。2011年的《建材工业"十二五"发展规划》中，新型建材中防水、密封等装饰装修材料被列为重点发展的产品；在《太阳能光伏产业"十二五"发展规划》中，EVA胶等配套辅助材料被列为重点发展的产品。

2012年，工业和信息化部发布了《产业转移指导目录(2012年本)》，指出了全国各省市重点发展的产品和方向，并指出建筑密封材料是许多城市重点发展的产业之一。

这一系列政策、标准和细则的制定，重大举措的实施，为密封胶行业的发展提供了有力的支持。

2.3.3 存在的主要问题

2.3.3.1 防水材料

被动式低能耗建筑要求将防水系统与保温系统、门窗系统等有效结合起来，形成气密性、保温性都符合要求的防水构造，其使用寿命将达50年以上。在德国，防水的造价往往占到建筑总造价的10%左右，而在中国，防水的造价却一般只占到建筑总造价的1%左右，未来提升空间很大。造价低廉导致我国的防水材料性能普遍较差，在普通建筑中也难免"跑冒滴漏"，更无法满足被动式超低能耗建筑选材的要求。要将防水系统的使用寿命提升至50年，我国的防水材料需要从产品质量、防水构造、施工等方面做出巨大改变。

(1) 防水材料的质量

SBS高聚物改性沥青卷材是屋面防水最常用的一类卷材。目前市场上SBS的价格是胶粉的4～5倍。在实际生产中，为降低施工成本，我国防水卷材企业通常用胶粉/SBS复合改性沥青或胶粉改性沥青代替SBS改性沥青，甚至用废旧轮胎打成的胶粉代替SBS弹性体，这样生产出来的卷材耐久性会非常差。

(2) 防水构造的设计

我国传统屋面防水通常有图2.12和图2.13所示的两种构造，这两种构造都会使保温层与防水层之间的水蒸气不易排出，引起屋面防水卷材起鼓开裂，产生局部漏水点后水会四处渗漏，长期如此会导致保温防水系统失效。

(3) 施工工艺

我国屋面保温防水结构施工时，保温板拼缝处通常采用同类型材料嵌填，这种处理会导致一旦防水结构出现渗漏点，水就会在保温层中流动，从而逐步破坏保温层结构。德国的保温防水施工中，会使用沥青粘贴聚氨酯保温板，并使用沥青浇灌保温板间的拼缝，防水卷材也

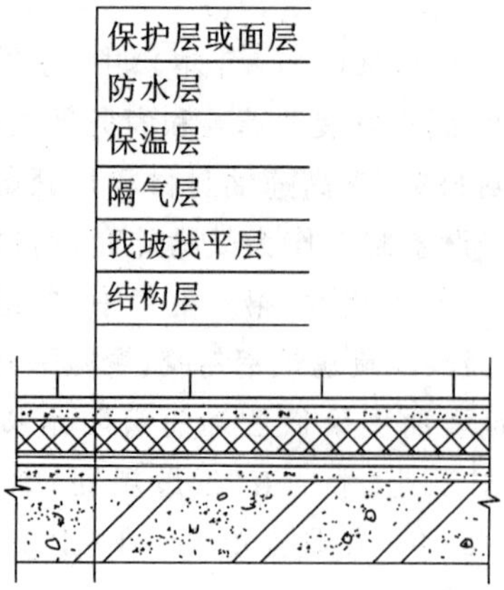

图 2.12　保温屋面构造层次示意图

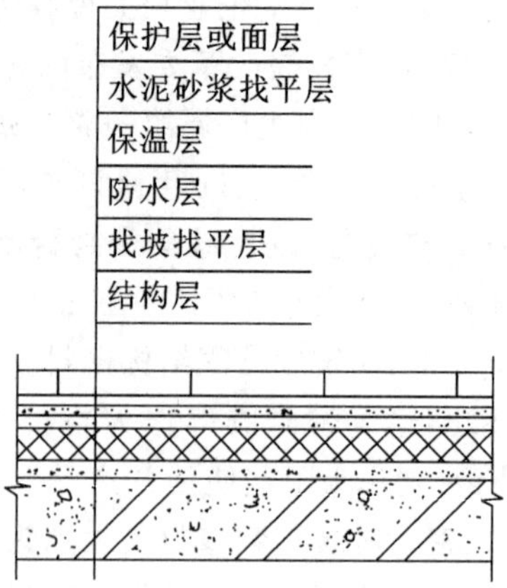

图 2.13　倒置式屋面构造层次示意图

用沥青满贴。这样的构造杜绝了上层防水卷材与下层隔汽卷材之间水蒸气的产生，一旦局部出现漏水点，水只能在一个保温板的范围内流动，起到了防蹿水的效果。

此外，防水施工工法虽然不复杂，但为达到最终的保温防水效果，施工环节中必须严格要求和管控。但国内建筑市场中专业的施工工人匮乏，工地多以农民工为主，鲜少经过专业的防水施工培训，且人员流动性较大，从而导致施工质量的稳定性也得不到保障。

(4) 新型防水材料及配套零部件的研发和生产

相对于改性沥青防水卷材，防水透汽膜和隔汽膜在我国的发展仍处于初级阶段，目前能够生产合格防水透汽膜的厂家也不多。我国被动式低能耗建筑多数仍需采购国外品牌的防水透汽膜/隔汽膜。另外，一些必要的配件国内也鲜有生产，如屋面排水落水管件等。

(5) 防水造价

除以上技术问题外，我国的被动式低能耗建筑用防水材料的发展还面临很多问题。如德国建筑中，防水的造价往往占建筑总造价的10%左右，而在中国，防水的造价却一般只占建筑总造价的1%左右，致使被动房的招标采购很难避免降质降价产品的困扰。

2.3.3.2　密封材料

被动房对房间的气密性提出了较高的要求，对密封材料也提出了较高的要求，但是由于国内被动房起步较晚，因而公众对建筑整体气密性的认识还存在一些误区，例如：认为高气密性建筑不利于室内通风等，从而导致在建筑设计、施工、验收等环节尚没有对建筑整体气密性进行相关的规定，即使是工程建设领域的从业人员，也很少能够认识到建筑整体气密性的重要性。

而对于建筑密封材料，存在的问题主要有：

① 由于我国建筑密封胶材料发展速度较快，目前国内产品结构与国外产品结构类似，随着装配式建筑、节能建筑等相关概念的出现，硅酮类建筑密封胶也得到了较大的发展，但在实际应用方面出现了一些问题：

a. 产品选择不当，出现粘结失效；

b. 部分产品在粘结效果不理想的情况下，可能会造成混凝土污染等问题；

c. 施工不规范，并未严格按照产品的要求处理。

d. 部分建筑使用密封胶时，出现胶缝不齐等外观问题。

e. 被动房要求材料耐用，但是国内密封胶的使用寿命达不到相关要求。

② 我国防水隔汽膜、防水透汽膜、预压膨胀密封带产品的相关概念是在被动房提出之后建立的，其发展时间较短，企业产品标准、装备技术等存在较大的问题：

a. 产品的相关设计、生产、检测等标准、规范不完善，与国外相比还存在差距；

b. 国内一些工人对于这类新型密封材料的认知较少，容易导致操作不当。

2.3.4 主要发展路径及对策建议

针对以上存在的问题，我国被动式低能耗建筑用防水材料的发展还有很长的道路要走。

（1）完善被动式低能耗建筑相关产品的标准体系

对标国外防水材料技术指标，建立高标准、高质量的防水材料技术指标体系，是保障我国防水材料市场健康发展的首要条件。应鼓励建立和推广被动式低能耗建筑产业联盟、创新平台和产业示范基地，培育防水材料龙头企业，完善防水材料产业链，建立以市场为导向、以企业为主体、政产学研金服用深度融合的技术创新体系。

（2）提高工人的职业技能

高质量的建筑材料要配合高质量的施工才能发挥最大作用，因此，只有进一步提高施工工人的职业技能，才能为被动式低能耗建筑的发展奠定良好的基础。

（3）适当提高被动式低能耗建筑防水系统的造价

对于被动式低能耗建筑，其防水系统的造价应结合实际情况给予适当提高，避免招投标采购中因低价竞标而导致采购了低价低质产品的情况。要想使被动式低能耗建筑在我国得到长足的发展，首先要使建材行业健康发展，建立企业信用质量追溯体系，避免因价格战而导致国内防水材料制造业口碑受损、建筑质量下降。

（4）开展建筑整体气密性的系统研究

开展适合典型气候区的近零能耗建筑整体气密性能与室内空气品质及建筑能耗的最佳平衡点研究，通过分析不同室内空气品质、不同建筑气密性水平对建筑能耗影响程度的大小，确定三者的最佳平衡关系。

（5）在标准体系中建立、健全建筑整体气密性相关规定

建立我国建筑整体气密性设计、施工、检测、评价、验收等环节完整的标准体系，逐步完善与建筑整体气密性相关的标准及规范。

① 将建筑整体气密性的设计纳入建筑的整体设计，在建筑设计阶段就对建筑整体气密性有所要求，从而保证所设计的建筑具有良好的气密性。

② 规范密封材料的质量、施工方法、流程等，保障建筑整体气密性。

③ 规范建筑整体气密性的检测方法、步骤、结果表达等内容，确保建筑整体气密性检测结果客观准确，为评价建筑整体气密性的优劣提供参考依据。

④ 建立建筑整体气密性评价指标体系，对建成建筑整体气密性进行评价。在我国不同气候区，针对不同建筑类型、不同建筑体量的建筑研究适应的建筑整体气密性评价指标，客

观体现出不同建筑整体气密性的优劣。

⑤ 对建筑整体气密性制定考核指标，针对建筑整体气密性的检测结果，考核建筑整体气密性的达标情况，评价建筑整体气密性的质量。

2.4 新风系统

新风系统的发展已有半个多世纪的历史了，表 2.38 列出了国外新风系统的发展史。

表 2.38 国外新风系统的发展史

时间	相关发展
1956 年	英国政府首次颁布《清洁空气法案》
1958 年	欧洲率先提出现代室内新风概念，并同时推出适用于各类场所的低噪声高静压送风机，通过机械送风的方法，改善室内空气的流通，帮助室内换气
1970 年	美国颁布《清洁空气法》，对每一种空气污染物都规定了法定的最高限度
1974 年	法国引进新风系统；英国颁布《空气污染控制法案》
1999 年	新风系统在英国的销售量为 7500 万台，97.81％的室内环境已经安装新风系统
2000 年	欧盟统一了住宅新风标准
2003 年	日本将新风系统的安装列入法规，使新风系统成为房屋的一种标配
2005 年	美国新风系统的年销售量突破 2100 万台
2008 年	新风系统在日本的销量为 1500 万台，年增长量为 23.51％，渐渐成为一种标配
2017 年	新风系统在欧美家庭的普及率已经高达 96.56％，住宅通风系统已经与建筑物融为一体，成为不可缺少的重要组成部分

表 2.39 列出了我国住宅新风系统的发展史。

表 2.39 中国住宅新风系统的发展史

时间	相关发展
1974 年	诞生首台换风扇，这是新风系统的早期雏形
1987 年	颁布《采暖通风与空气调节设计规范》(GBJ 19—87)
2003 年	第一部由卫生部、环保总局、质检总局联合制定的国家标准《室内空气质量标准》(GB/T 18883—2002)正式实施
2013 年	空气净化器迅速进入了我们的生活
2014 年	《住宅新风系统技术规程》列入编制计划，由中国建筑科学研究院和福建省建筑科学研究院主编起草，后来该规程成为我国第一部关于住宅新风系统的技术标准，也是首次由国家部委层面推进新风系统走进普通住宅
2018 年	我国第一部新风系统的国家标准《通风系统用空气净化装置》(GB/T 34012—2017)正式批准实施

图 2.14 给出了一些国家住宅新风系统的普及率，我国的新风系统普及率仅为 1%，还有很大的发展空间。从图 2.15 中可以看到，新风系统外资品牌所占的比例最高，超过其他品类，所以我国的新风系统品牌仍需加大马力，迎头赶上。

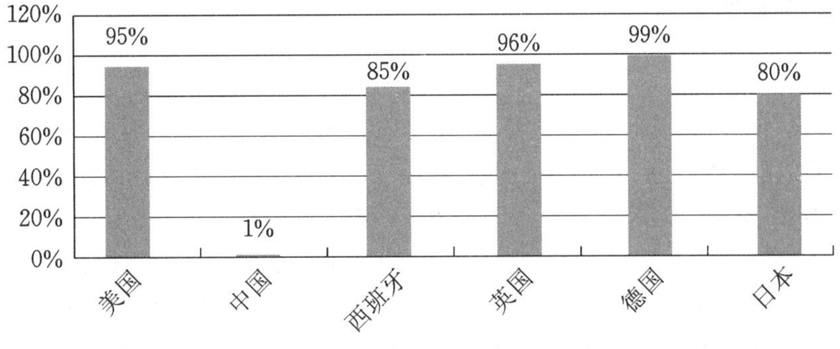

图 2.14　一些国家的住宅新风系统普及率

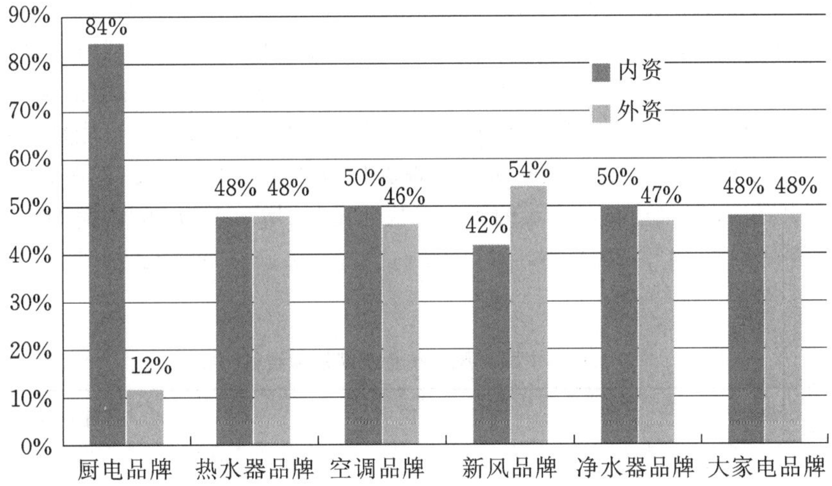

图 2.15　2018 年厨电、热水器、新风品牌内外资比例

新风系统从功能上讲是一套帮助室外空气循环流通的设备，属于一种开放式的循环系统，目的是让人们的居住空间一直充满新鲜、干净、高品质的空气，以避免工业化造成的污染影响人的身体健康。

被动式建筑是最为成功的可复制的超低能耗建筑。被动式建筑离不开新风系统，被动式建筑的快速发展给新风行业的发展提供了机遇。

被动式建筑的目的是不依赖主动式的采暖和制冷来实现室内环境的舒适性。被动式建筑的突出特点是节能、舒适、经济。实现被动式建筑的主要技术路线包括：无热桥设计与施工、高效保温系统、高效节能门窗、高效新风系统、严苛的气密性和使用可再生能源等。在严苛的气密性要求下，如果没有新风系统在技术上的支持，将很难维持被动式建筑的室内环境参数（室内空气温度为 20～26 ℃，相对湿度在 35%～65%，室内 CO_2 浓度不大于 1000 ppm）。因此，高效的新风系统是保证被动式建筑室内环境舒适性的关键环节。

本节将简要介绍新风系统的原理和组成、产业规模、产业结构、主要标准及技术性能指标、目前常见的新风系统的种类以及国内外新风系统的研究现状及发展趋势，包括相关产业政策、行业的主要技术专家、行业存在的问题、今后的发展路径和主要应用案例等。

2.4.1 产业现状

2.4.1.1 产业规模

目前，新风行业整体营收规模不大，上规模的品牌企业也不多。从全国80家主要新风企业分布来看：其中营收超过1亿元的有10家；7000万～10000万元的有5家；5000万～7000万元的有12家；3000万～5000万元的有14家；1000万～3000万元的有26家；1000万元以下的有13家（表2.40）。放大到整个行业来看，预计过亿的企业规模在15家左右，最多也不会超过20家，企业平均规模在3000万～4000万元。新风行业具备以下几个特征：①行业的专业壁垒不高，进入门槛比较低。市场一旦放量，很多企业便会快速参与进来。②行业整体利润较高，相对于泛电行业，新风行业属于一个利润较高的行业，行业平均利润在50%左右。现在很少能找到一个利润空间如此大的行业。这就给跨界参与进来的企业带来了动力，他们用资金和流量的优势，快速获取了市场规模，同时可以利用性价比策略去收获市场规模。③企业整体规模较小，防御能力较弱，且大部分都处在生存线上挣扎，很少能左右市场。④行业规模瓶颈尚未消除，1亿元是行业较大的瓶颈，5000万元可能是行业的盈亏平衡点，企业规模若突破5000万元，就有可能实现盈利，若低于5000万元，就很难实现盈利。

2013年开始，我国普通新风产品的销售量快速增长，增长率为20%，而2017年和2018年的增长率则达到了40%；2018年，新风产品的销售额突破了百亿元。2019年的销售额突破140亿元。

表2.40 中国新风系统企业规模和结构分布

规模	数量	比例结构
＞10000万元	10	12.50%
7000万～10000万元	5	6.30%
5000万～7000万元	12	15.00%
3000万～5000万元	14	17.50%
1000万～3000万元	26	32.50%
＜1000万元	13	16.20%
合计	80	100%

注：该数据来源于中国建筑金属结构协会净化与新风委员会企业采集数据。

被动式超低能耗建筑专用新风系统是与被动式超低能耗建筑配套的专用新风系统，普通能耗建筑无法使用，因此，其应用范围受被动式超低能耗建筑的发展所制约。《河北省被动式超低能耗建筑产业发展专项规划（2020—2025年）》指出，截止到2020年1月份，河北省累计竣工被动式超低能耗建筑面积 55.52 万平方米，在建被动式超低能耗建筑面积 261 万平方米。若被动式建筑专用新风系统按照每平方米 400 元计算，则已竣工被动式超低能耗建筑用新风系统市场超过 2 亿元，在建被动式超低能耗建筑用新风系统市场超 10 亿元。据不完全统计，目前全国被动式超低能耗建筑项目 199 个，分布于 23 个省市，总建筑面积超过 500 万平方米，则全国已建被动房新风系统市场已经超过 20 亿元。2020 年，建设超低能耗、近零能耗建筑示范项目 1000 万平方米以上，被动房专用新风系统市场超过 40 亿元。按照每年 20％增长率，2025 年，被动房专用新风系统市场将超过 100 亿元。

2.4.1.2 产业结构

从品牌配置情况来看，大品牌格局相对稳定，随着更多的品牌参与精装修渠道，前十名品牌的集中度有所降低（为 60.9％）。从开发商角度分析来看，前 50 强开发商新风配置占比 72.1％，继续主导整体市场发展。非 50 强开发商市场份额略有提升（图 2.16），企业相对分散，竞争力不足，但对项目配置新风系统的意愿很高。

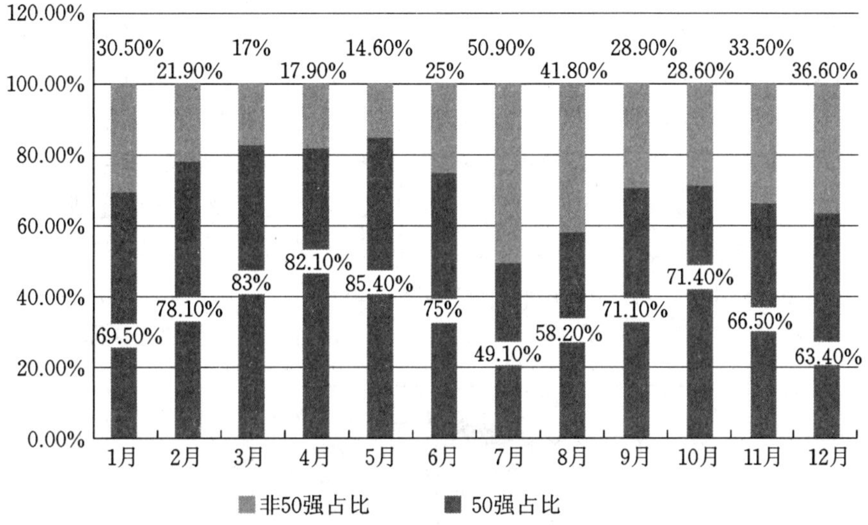

图 2.16 精装新风市场开发商结构变化（2019 年）

从机型上区分，常规新风产品可以分为吊顶式、壁挂式和立柜式，其中壁挂式和立柜式新风系统均可在装修后进行安装，类似于家用壁挂式空调和柜式空调，属于标准化产品。就整体而言，吊顶式依然占据了绝大部分市场份额，壁挂式和立柜式新风仅占据新风市场 21.5％的份额（图 2.17）。

被动式建筑专用新风系统按功能分为带高效热回收功能的新风系统、五位一体机系统（环境一体机）、多联供新风系统。按照风量不同，被动式建筑专用新风系统可分为风量为 600 m^3以下的小型机组和风量为 600 m^3以上的大型机组。国内有规模的厂家包括森德、万德福、洛卡恩、致果、保尔雅等品牌。随着被动式建筑的快速发展，越来越多的新风设备企业进入被动房专用新风领域。

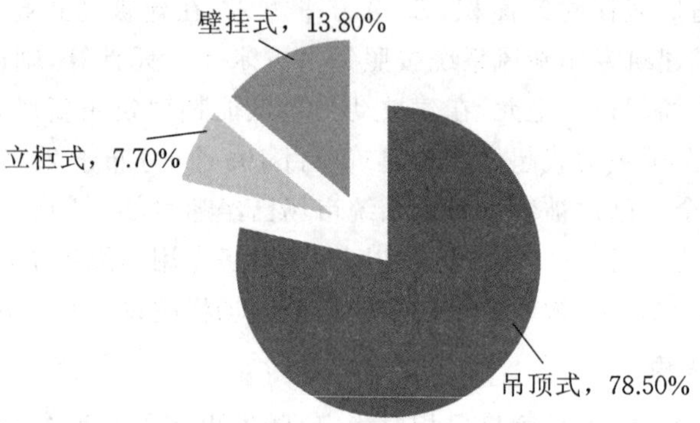

图 2.17　2019 年新风市场机型结构对比图

2.4.1.3　技术性能指标

(1) 新风系统的原理、组成及分类

新风系统的实质是一种机械通风设备，通过电机把新风抽入室内，同时将室内的空气排出去，热交换器负责回收热能，尽可能减少室内温度热能和湿度热能的损失。真正的新风一方面应该是富含氧气、负离子等对人体有益的气体，另一方面应该是温、湿度适宜，无粉尘，不含对人体有害的气体成分。引入室外的空气并不等于就是引入新风(没有受污染的室外空气才是新鲜空气)。新风系统是由新风主机、管路系统、送回风口、控制系统组成的一套独立空气处理系统。新风系统主要按以下两种方式分类：①按新风系统气流组织不同，新风系统可分为单向流新风系统(图 2.18)、双向流新风系统(图 2.19)、带全热交换功能的双向流新风系统(图 2.20)。②按送风的布置方式不同，新风系统可分为顶送风系统和地送风系统(图 2.21)。

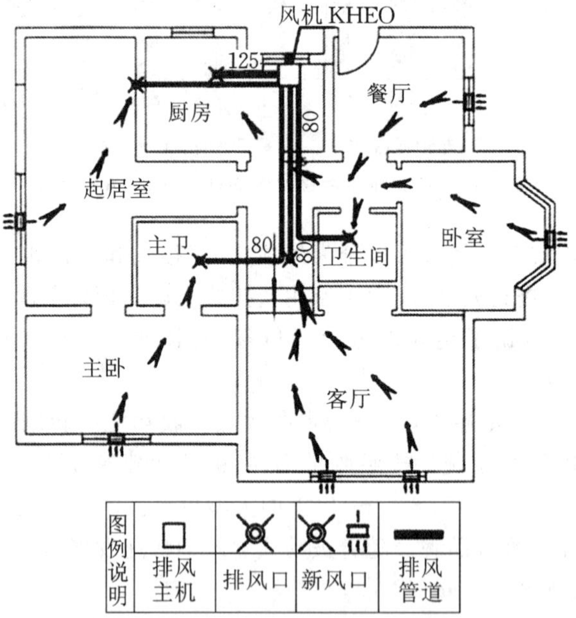

图 2.18　单向流新风系统设计图示例

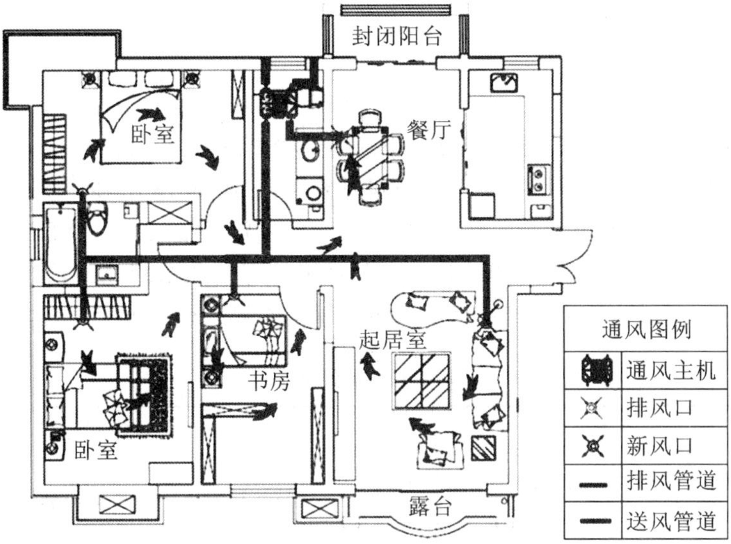

图 2.19　双向流新风系统设计图示例

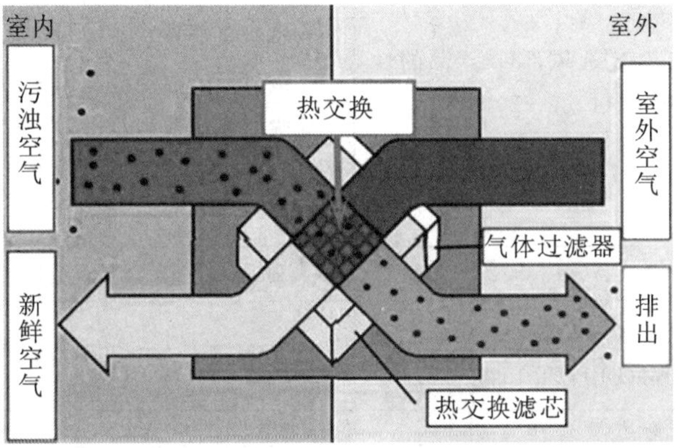

图 2.20　热交换新风系统的能量回收示意图

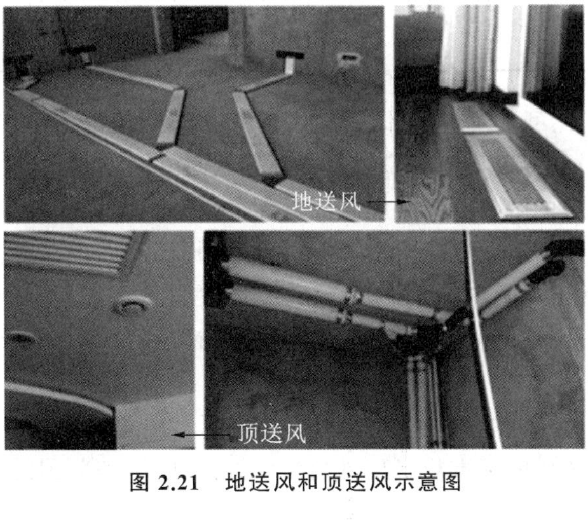

图 2.21　地送风和顶送风示意图

(2) 主要参数对比分析

① 新风量

住宅新风系统在设计选型时，各国标准中都有对居住建筑中最小通风量和换气次数的研究。例如，北京市地方标准《居住建筑新风系统技术规程》(DB11/T 1525—2018)依据现行国家标准《民用建筑供暖通风与空气调节设计规范》(GB 50736—2012)的相关规定指出，根据不同人均居住面积来确定最小换气次数，从而确定新风量；美国 ASHRAE 协会对住宅建筑最小新风量也有相应的规定和计算方法。对于住宅新风系统而言，除了应满足整个建筑的最小新风量要求外，相关标准还对新风机的风量参数进行了规定，具体内容见表 2.41。

表 2.41　风量标准

国家	标准	风量控制范围
美国	HVI920《住宅通风产品性能等级认证程序的要求》	空气净流量不得小于最大值的 85%
欧洲	《建筑物通风　住宅通风部件/产品的性能试验》(CSN EN13141—7—2010)	1 级时风量控制范围为±3% 2 级时风量控制范围为±6% 3 级时风量控制范围为±10% 4 级时风量控制范围为±20% 5 级时风量控制范围为±30% 6 级时风量控制范围为±50% N(A)>50%
中国	《新风净化机》(T/CAQI 38522—2016)	实际风量不得小于额定风量的 90%
中国	《通风器》(JG/T 391—2012)及《居住建筑新风系统技术规程》(DB11/T 1525—2018)	实际风量不得小于额定风量的 95%
中国	《民用建筑新风系统工程技术规程》(CECS 439—2016)	主机总风量调试结果与设计风量的偏差不应大于 10% 各风口的风量与设计风量的允许偏差不应大于 15%

从表 2.41 中的对比可以发现，中国和美国的标准都只规定了额定风量的下限，并没有规定风量的上限，而欧洲标准则对风量做了详细的区间分级，规定了每一级风量的范围。中国和美国的标准中规定的限值大概对应欧洲标准分级的 3 级左右。详细的分级指标可以说明欧洲标准对产品性能的要求更为严格，对于厂家进行产品的设计和优化有积极的引导作用，而中国和美国的标准中只对风量下限作出要求，更适合在工程实践中进行选型和应用，虽然各自的侧重点不同，但三者在风量需要达到住宅换气需要的最小通风量要求这一出发点上是一致的。

② 风压

各国和地区对于风压的标准规定与风量标准类似，中国和美国的标准中都只规定了风压下限，欧洲标准中则根据不同的性能优劣进行了具体的分级，但与风量分级标准不同的是，欧洲的风量标准分了7个级别而风压标准仅分了4个级别(表2.42)，中国和美国的标准中规定的限值大概对应欧洲标准的A3级，可以看出，欧洲标准在风压上的要求比中国和美国的标准要更加严格。与风量类似，欧洲标准更侧重产品性能分级，而中国和美国的标准的工程实践性更强一些。

表2.42 风压标准

国家	标准	风压损失范围
美国	HVI920《住宅通风产品性能等级认证程序的要求》	风道内风压应不小于额定风压的85%
欧洲	《建筑物通风　住宅通风部件/产品的性能试验》(CSN EN13141—7—2010)	A1级时风压损失范围应≤2%
		A2级时风压损失范围应≤5%
		A3级时风压损失范围应≤10%
		A4级时风压损失范围可>10%
中国	《新风净化机》(T/CAQI 38522—2016)	实测风压不应小于额定风压的90%
中国	《通风器》(JG/T 391—2012)及《居住建筑新风系统技术规程》(DB11/T 1525—2018)	实测风压不应小于额定风压的93%

③ 能效

在风机能效标准领域里，各国都有相应的国家标准。比如美国的《Energy Efficiency Classification for Fans》(ANSI/AMCA205—19)，我国的《通风机能效限定值及能效等级》(GB 19761—2020)都对通风机的能效分级进行了规定。然而，两个标准制定的初衷是不同的，我国的这个标准制定的目的是通过标准的实施，淘汰效率低的产品，其具有强制性；美国的标准只是对风机效率等级进行评估，用户可以根据需要选择不同等级的产品，其不具有强制性。在住宅新风系统中风机的能效指标则相对简单，美国HVI920《住宅通风产品性能等级认证程序的要求》中规定，全热交换机的输入功率不应超出额定数值的115%；我国标准《新风净化机》(T/CAQI 38522—2016)中规定，新风机的输入功率不应超出额定数值的110%，《居住建筑新风系统技术规程》(DB11/T 1525—2018)中则是依旧沿用行业标准《通风器》(JG/T 391—2012)中的规定，即输入功率不应超过表2.43规定值的110%。

表2.43 通风器的输入功率值规定

额定风量(m^3/h)	输入功率(W)	
	普通型	节能型
≤50	20	13
51～100	45	23
101～200	90	45

续表2.43

额定风量(m^3/h)	输入功率(W)	
	普通型	节能型
201～400	180	90
401～600	240	150
601～800	300	180
801～1000	350	230

在欧洲标准中，对于通风机的分级标准较为详细，并引入了特定输入功率 *SPI*(Specific Power Input)指数的概念。*SPI* 按下式计算得到：

$$SPI=\frac{P_E}{q_V} \tag{2.1}$$

式中 *SPI*——特定输入功率，$W/(m^3/s)$；

P_E——风机输入功率，W；

q_V——送风体积流量的平均值，m^3/s。

该指数可用于表示单位送风体积流量所需要的能耗，该值越大说明用于输送风量的能耗比例越大，其他能耗比例越小，则产品性能更优。对 *SPI* 指数的分级规定见表 2.44。

表 2.44 DIN EN 13142—2013 中 *SPI* 分级指标

分级	*SPI* 指数[$W/(m^3/s)$]	*SPI* 指数[$W/(m^3/h)$]
1	≤900	≤0.25
2	≤1260	≤0.35
3	≤1620	≤0.45
4	≤1980	≤0.55
5	≤2340	≤0.65
6	≤2700	≤0.75
N(A)	>2700	>0.75

注：《建筑物通风 住宅通风部件/产品 要求和可选性能特性》(DIN EN 13142—2013)。

住宅新风系统中的新风机分类及功能不像其他场合使用的通风机那样复杂，对于住宅中使用的新风净化机应有自己相对简单的标准，正如美国 HVI920《住宅通风产品性能等级认证程序的要求》和我国的《居住建筑新风系统技术规程》(DB11/T 1525—2018)中对于风机能效的规定一样。欧洲标准在这方面的规定更加细致，其 *SPI* 指标体现出了风机的能效分级特点，这在中国和美国标准中是体现不出来的。*SPI* 分级级别越高，在输入相同功率的情况下就能有更多的通风量，能效越高。

④ 噪声

各国标准中对于住宅新风机的噪声要求差距较大(表 2.45)，美国 HVI915《住宅风扇产品的响度评定程序》中对噪声的测量和评级提出了 S(sone)的概念，通过计算 S 评价风机的噪声，在相同分贝条件下，20～20000 Hz 内的 S 值近似呈正态分布，而欧洲《建筑物通风 住宅通风部件/产品 要求和可选性能特性》(DIN EN 13142—2013)中则采用详细的噪声分级指标。在我国的《新风净化机》(T/CAQI 38522—2016)和《通风器》(JG/T 391—2012)标准中，分别根据洁净空气量和风量大小进行噪声的分级。笔者认为，采用《新风净化机》(T/CAQI 38522—2016)中的标准值更为合理一些。因为在住宅新风系统中，风机不仅要满足向室内输送新鲜空气的要求，同样需要满足对室外空气的过滤要求，而“洁净空气量”这个指标能够将新风净化机这两项功能相结合，从而给出合适的分级指标。在住宅新风系统中，涉及管道和其他部件的安装，因此除了满足新风机本身的噪声要求之外，在正常使用阶段也需要满足舒适性的要求。在《住宅新风系统技术标准》(JGJ/T 440—2018)中对于住宅不同房间的昼夜噪声有相关规定，例如客厅白天噪声不应大于 45 dB(A)，夜间噪声不应大于 40 dB(A)。

表 2.45 噪声标准

HVI915[12]		DIN EN 13142—2013		T/CAQI 38522—2016			JG/T 391—2012 及 DB11/T 1525—2018		
级别	噪声 S	级别	噪声[dB(A)]	洁净空气量 Q(m³/h)	噪声[dB(A)]		风量 Q(m³/h)	噪声[dB(A)]	
					普通型	静音型		普通型	静音型
1	$S<0.3$	1	＜35	$Q\leqslant 200$	≤45	≤42	$Q\leqslant 50$	31	28
		2	35～40	$200<Q\leqslant 400$	≤50	≤47	$51<Q\leqslant 100$	35	32
2	$0.3\leqslant S<1.5$	3	40～45	$400<Q\leqslant 800$	≤55	≤52	$101<Q\leqslant 200$	39	36
		4	45～55	$800<Q\leqslant 1200$	≤60	≤57	$201<Q\leqslant 400$	43	40
3	$S\geqslant 1.5$	5	55～65	$1200<Q\leqslant 1600$	≤63	≤60	$401<Q\leqslant 600$	47	44
		N(A)	＞65	$Q>1600$	≤68	≤65	$601<Q\leqslant 800$	50	47

⑤ 净化效率

美国标准、欧洲标准和中国标准中对于新风净化机的净化效率的检测仪器、检测方法和技术要求等方面同样存在较大差异。在美国的《普通通风空气净化装置去除效率的粒度测试方法》(ANSI/ASHRAE 52.2—2017)和欧洲的《一般通风用空气微粒过滤器过滤性能的测定》(BS EN779—2012)中，都对人工尘和不同粒径的颗粒物的过滤效果进行了分级。美国、欧盟国家和中国因为国情不同，对于空气净化器的检测指标和检测方法的侧重点不同[26]。三者均侧重于颗粒物检测，但《普通通风空气净化装置去除效率的粒度测试方法》(ANSI/ASHRAE 52.2—2017)的检测过程更复杂，评价方法更全面。在我国的《新风净化机》(T/CAQI 38522—2016)中规定，新风净化机的净化效率不应小于 70%，该值是在实验台上通过测试氯化钾(KCl)固态气溶胶在风机入口与出口的浓度值计算得到。在《新风净化机》(T/CAQI 38522—2016)中还提到了净化能效分级要求，具体见表 2.46。这一规定与《居住建筑新风系统技术规程》(DB11/T 1525—2018)中对于净化能效的规定略有不同，后者规定为“具有净化功能的单向流通风器的净化能效不应低于 2.00 $m^3/(W \cdot h)$，双向流通风器的净化能效不应低于 1.25 $m^3/(W \cdot h)$”。

表 2.46 净化能效分级要求

净化能效等级	净化能效[$m^3/(W \cdot h)$]	
	单向流	双向流
高效级	$\eta \geqslant 5.00$	$\eta \geqslant 2.50$
合格级	$2.00 \leqslant \eta < 5.00$	$1.00 \leqslant \eta < 2.50$

注：η 为净化能效。

⑥ 热交换效率

美国、欧盟国家和中国对空气-空气中能量回收通风装置均已有相关的标准，例如美国 ANSI/ASHRAE 84-2013，欧盟的 EN 308-1997 和我国的《空气-空气能量回收装置》(GB/T 21087—2007)。在住宅用新风机的标准确定中，也都以此作为参照进行制定。从标准对比(表 2.47)中可以发现，欧洲标准对温度效率和焓效率进行了具体的分级。中国标准分别规定了制冷和制热工况下的热交换效率要求，这点是欧美标准中没有考虑到的。中国和美国标准都只规定了回收效率的下限，但美国设定的下限值高达 90%，而中国设定的下限值平均只有 60%左右，美国的最低标准都达到了欧洲的最高级别，可以看出美国很重视此类产品的能量回收效率。

表 2.47 热交换效率标准

国家	标准	标准要求						
美国	HVI920	新风机的能量回收效率不得低于 90%						
欧洲	DIN EN 13142—2013	级别	1	2	3	4	5	N(A)
		温度效率(%)	≥90	80～89	70～79	60～69	50～59	<50
		级别	1	2	3	4	5	N(A)
		焓效率(%)	≥90	80～89	70～79	60～69	50～59	<50
中国	T/CAQI 38522—2016	类型	制冷交换效率			制热交换效率		
		焓效率(%)	>50			>55		
		温度效率(%)	>60			>65		
中国	DB11/T 1525—2018	类型	制冷交换效率			制热交换效率		
		焓效率(%)	>60			>65		
		温度效率(%)	>60			>70		

⑦ 其他

在各国标准总结及分析中发现，除了对风量、风压、能效、噪声、净化效率和热交换效率的规定外，相关标准还涉及有毒有害物质(如臭氧和紫外线)、电气安全(如电气强度、泄漏电流)等内容的检测及限值规定,因文章篇幅有限,不在此进行详细说明。然而,需要指出的是,考虑到采用静电除尘技术和光触媒技术的新风净化机在工作时会产生臭氧和紫外线,在我国标准《新风净化机》(T/CAQI 38522—2016)中对新风净化机出厂前有毒有害物质的检验有明确的限值规定,即臭氧浓度增加量不大于 0.05 mg/m³,紫外线泄漏量不大于 5 μW/cm³。在本书调研的欧美标准中均没有对新风机臭氧和紫外线的检测方法和限值说明,但这个问题也是空气净化行业关注的重点。例如,在 2015 年 ASHRAE 发布的文件《Position document on filtration and air cleaning》中指出,鉴于臭氧及其反应产物对人体健康的不利影响,人居室内环境不应使用臭氧进行空气净化。即使不用臭氧进行净化,但是如果净化装置运行时能够产生大量臭氧,也必须给予高度警惕,应将臭氧水平控制在 10 ppb 以下。

(3) 四个新风系统整机检测标准

不管是对既有建筑而言,还是对未来的建筑而言,新风系统都是非常必需的。以超低能耗建筑为例:在室内外压差 50 Pa 的情况下每小时的换气次数不高于 0.6 次,所以在不开窗的情况下,无法满足室内新风量和空气品质的要求。在这种高气密性情况下,配置可以提供新鲜空气的新风系统尤为重要。

新风系统可满足室内人员新风量需求,满足室内供冷、供暖需求,回收排风中的冷热量并降低能耗。新风系统整机现行的国家标准包括:《通风系统用空气净化装置》(GB/T 34012—2017)、《空气-空气能量回收装置》(GB/T 21087—2007)、《空气过滤器》(GB/T 14295—2019)、《空气净化器》(GB/T 18801—2015)。具体标准参数见表 2.48。

表 2.48 现行新风系统整机标准的指标参数

标准	测试部件	项目	测试设备	标准要求
《空气-空气能量回收装置》(GB/T 21087—2007)	整机	风量	一套(两台)风洞	≥名义值的 95%
		输入功率		≤名义值的 120%(输入功率≤30 W) ≤名义值的 110%(输入功率>30 W)
		出口全压		≥名义值的 90%
		噪声	半消声室	≤名义值+1 dB(A)
		有效换气率	CO_2测量装置	≥90%
		交换效率	双焓差室	≥名义值的 90%; 焓效率制热>55%;焓效率制冷>50%
《通风系统用空气净化装置》(GB/T 34012—2017)	整机或滤芯	PM2.5 净化效率	一次通过过滤测试系统	A 级>90%

目前新风系统整机检测也是通过上段中的四个标准测试。每个标准从不同产品的不同维度进行检测。

其中上述标准涉及的主要检测项目包括风量、输入功率、出口全压;主要应用的实验室检测设备为一套(两台)测试风洞;对应的指标要求为:风量≥名义值的 95%,输入功率≤名义值的120%(输入功率≤30 W)或输入功率≤名义值的110%(输入功率>30 W);出口全压≥名义值的90%;噪声的基础测试场所一般是半消声室,使用的检测设备是声级计,对应的指标要求为噪声≤名义值+1 dB(A);有效换气率应用配套的二氧化碳测量装置,指标要求为≥90%;交换效率分为制冷和制热工况,指标要求为≥名义值的90%。目前国内新风机中应用全热交换器的居多,对应的焓效率制热>55%;焓效率制冷>50%。相关标准中规定,上述风量、有效换气率和交换效率有关联影响,满足风量要求后才能开始做有效换气率试验,二者都达标后方可做交换效率的试验。PM2.5净化效率要求一次性通过过滤测试系统,指标要求A级>90%。

(4) 被动式建筑对新风系统的技术要求

① 热回收新风系统

被动房性能的关键在于巧妙设计的新风系统。新风系统不仅过滤了空气中过多的湿气和异味,还可过滤掉空气中的花粉和粉尘,给室内提供纯净的新鲜空气。若通过开窗通风来达到这一效果,则会造成热量大量损失,损失的热量甚至比一栋被动房所需的全部能量还多。在多数气候条件下,被动房也需要一定供暖,但供暖需求很小,利用新风系统就能满足需求。

②被动房通风原理

被动房通风的基本原理:把厨房、浴室等浑浊的空气抽离(排风),把新鲜空气送入生活区域(送风),而走廊就能实现自动通风。被动房通风系统携带的热量即可满足室内采暖需求,按照新风量标准每人30 m^3/h,人均居住面积为30 m^2,则大约需要1 $m^3/(m^2 \cdot h)$的送风量。为避免温度过高时粉尘燃烧产生异味,新风加热的最高温度限制为50 ℃,这样被动房对应的最大热负荷为10 W/m^2,采用新风系统即可满足采暖要求。

被动房采用高效带热回收的新风系统,降低了通风系统热损失,提高了新风温度,增强了室内的舒适度。同时,被动通风系统调节了室内的空气湿度(相对湿度的最优范围为35%~55%),湿度太高或太低都会对健康造成损害,尤其是对皮肤和呼吸系统。湿度太高易引起发霉,湿度太低则可能对地板或音乐器材造成损害。

新风机组基本要求:热回收效率R≥75%;通风系统的电力需求,耗电量≤0.45 $W \cdot h/m^3$;室内主风管风速宜≤3 m/s,风口风速宜≤1 m/s;冬季室内送风口出风温度不得低于16.5 ℃。

③ 机械送新风并进行热回收

当建筑的气密性能大大提高以后,适宜的通风换气方式对于"被动房"就尤为重要了。要保持室内空气的清洁与健康,必须要满足一定的新风量。在欧洲各国中,新风量指标为室内空气每小时换气0.4~0.9次,我国北京居住建筑节能设计标准中规定的冬季换气指标为每小时换气0.5次,与欧洲各国的要求大致相同。在现有建筑中,开启窗户和门窗缝隙的渗透是实现建筑冬季换气的常用方式,但这样无疑会带来大量的热量损失,并且产生室内吹冷风的不舒适感。

在"被动房"中,这一换气指标则完全需要通过机械通风的方式来达成。在"被动房"住宅中,室内污浊的空气从厨房和卫生间的排风口排入风管中,新鲜空气则从起居室和卧室的送风口中进入房间。把建筑排风中的热量回收,用以预热室外的新鲜空气并送入室内是达到"被动房标准"的关键技术之一。欧洲目前使用的热交换器的热回收效率非常高,其热回收率可达到75%～90%，所以传统建筑在冬季通风换气损失的热量在“被动房”建筑中很大程度上被避免了。

新风排风热交换器的体积很小，通常装在建筑吊顶或者阁楼内就可以。由于“被动房”建筑中采暖的热量需求已经很小，所以甚至可以通过新风系统来调节房间的温度，经过加热的新风送入房间就足够保持设计的室内气温，这样，建筑内就可以完全不用安装传统意义的采暖系统了。

当然，在设计者看来，机械新风的另一个好处是可以保证空气的质量。在新风的处理过程中，除了可以回收热量以外，还可以过滤室外空气的尘土，控制空气的湿度，使空气的质量比自然通风的空气质量大大提高。

使用新风换气系统，既可保持室内温度稳定，又可隔绝室外噪声，还能节约能源。研究结果表明，使用不带换热功能的新风换气系统，可以节能30%；使用带换热功能的新风换气系统，节能高达80%以上。在德国，新风换气系统已经与建筑物融为一体，成为不可缺少的重要组成部分。德国建筑节能法规要求，建筑物在设计时必须考虑通风问题。

被动式建筑不同于普通建筑，对建筑材料和建筑设备有着更高的要求。被动式建筑对于新风系统的要求与普通建筑对新风系统的要求相比有三个突出的特点：

a. 更高的节能要求

主要体现在三个方面：一是热交换指标更高。被动式建筑新风机组的全热交换效率≥70%、显热交换效率≥75%，远高于《空气-空气能量回收装置》(GB/T 21087—2007)中要求的全热交换效率>55%和显热交换效率>65%。二是强调全热交换。被动式建筑新风机组大多要求全热交换，也就是在显热交换的同时也能完成湿交换，这样有利于维持室内的相对湿度。三是对通风电力需求进行有效限定。被动式建筑新风机组通风耗电量≤0.45 W·h/m^3，这就要求新风机组需匹配更为节能的风机，以保证设备自身具备较低的运行能耗。

b. 更高的洁净要求

主要体现在两个方面：一是新风系统应设置过滤器，宜具有除雾霾功能。新风机组新风端过滤器的过滤等级要在F7以上，回风端过滤器的过滤等级要在G4以上，也就是保证对新风净化要在中效过滤器以上，对于颗粒物≥5 μm的过滤效率要>90%。支持鼓励采用“粗效+H11”等复合过滤方式，对PM2.5和雾霾也有很好的控制。二是热交换芯非纸芯，且宜具备自洁净功能。由于纸芯易产生霉斑及滋生细菌，从而对新风造成二次污染，因此，被动式建筑中的交换芯不采用纸芯。

c. 更高的低噪要求

主要体现在三个方面：一是对设备噪声进行了限定，生活区送风噪声<25 dB(A)；功能性房间的排风噪声<30 dB(A)；设备间噪声≤35 dB(A)。这就要求新风机组配备低噪风机，同时加强设备系统优化设计。二是对新风设备间噪声进行了限定，要求设备间噪声≤35 dB(A)；设备间要采取适当的降噪、隔噪措施。三是对通风系统风速进行了限定，以降低室内风噪：室内主风管风速宜为2～3 m/s，支风管风速不大于2 m/s，送风口和回风口风速宜为2～3 m/s。

2.4.1.4　主导企业

新风系统通常按室内面积的大小进行风量的选择，从而确定需安装的新风机型。被动房中常用的新风系统为带全热交换功能的。目前常见的新风品牌都有各种风量的机型，方便不同居住面积的客户进行选择。下面列举了市场上常见的几种新风系统品牌。

(1) 松下电器(中国)有限公司(Panasonic)

松下电器(中国)有限公司的新风系统为日本松下独资企业，是房屋新风换气产品第一大品牌，松下的全热交换新风系统满足国际标准，可以24小时连续不断地供给新鲜空气，其高效率的整体换气系统能够实现500～2000 m^3/h的送风量。松下全热交换器采用松下独特的新型对流式热交换材料，使设计小型化、薄型化，产品厚度仅为230 mm，并且其高性能、高品质的风机使得它的噪声很低，最小分贝仅有21.5 dB，不会对我们的生活造成干扰。

(2) 大金工业株式会社

大金工业株式会社(简称大金)成立于1924年，现已发展成为跨空调、氟化学、油压机械等多个领域的综合型制造企业，特别在空调领域，是集空调机、冷媒及压缩机的研发、生产、销售与服务为一体的专业企业。在新风领域，大金同样有着出色的表现。针对室内空气环境问题，大金推出了PM2.5专业净化系列，采用专业静电集成滤网，三层由粗到细构造设计，滤网过滤等级可达到我国国家标准《空气过滤器》(GB/T 14295—2008)规定的亚高效级别。针对主干道两边和汽车尾气污染严重区域、北方冬季供暖区域和重工业集中区域，大金推出PM2.5尾气净化系列，其搭载的氮/硫氧化物过滤网及PM2.5高效过滤网(采用经典集尘过滤方式)可同时除去汽车尾气中NO_2、SO_2以及室外的PM2.5。

(3) 霍尼韦尔

霍尼韦尔是一家被美国财富杂志评为最受推崇的20家高科技企业之一，年营业额超300亿美元的多元化、高科技的先进制造企业。在全球，其业务涉及航空产品和服务，楼宇、家庭和工业控制技术，涡轮增压器以及特性材料。霍尼韦尔公司总部位于美国新泽西州莫里斯镇，公司股票在纽约、伦敦和芝加哥股票交易所上市交易。霍尼韦尔在华的历史可以追溯到1935年。当时，霍尼韦尔在上海开设了第一家经销机构。目前，霍尼韦尔四大业务集团均已落户中国，旗下所辖的所有业务部门的亚太总部也已迁至中国，并在中国的20个城市设有多家分公司和合资企业。霍尼韦尔在中国的员工人数现约12000名。霍尼韦尔新风系统拥有多重净化技术，HEPA＋活性炭滤网＋光触媒，使得送风更健康；超静机身设计保证设备低噪声运作；75 mm的风管系统可埋入墙体、地板或隐藏于吊装天花中，安装灵活。

(4) 法国兰舍通风系统公司

1970年法国兰舍通风系统公司(以下简称为兰舍)在法国成立，是法国地源热泵的主要供应商。1975年兰舍进入家用新风领域，其产品在当时雾霾严重的欧洲地区表现出卓越的可靠性，得到用户认可。1983年兰舍成为法国新建住宅通风系统供应商，用户遍及欧洲，2003年兰舍进入中国，专注为中国用户提供优质的新风产品。2011年兰舍与绿城集团签署战略合作协议，成为绿城房地产住宅通风系统最大供应商。2012年兰舍与万科集团签署战略合作协议，成为万科房地产住宅通风系统最大供应商。2014年兰舍与绿地集团达成战略合作。法国兰舍拥有世界领先的舒适通风系统、能量回收通风系统，兰舍新风系统噪声低，其系统运行时的分贝为30 dB，能带来舒适宁静的空间，而其中央能量回收系统，可避免通风换气造成能量过分损耗，大大降低了能耗。

(5) 格力

格力目前主推的新风系统是净享全热新风除霾机，PM2.5 一次净化率达 99%以上，热交换效率高达 80%。全热交换芯体采用菱形结构设计，新风与排风进行逆流换热，芯体材料采用进口的高分子材料换热纸，以保证芯体充分换热。其新风系统在制冷工况下换热效率可以达到 65%；制热工况下换热效率可以达到 75%。

目前市面上的新风系统主要分为三大系列：日系、欧美系、国产系。日系包括松下、大金等；欧美系主要有布朗、霍尼韦尔等；国产系目前有格力、亚都等。多数的品牌是按照新风量划分不同机型的不同型号，一般一款机型按新风量 150 m^3/h、250 m^3/h、350 m^3/h（这里指每种型号的最大新风量）分为三个型号，以满足不同居住面积的要求。

被动式建筑专用新风系统的产品厂家主要有森德（中国）暖通设备有限公司、中山市万得福电子热控科技有限公司、致果环境科技（天津）有限公司、保尔雅（北京）被动式建筑科技有限公司等。

2.4.2 新风系统相关标准

2.4.2.1 相关标准的发展现状

在美国，与住宅新风系统标准相关的组织机构主要是美国采暖、制冷与空调工程师学会（American Society of Heating, Refrigerating and Air-Conditioning Engineers, ASHRAE）和住宅通风协会（Home Ventilating Institute, HVI）。它们常根据新风系统的不同部件的性能要求制订相应的标准，其标准体系涉及各部件的测试方法、参数界定范围等内容，具体标准见表 2.49。其中，ASHRAE 颁布的标准涉及的范围较大，例如《Method of Testing General Ventilation Air-Cleaning Devices for Removal Efficiency by Particle Size》（ANSI/ASHRAE 52.2—2017）（该标准中文名为《一般通风用空气净化装置计数效率试验方法》），该标准不仅是针对住宅用新风机净化效率的测试，而且是空气净化装置的通用测试方法。住宅通风协会（HVI）则主要致力于为世界各地的公司生产的各种家庭通风产品提供认证，所有的认证和验证测试均由独立于任何制造商的第三方实验室执行，测试程序由 HVI 成员根据国际公认的标准制定，因此，HVI 制定的与住宅新风系统相关的标准针对性更强，且较为完整。

表 2.49 美国住宅新风系统相关标准

标准标号	标准名称	发布单位	适用范围	主要涉及参数
ANSI/ASHRAE 62.2—2016	Ventilation and Acceptable Indoor Air Quality in Residential Buildings	ASHRAE	住宅建筑内通风要求	通风量及室内污染物参数

续表2.49

标准标号	标准名称	发布单位	适用范围	主要涉及参数
ANSI/ASHRAE 52.2—2017	Method of Testing General Ventilation Air-Cleaning Devices for Removal Efficiency by Particle Size	ASHRAE	一般通风用空气净化设备	颗粒物及其阻力测试
ANSI/ASHRAE 84—2013	Method of Testing Air-to-Air Heat/Energy Exchangers	ASHRAE	空气-空气能量回收装置	能量回收
HVI 915—2015	Loudness Testing and Rating Procedure	HVI	家用电气设备	噪声测试及评级
HVI 916—2013	Air Flow Test Procedure	HVI	家用电气设备	风量测试
HVI 920—2015	Product Performance Certification Procedure Including Verification and Challenge	HVI	家用电气设备	性能评级

欧洲的住宅新风系统标准也有一个较为健全的体系，对产品各部件性能的规定和测试以及安装要求往往分布在不同的标准中，所涉及的标准见表 2.50。

表 2.50 欧洲住宅新风系统相关标准

标准标号	标准名称	发布单位	适用范围	主要涉及参数
BS EN 13142：2013	Ventilation for buildings—Components/products for residential ventilation-Required and optional performance characteristics	The European Committee for Standardization（常简写为 CEN）	通风产品性能要求	风量、风压、噪声、能效
BS EN 13141—7：2010	Ventilation for buildings—Performance testing of components/products for residential ventilation	CEN	通风产品性能部件测试	风量、风压、噪声、能效
BS EN 779：2012	Particulate air filters for general ventilation—Determination of the filtration performance	CEN	一般通风用空气净化设备	颗粒物及其阻力测试
EN 308—1997	Heat exchangers—Test procedures for establishing performance of air to air flue gases heat recovery devices	CEN	空气-空气能量回收装置	能量回收

与国外较完善的住宅新风系统标准体系相比，目前国内住宅新风系统的标准相对缺失，体系不够完整，但近几年国家及地方相关单位针对住宅新风系统的风机生产、系统设计、工程验收等陆续发行了部分标准。例如，2015 年，由住房和城乡建设部科技与产业化发展中心发布的《住宅新风技术导则》系统梳理了新风产品的分类、要求、试验等内容，有效地推动了新风行业技术的创新和进步。2016 年由中国质量检验协会发布并实施的《新风净化机》（T/CAQI 38522—2016）对家用新风净化机的分类、标记、试验方法等做出了规定。2018 年，由北京市质量技术监督局、住房和城乡建设委员会发布的《居住建筑新风系统技术规程》（DB11T 1525—2018）是我国第一部关于居住建筑新风系统的地方性行业技术标准。除这两篇标准外，本书还对《民用建筑新风系统工程技术规程》（CECS 439—2016）、《通风器》（JG/T 391—2012）、《空气-空气能量回收装置》（GB/T 21087—2007）等相关标准进行了梳理和分析，各标准相关信息见表 2.51。

表 2.51 中国住宅新风系统相关标准

标准标号	标准名称	发布单位	适用范围	主要涉及参数
—	住宅新风技术导则	住房和城乡建设部科技与产业化发展中心	住宅新风系统	电气、风量、噪声、热交换率、净化效率
T/CAQI 38522—2016	新风净化机	中国质量检验协会	新风净化机	风量、风压、噪声、功率、热交换率、净化效率、净化能效
DB11T 1525—2018	居住建筑新风系统技术规程	北京市住房和城乡建设委员会、北京市质量技术监督局	北京市居住建筑新风系统的设计、施工验收和运行维护	新风量、噪声、功率、热交换效率
CECS 439:2016	民用建筑新风系统工程技术规程	中国工程建设标准化协会	民用建筑新风系统的设计、施工及验收	风量
JG/T 391—2012	通风器	住房和城乡建设部	民用建筑通风器	风量、风压、噪声、功率、电气
GB/T 21087—2007	空气-空气能量回收装置	中华人民共和国国家质量监督检验检疫总局、中国国家标准化管理委员会	空气-空气能量回收装置	能量回收率

2.4.2.2 国际标准

许多国家的标准制定委员会已于 20 世纪中期开始制定新室内空气质量相关标准。

1989年,美国ASHRAE制定了《Ventilation for Acceptable Indoor Air Quality》(《室内空气品质通风规范》),以提升住房质量,并颁布了相应的住房建筑标准。2000年,为了消除各国住房建筑通风的差异性,欧盟颁布了住宅通风标准并规定各成员国应严格按照标准执行。

在ASHRAE修订其标准《Ventilation for Acceptable Indoor Air Quality》(ASHRAE 62—1989)时,将室内污染分为人员污染和建筑污染进行考虑。而DIN1946则是取两者中的大值作为标准给定的最小新风量指标。其他国家的工作小组也在据此制定新的或修订原有的建筑物通风标准或指南。国外明确建筑物通风要求的标准或指南有:欧洲标准化组织CEN于1996年起草的CENprENV1752—1996《建筑物通风:保证室内环境的设计原则》的修订案,德国标准化学会(DIN)于1994年出版的DIN1946第二部分《通风与空调:技术上的卫生要求》的修订版,英国建筑服务工程师学会(The Chartered Institution of Building Services Engineers,CIBSE)于1993年对指南A第二部分"设计的环境标准"制定的修订草案,以及北欧指南NKB-61的1991年版本等。表2.52是对这几个重要标准的比较。

美国ASHRAE标准62—1989已成为人们最为熟悉的室内空气指南,几乎被所有的建筑法规所采用,也被绝大多数工程师作为通风空调系统的设计基础。

表2.52 各标准涵盖范围的比较

ASHRAE 62—1989	CENprENV1752—1996	DIN1946.2(第二部分,1994)
(1)对供人使用的商业、机关、学校、住宅等建筑空间的要求。 (2)影响人体健康和可感空气的化学成分、物理成分、生物污染,以及湿度和温度方面的考虑,不包括热舒适(见ASHRAE1992)。 (3)鉴于室内空气中污染物和污染源的多样性、人群的敏感范围,符合这一标准不一定能保证所有的人均可接受室内空气品质	(1)涵盖除住宅之外的供人员占用的建筑。 (2)明确了通过通风空调系统的设计、交工调试、运行及控制来确定室内环境品质。 (3)包括热环境、空气品质和声环境的室内环境。 (4)规定室内环境品质的不同等级	(1)对建筑物中工作空间和公共空间通风系统的要求。 (2)使中等活动程度的人感到舒适的健康要求。 (3)热舒适、室内空气品质及噪声要求。 (4)自然通风可能并非总能达到满意的空气品质和舒适感

2.4.2.3 国内标准

我国新风系统的发展比国外晚了近二十年。1974年我国诞生了首台换气扇,这是新风系统的早期雏形。1987年,我国颁布《采暖通风与空气调节设计规范》(GBJ 19—87);2002年1月1日,我国《民用建筑工程室内环境污染控制规范》(GB 50325—2001)诞生,至此,我国对室内空气质量终于有了明确的要求。2003年我国第一部由国家质量监督检验检疫总局、国家卫生部、国家环境保护总局批准的《室内空气质量标准》(GB/T 18883—2002)正式实施。此后的《室内空气质量标准》(GB/T 18883—2008)中要求室内新风量能够保障每个人30 m^3/h;在《夏热冬冷地区居住建筑节能设计标准》(JGJ 134—2010)中,也出现了换气次数为1次/小时的要求。

在《民用建筑采暖通风与空气调节设计规范》(GB 50736—2012)中,对通风换气和新风量做出了更详细的规定。2014 年,中国《住宅新风系统技术规程》由中国建筑科学院和福建建筑科学院主编,是中国第一部关于住宅新风系统的技术标准,也是首次由国家部委层面推进新风系统走进普通住宅。2015 年 11 月住房和城乡建设部印发的《被动式超低能耗绿色建筑技术导则(试行)(居住建筑)》第 60、68、69 条中,分别对新风量、卫生间及厨房排风方式进行了规定。

在《民用建筑新风系统工程技术规程》(CECS 439:2016)发布之前,我国只有对室内空气质量和换气次数的规定,该规程发布后,才有了明确的民用新风系统设计、施工、安装验收及维护管理等的规定。

2018 年我国第一部新风系统国家标准《通风系统用空气净化装置》(CB/T 34012—2017)正式批准实施。其中明确规定了在初始状态下,空气净化装置额定风量对空气污染物的净化效率。对于动力型空气净化装置在额定机外静压下的风量实测值也有相应的规定。

2018 年实施的《居住建筑新风系统技术规程》(DB11/T 1525—2018)是经北京市质量技术监督局批准,北京市质量技术监督局、北京市住房和城乡建设委员会共同发布的。该标准对北京地区新风系统安装提出了标准性指导方法,也对其他省市居住建筑新风系统的设计、施工、验收和运行维护具有指导作用。该标准要求新建居住建筑应预留新风系统的安装位置;提出了对 PM2.5 净化效率的要求及设计方法;规定了不同新风系统的设计要求、穿墙打孔的要求、新风系统的验收规定等。

为统一住宅新风系统工程技术要求,保证工程质量,改善住宅的室内空气质量,住房和城乡建设部批准《住宅新风系统技术标准》为行业标准,自 2019 年 5 月 1 日起实施。该标准适用于新建住宅和既有住宅的新风系统的设计、施工、验收和运行维护。

2.4.3　存在的主要问题

2.4.3.1　标准体系问题

(1) 新风设备产品标准缺失

没有明确的、有针对性的产品技术标准和产品系列标准,严重制约着新风行业的规范化发展。对于新风机组的评审与检测,还只能参考国家标准《热回收新风机组》(GB/T 21087—2020)、《通风系统用空气净化装置》(GB/T 34012—2017)和《组合式空调机组》(GB/T 14294—2008)等。没有产品标准,就会使产品质量参差不齐,造成产品标识、产品型号五花八门,使得产品的通识性、可比性、通用性无从谈起。目前,新风系统产品标准风量标识非常随意、不规范。有 180 m^3/h、200 m^3/h、250 m^3/h 的标识,也有 183 m^3/h、215 m^3/h、263 m^3/h 的标识。没有标准,就谈不上规范,这对新风行业的发展极其不利。

(2) 新风系统设计标准不足

新风系统主要依靠《民用建筑供暖通风与空气调节设计规范》(GB/T 50736—2012)等规范中的有关条文进行设计。2018 年,住房和城乡建设部发布了《住宅新风系统技术标准》(JGJ/T 440—2018),这是第一部关于新风系统的行业标准。该标准适用于新建住宅和既有住宅的新风系统的设计、施工、验收和运行维护，该标准成为住宅新风系统设计和应用的基本遵循。对于公共建筑、工业建筑，新风系统设计的标准仍然缺失，随着被动式建筑的快速发展，急需制定被动式建筑新风系统设计标准。

(3) 施工技术规范缺失

《住宅新风系统技术标准》(JGJ/T 440—2018)中对新风系统施工做了一些条文规定，对新风系统施工具备一定的指导意义，但还未成为体系，仍有欠缺。因此，还需要制定更为详尽、细致的施工技术规范和施工图集，以规范新风系统施工。

(4) 新风系统应用效果评测方法缺失

《住宅新风系统技术标准》(JGJ/T 440—2018)中对新风系统检验、验收做了一些条文规定，但还有很多不足，还需要单独制定新风系统检验、验收规程和应用技术规程等。目前，新风系统广泛应用于家庭、中小学校等与人们密切相关的生活环境中，但国内外尚缺少对新风系统产品在实际建筑(新建建筑、既有建筑)中应用现场进行检测和效果评估的方法和标准，使得无法对新风系统产品的应用效果进行后续跟踪、评价及质量控制。因此，需要制定新风系统在建筑中应用效果的测评方法。

2.4.3.2 技术问题

(1) 新风设备技术性能有待提高

新风市场的快速发展并不代表新风设备技术完全成熟，新风设备技术性能距离人们的期望和市场的要求还有很大距离。当前的新风设备还需要在换热芯新材料研发、设备结构优化、低噪技术、洁净技术、防凝防冻技术、整体封装技术、智能化控制技术等方面有所提高。被动式建筑对新风系统技术性能要求更高，需要新风设备在技术性能方面有新的突破。

(2) 确定新风量的方法不合理

现行的标准中，是依据人员数或换气次数确定新风量，再依据经验加以修正，这种方法是不科学的，应当结合实际需求及系统形式进行新风量设计计算。

(3) 确定新风净化的处理方式不合理

在引入室外空气的同时，也会引入室外空气所携带的污染物，所以要考虑在新风系统中采用适当的空气净化措施。

(4) 不能处理好新风系统与空调系统的关系

目前服务于工业和公共建筑的回风空调箱均有引入新风，独立的新风空调箱也包含对空气的热湿和净化处理。在住宅建筑内，由于先普及了空调系统，所以空调系统与新风系统基本上是两套相互独立的系统。在工程应用中要安装两套系统，就可能会在建筑装修、空间布置或施工顺序上发生矛盾，所以一些新风企业提出要开发适用于住宅建筑的新风空调合一系统，相关产品标准也已经立项开始编制了。

(5) 施工安装技术亟待规范

施工安装对新风系统运行性能影响很大，施工安装不规范和野蛮施工对新风行业未来发展带来了致命伤害。施工安装问题(图 2.22)主要表现为：施工组织混乱、通风器安装不规范、风管匹配不合理、风管材质不达标、风管过梁不规范、风管分流不规范、分流组织不合理等。施工安装问题触目惊心，特别是部分企业野蛮施工，对承重梁、承重墙随意开孔破坏，给建筑安全带来极大隐患。

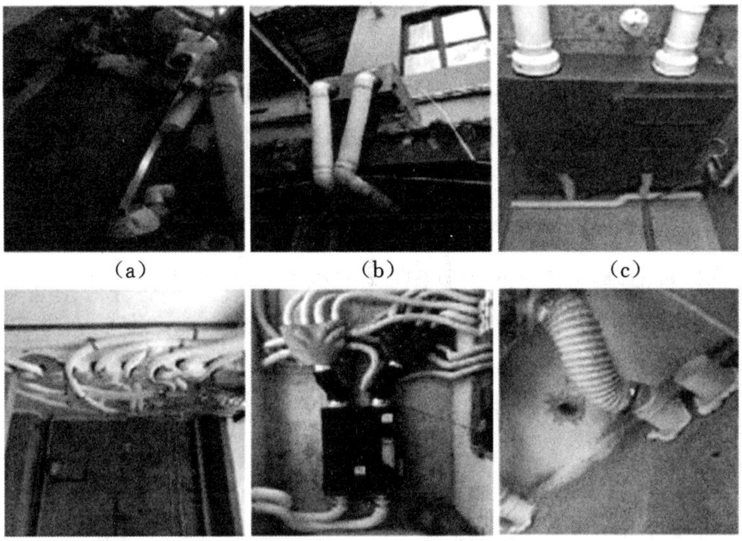

(a)　(b)　(c)　(d)　(e)　(f)

图 2.22　新风施工安装问题

(6) 新风系统与其他工程专业之间的协作还不完善

新风系统是一项系统工程，新风系统与其他工程专业的配合尚不完善，新风系统工程需要多种专业精准协作才能完成。

(7) 新风系统的调试与运行维护亟待完善

在暖通空调系统中，住宅新风系统虽然属于比较简单的小系统，但其建造完成后也需要经过调试才能达到各空间要求的送风量或通风换气次数。随着运行时间增加，风管系统内会积聚污染物而需要清洗，空气净化装置也需要清洗或更换，运转设备也可能发生故障而需要检修更换等。新风企业不是将系统设备销售或安装完就万事大吉了，而应在系统设计和安装时就与建筑装修配合留设必要的维修操作位置与空间，以做好新风系统的运行维护。

2.4.3.3　市场问题

(1) 行业鱼龙混杂，品牌不彰

近 5 年来，新风行业快速发展，市场容量逐年扩大。新风行业由原来 30 多家品牌迅速扩张到近千家品牌，贴牌、盗版比较普遍，噱头炒作时有发生，正规品牌、正规企业被稀释和弱化，不利于行业的良性发展。

(2) 无序竞争严重，市场混乱

开发商只关注自身利益，忽视产品品质，只关注低价中标，从而导致低端产品、劣质产品横行。一些无良企业为了短期利益，虚标参数、夸大宣传，加剧了新风市场的混乱。

(3) 忽视产品质量，品质不保

由于新风设备产品标准缺失，没有明确的产品系列和产品性能指标体系，再加上无序竞争和市场监管不严，导致更多的企业只关注市场、不关注产品质量，使得“质量赢得市场、诚信铸就品牌”成为空话。

(4) 同质化严重，创新不足

国内新风系统品牌众多，但大多数是贴牌销售，尽管品牌五花八门，但是设备型式大同小异，性能参数更是雷同者众。“眼前经济”导致生产企业只顾贴牌生产，销售企业只顾贴牌销售，大家都只顾着眼前的经济利益，而不去考虑产品创新和行业发展，这种短视行为对行业的危害是巨大的。

2.4.3.4 被动式建筑对新风行业的促进作用

被动式建筑是目前唯一可大面积复制、大范围推广的低能耗建筑，符合国家的产业政策。在住房和城乡建设部以及地方政府的支持下，有一批房地产龙头企业正积极参与推广被动式建筑，使得被动式建筑的快速发展已势不可挡。被动式建筑的发展给新风行业提供了非常难得的发展机遇，未来的十年是被动式建筑高速发展期，新风行业也将伴随着被动式建筑的发展而得到快速发展。

(1) 新风市场因被动式建筑发展而快速扩张

目前，被动式建筑还处于发展初期，2017—2019 年，全国被动式建筑年开工面积由百万平方米跨入千万平方米，在未来的 5～10 年，非常有可能跨入亿平方米。中国房地产每年以近 20 亿平方米稳步发展，如果其中有一半是被动式建筑，那么，每年全国因被动式建筑而增加的新风市场产值将在千亿元以上。

(2) 新风行业因被动式建筑发展而更加规范

被动式建筑对新风系统有更为严格的技术要求，对新风设备有入门门槛，特别是“被动式低能耗建筑产品选用目录”的发布，使优质企业凸显出来，将逐渐淘汰不良企业和贴牌企业，从而使行业发展规范有序。被动式建筑新风系统技术标准将会被制定和发布，这对新风系统标准体系是一个有益补充，将规范新风系统在被动式建筑中的技术要求和施工要求。

(3) 新风企业因被动式建筑发展而持续创新

被动式建筑需要有质量、有品质的设备，对技术指标的要求是严苛的，这就要求企业不断创新、不断提高产品质量。行业的规范与企业的自律是整个新风行业良性发展的基础。行业的规范需要政府、行业、企业共同出力，建立行业标准体系、市场监管体系；企业的自律需要企业有发展的远见，有品质的坚守，有创新的思维。被动式建筑的发展给新风行业的发展提供了机遇，新风企业只有主动融入被动式建筑的发展中，才可能挺立在行业发展的潮头。

2.4.4 主要发展路径及对策建议

(1) 在产品质量标准方面，制定和优化新风系统的国家、地方标准，以满足被动式建筑的要求。

(2) 在技术工艺的提升方面，应将研发的重点放在关键技术的突破上，包括热交换机芯、风机、过滤器等的研发。

(3) 从产品技术发展趋势角度分析，智能化仍是新风产品的升级重点。物联网、人工智能正处于蓬勃发展中，语音识别、计算机视觉等 AI 感知技术取得重大进展，使得家居产品在听觉、视觉甚至触觉等多层面具备感知能力。同时 5G 的使用将促使智能家居外部环境趋于成熟，大批新风企业纷纷发布了 AI＋IoT 的战略来构建智能家居的生态，实现产品之间的互联互通。

设备通过室内外传感器提供的有关室内外温度、空气质量和室外天气状况等数据信息，进行智能分析，按照用户设定的规则或指令，协调热泵、风机和其他配套设备，针对室内温度、湿度、CO_2浓度、PM2.5 浓度、甲醛含量等指标进行控制，也可将控制权限交给设备自行处理，从而将室内环境控制在最优状态，保障建筑物的节能与舒适性。

为满足被动房室内二氧化碳浓度小于或等于 1000 ppm 的指标，要求其新风、排风部分能根据室内 CO_2浓度来自动运行，且最小新风量应满足国家相关规范的要求；新风系统的热回收率超过 75%，耗电量小于 0.45 $W \cdot h/m^3$。

(4) 多联供一体化。新风系统作为室内通风换气与空气净化类产品，需要积极使用新技术，融合更多空调、热水器、壁挂炉、智能家居等新品类，实现室内“风水冷暖尘”等的多维度控制，全方位提升用户体验。

通常，普通建筑中采用的采暖制冷用设备功率比较大，由于被动房采暖、制冷负荷很小，从目前国内成熟的采暖、制冷设备中难以找到与之匹配的采暖、制冷设备。所以，应发展满足被动房设备系统需要的小型采暖制冷设备。

(5) 未来的新风系统功能将更加丰富，除菌等新功能将会融入新风系统之中，成为新风行业的发展风向。

(6) 与装配式建筑及室内精装修配合。国家正大力推行装配式建筑及室内精装修，新风企业唯有前期介入才能适应市场需求。目前许多主流新风企业已经与房地产开发商建立战略合作，因而在建筑设计阶段配合室内精装修问题并不大，但对于如何在装配式建筑的建筑构件上考虑新风系统的需求还需要认真研究。

2.5 无热桥连接件

2.5.1 概述

建筑围护结构中的一些部位(如梁、柱、门和窗)与主墙体材料存在传热性能的差异，在室内外温差的作用下，这些部位成为热流相对密集、内表面温度较低(或较高)的区域，从而成为热量流失的主要途径，故这些部位称为热桥，一般也称为冷桥。热桥常常出现在门窗连接处(图 2.23)，砖质墙体与混凝土楼板连接处，甚至是固定用的一颗金属螺钉也可以成为热桥，这是因为门窗框、混凝土、金属相比于周围的材料更容易传热。

热桥具有以下的危害：①建筑热桥增强了墙体的局部传热，减小了墙体的平均传热热阻。当外墙的传热系数较小时，热桥对外墙传热系数的影响更加明显。②热桥对建筑最大的影响就是增加了建筑的能源消耗(图 2.24)。在传统建筑中，热桥能耗占建筑总能耗的

图 2.23 房间热辐射图

5%～7%，而在节能建筑中，通过热桥的能耗则可达到 20%以上。继很多省市提出居住建筑节能 65%和公共建筑节能 50%的节能目标后，一些省市也在陆续将公共建筑节能的目标提升至 65%，这就要求建筑围护结构的传热系数要更低，进而导致热桥部位的能耗大幅度增加。为此，在严格执行国家节能标准的情况下，建筑热桥的防护显得更为重要。③由于建筑热桥的存在，外墙出现保温的薄弱环节。这些热桥部位在室内温度偏低的情况下，其内表面温度必然更低，从而成了结露的内在原因。同时节能建筑气密性好，没有良好的通风换气，室内空气中水蒸气含量居高不下，寒冬期间热桥部位温度低于室内空气露点温度，水蒸气就会凝结在其表面上，形成结露(图 2.25)，对人们的生活和室内环境质量造成很大影响。

总之，在节能建筑中，建筑热桥对能耗及室内热环境质量影响很大，处理不当既增大了建筑能耗，又降低了室内热环境的质量。因此，在实际施工过程中，要采取一些措施，避免热桥的产生。

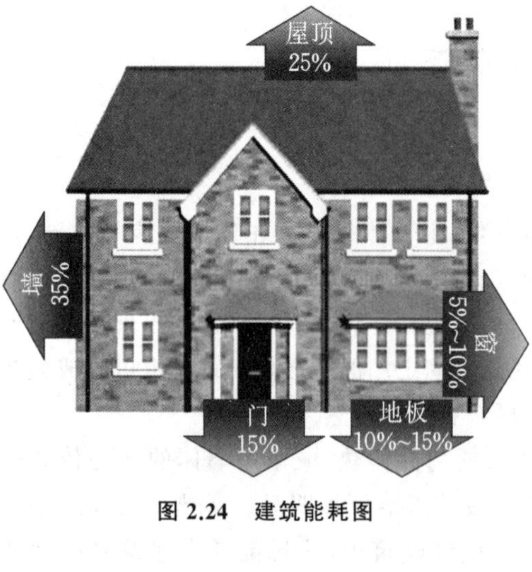

图 2.24 建筑能耗图

图 2.25 房间结露发霉现象

2.5.1.1 国外概况

(1) 国外发展历程与特征

20 世纪 80 年代,美国、澳大利亚等国已经开展连接件的研发与应用。1991 年,德国开展了带有棒式碳纤维连接件的夹芯墙板的试验研究。研究表明[11],连接件最终发生的是弯曲破坏,而整个墙体破坏并不明显。同年,该大学继续开展了棒式 FRP 连接件的抗拔与抗剪试验,试验结果表明,连接件最终的破坏形式为断裂破坏。

2005 年,Benayoune[12]等研究了采用钢桁架作为连接件的夹芯保温墙,并主要测试了 6 组具有不同长细比的夹心墙在偏心荷载作用下的受力性能,试验结果表明,所有夹芯墙在试验中表现出完全组合作用,且由于非线性的出现,极限承载力随着长细比的增加而降低。

2012 年,Naito[13]等研究了 14 种不同夹心墙连接件的抗剪性能,试验结果表明,不同连接件之间的抗剪强度、刚度及变形的变化较大,不同连接件表现出弹性-脆性、弹性-塑性与塑性-硬化等响应。2013 年,Woltman[14]等研究了不同形式玻璃纤维的夹芯保温墙体连接件,通过改变连接件的直径及布置间隔研究其抗剪性能的变化,试验结果表明,采用玻璃纤维增强塑料(Glass Fiber Reinforced Plastic,GFRP)纤维作为连接件时的抗剪强度可达到 60～120 MPa,远远高于普通塑料连接件的抗剪强度,且连接件的尺寸、横截面面积及布置间隔对其抗剪承载力有重要影响。

2014 年,Ekenel[15]等研究了纤维增强的复合网连接件的受力性能,测试其剪切强度、剪切模量及刚度,并对其进行了理论公式的推导,试验的结果与理论推导的结果比较吻合。

2014 年,Kim[16]研究了用 GFRP 纤维网格作连接件的夹芯墙的组合效应,其中间的保温层分别采用 100 mm 厚的 EPS 和 XPS,测试夹芯墙在四点弯曲条件下的受弯性能,试验结果表明,由于 GFRP 筋与夹芯墙具有较强的组合效应,整个墙体具有较高的抗弯承载力,与 XPS 板相比,用 EPS 板作保温层的夹芯墙板具有较强的组合效应,主要是由于后者与混凝土之间的粘接性能更好。2015 年,Kazem[17]等研究了碳纤维和玻璃纤维格栅作夹芯墙连接件的长期耐久性能,墙体的保温层分别采用 EPS 和 XPS,试验结果表明,同等条件下,采用墙板 EPS 作保温层时的抗剪承载力要高于采用 XPS 作保温板时的抗剪承载力。

2016 年,Amran[18]等对预制泡沫混凝土板进行试验及理论的研究,通过对其施加轴向力,测试其极限承载力、荷载-位移曲线、荷载-应变曲线,试验的结果与有限元模拟的结果比较吻合。

(2) 产业结构

20 世纪 60 年代初,德国生产出了第一条断桥铝隔热条,经过十多年的研究探索,PA66 尼龙条被公认为最佳的隔热条基质,综合性能远优于其他基质。在欧洲,隔热条的生产已有近四十年的历史,技术工艺成熟,产品优质。而隔热条在我国的出现要晚很多,大约是在 2000 年才开始应用,与欧洲市场相比,我国隔热条市场还不太规范,产品质量良莠不齐。

2.5.1.2 国内概况

(1) 国内发展历程与特征

热桥对建筑围护结构有很大的负面影响，一方面是热桥会造成额外热量损失，增加建筑能耗；另一方面是冬季时热桥部位与周围主体墙体的温差较大，有可能造成水蒸气在墙体内表面结露，甚至滋生真菌，影响室内环境质量。

建筑中的热桥可以分为以下几类：围护结构中被不同导热性能的材料贯穿从而形成集中热流的区域；围护结构中局部材料传热性能差异较大形成的热桥；围护结构厚度发生变化的区域；围护结构内外面积不同和建筑几何形状改变的区域（例如立面墙角和其他立面突起结构等）所形成的热桥。目前节能建筑工程中普遍对典型结构性热桥（如外墙角、墙-窗连接、墙-门连接等处形成的热桥）较为重视，应用 PKPM 等结构设计软件即可计算出围护结构内部温度场分布及线传热系数，从而在设计阶段评估和避免热桥造成的热损失。当其热导率不大于 0.01 W/(m・K)或为负值时，即可认为满足无热桥结构设计。此外，利用热学分析软件可以通过建模更为细致地分析其他细部结构的热桥，如风管穿墙结构等形成的热桥。

为避免结构热桥，在施工前即应考虑易产生热桥的阳台、外窗等部位的处理方法。首先，应做好围护结构的保温工作，例如支撑阳台楼板的挑梁。其次，外窗多采用窗框与结构外表面齐平的外挂式安装，以避免热桥。除应在设计中避免结构性热桥外，穿墙管道、锚固件等构造热桥也应当引起足够的重视。穿墙管道外壁应加设保温层，金属锚栓可附加塑料断热端头，外窗的金属联结件与墙体的接触面需加垫隔热垫片。

(2) 产业结构及区域分布

国内无热桥连接件的研发起步较晚，目前国内生产无热桥连接件的企业很少，被动房中使用的无热桥连接件大部分是进口产品，并且目前我国还没有无热桥连接件的产品标准，只有部分无热桥设计和施工相关的技术规范。我国无热桥连接件行业与国外相比，还有较大的差距。

(3) 产业规模及市场需求预测

经过近几年的发展，我国被动房已经从小规模试点向规模化方向发展，这大大推动了与被动房相关的建筑材料的发展，而作为无热桥设计的关键材料——无热桥连接件也是由于被动房概念的提出才逐渐进入公众的视野，国内相关的产业也从无到有，但是仅仅几年的发展时间，远远不及国外四五十年的发展历程，因此，国外知名厂商的产品性能质量优于国内产品，但是随着政府政策的推进和节能建筑的发展，国内部分企业已开始大力发展相关产业。

(4) 国内主导企业

目前生产断热桥锚栓等产品的企业有利坚美（北京）科技发展有限公司、超思特（北京）科技发展有限公司、北京沃德瑞康科技发展有限公司。根据被动式低能耗建筑产品选用目录（第八批）可以得到相关锚栓的产品参数，具体见表 2.53。

表 2.53 相关锚栓的产品参数

产品名称	生产厂商	产品型号	单个锚栓的抗拉承载力标准值(kN)						防热桥构造	适用范围
			普通混凝土基层墙体	实心砌体基层墙体	多孔砖砌体基层墙体	蒸压加气混凝土基层墙体	锚栓圆盘的强度标准值	单个锚栓对系统传热的增加值		
锚栓	利坚美(北京)科技发展有限公司	10×215,10×275,10×305,10×365	0.81	0.55	0.45	0.39	0.53	0.001	锚栓有塑料隔热端帽,或有聚氨酯发泡填充阻断热桥	各气候区
锚栓	超思特(北京)科技发展有限公司	10×215,10×275,10×295,10×335,10×375	0.86	0.67	0.54	0.38	0.54	≤0.002		
锚栓	北京沃德瑞康科技发展有限公司	10×225,10×245,10×275,10×295,10×325,10×350	0.82	0.64	0.53	0.4	0.54	≤0.002		

2.5.2 存在的主要问题

无热桥设计是被动房设计的原则之一,但是我国被动房起步较晚,针对无热桥连接件的研究起步较晚,目前还处于研发阶段,而且由于无热桥连接件对于被动房来讲属于小部件,用量很小,所以我国目前有一些低端无热桥连接件,中端和高端产品还是依赖于进口。目前的局面是大型有实力的企业由于无热桥连接件的市场较小,不愿意研发相关产品,而小型企业则是由于自身实力问题,无法承担起其研发的任务。

2.6 结构材料

2.6.1 木结构

2.6.1.1 概况

(1) 发展历程及特征

木材在建筑中应用具有悠久的历史,最原始的建筑就是由木材建造而成。数百年甚至上千年的木结构建筑至今在我国的大江南北皆有存在。我国古代木结构建筑取得了辉煌成就,包括故宫建筑群等。木材有可再生、绿色、低碳的特点。木材是优良的隔热材料,木材的隔热值比标准的混凝土高 16 倍,其热阻值是钢材的 400 倍。清华大学国际工程项目管理研究院的报告指出,如果用木结构代替钢结构,在建造阶段,将节省 27.8%的能源和 39.2%的水;如果用木结构代替混凝土结构,将节省 45.2%的能源和 46.2%的水。

(2) 市场规模

木材在建筑工程中的使用,包括结构材料、装饰装修材料和其他专用材料。当前,我国木材资源在国内主要用于建筑、造纸、家具三大领域,2019 年的消费量达 6.31 亿立方米,其中建筑消费木材 2.37 亿立方米,占木材消费量的 37.6%;造纸消费木材约 2.62 亿立方米,占木材消费量的 41.5%;家具市场消费木材约 1 亿立方米,占木材消费量的 15.8%。

(3) 国内外对比

我国木结构建筑历史悠久,但是长期以来的乱砍滥伐导致森林资源接近枯竭。如今,人们开始意识到木质建材对建筑的重要性,政府开始鼓励发展生物质建材与建筑,这将是一个战略性转移的开始。我们要抓住机遇,大力发展木结构的装配式被动房。建筑材料工业技术情报研究所在 10 多年前就呼吁恢复发展生物质建材和木结构建筑,已经率先建立全国第一家被动式集成建筑材料产业联盟。

欧洲有一半以上的被动房是由木结构或生物质建材建造的。早在 2004 年,瑞典就实施了"更多木材建筑"(More Wood in Construction)的国家战略,使木材在 10~15 年内成为瑞典所有建筑建造时的材料替代品。根据北京市绿色建筑评价标准,住宅建筑使用包括木材在内的可再循环材料用量比例达到 10%,公共建筑达到 15%就可获得该类评价项的满分(10 分)。

(4) 重点发展技术及产品

① CLT 技术与全木材被动房

加拿大的全木材 CLT 技术和木纤维保温板材建造全木材被动房技术获得成功,使得木材成为"绿色钢筋"和"绿色混凝土",这是振奋人心的一次绿色材料的革命,必将带来绿色建筑的革命。加拿大和美国,正在用 CLT 建造 10~20 层的木结构建筑,欧洲也一直在筹划建设 30 层以上的木结构建筑。

② 现代轻型木结构

在使用时,现代轻型木结构多以框架的形式应用于建筑过程中。木材在进入施工场地时,会先进行相应的技术处理,即使用保湿、隔热、防潮防霉等处理技术,对这些建筑使用的木材进行处理;然后再进行结构上的重组,让这些木材形成稳定并且结实的框架。施工过程中可以让轻型木结构与楼面板和墙面板等这些次要结构共同作用,以承担房屋整体的重力以及荷载。木质结构的荷载框架,在保温抗震性能上具有较大优势,所营造出的环境、舒适度也非常高,其使用寿命普遍长于其他建筑施工材料。

③ 木质复合材料

木质复合材料是指以木材为基体材料,再加上其他的增强材料或功能材料复合而成的,可承受一定荷载或具有某些特定性能的复合材料。木质复合材料结构用材一般是由一定形状(短而薄或旋切的厚板)的板材经涂胶、层积、加压胶合而成的具有层状结构和一定规格的结构材料,其基本上能保持环境适应性,并可改进物理性能,提高尺寸的稳定性。目前,我国木质复合材料主要用于家具和作为建筑装饰材料、建筑模板材料等。但在国外,木质复合材料已广泛用于建筑结构构件。如单板层积材、平行定向成材可用于木质结构建筑的梁和柱;定向刨花板可作为木质工字梁的腹板、墙板和楼层面板;对于一些大跨度的建筑物还可采用胶合木梁等一些较大的构件。

(5) 主要企业

国内大型的木材企业有：河北堪森被动房有限公司、名和沪中木业有限公司、日照市冠通木业有限公司公司、日照市岚山区友联木材加工厂、太仓海西实业有限公司、沭阳县星星木材加工厂、重庆创秋木业有限公司、深圳鑫海源木业有限公司等。

国外大型的木材企业有：瑞典国家木业集团(Setra Group)、芬兰 Keitele 木材集团、芬兰 PRT 木业集团、俄罗斯木材集团有限公司、俄罗斯 ULK 木材工业有限责任公司、加拿大 Canfor 公司、加拿大 Interfor 公司、美国 Baillie Lumber 木业有限公司等。

2.6.1.2 存在的问题

(1) 国内森林资源匮乏，发展木结构缺乏资源保障

我国森林覆盖率只有 22%左右，世界平均水平在 35%以上。俄罗斯的森林覆盖率接近 50%；加拿大拥有全球第三大的森林面积，约为 386.2 万平方千米，森林覆盖率约为 38.7%；美国的森林面积约为 310.37 万平方千米，森林覆盖率约为 33.1%。其他部分国家：日本的森林覆盖率约为 68.5%，韩国森林覆盖率约为 63.4%，印度尼西亚的森林覆盖率约为 49.9%，德国约为 32.7%，泰国约为 32.2%，法国约为 31.2%，印度约为 23.8%……由于我国森林覆盖率低，不具备发展木结构的物质基础，为恢复森林覆盖率，我国已经禁止天然林的采伐。2018 年我国消费木材 5.7 亿立方米，其中一半以上为进口木材，主要来自俄罗斯、加拿大、新西兰、美国、澳大利亚、泰国和德国等。

(2) 未建立替代资源体系

为了发展生物质建材和建筑，建筑材料工业技术情报研究所等专家团队多年来一直呼吁业界以秸秆代替部分森林资源来开发生物质建材和建筑，但是由于秸秆收集困难、布局分散、制作建材的体系尚未建立和社会接受程度低等原因，开发和推广十分缓慢。

世界上第一座秸秆建材被动房已于 2015 年(图 2.26)在欧洲诞生。中国被动式集成建筑材料产业联盟设计院也设计了亚洲第一栋秸秆建材被动房，但由于目前缺少投资者和场地等原因，许多好的想法尚在计划之中。

图 2.26 世界第一栋秸秆被动房

(3) 社会认知度不足

虽然木结构建筑曾是中国古建筑的典范之一，发达国家又发展了现代木结构建筑，而且我国住房和城乡建设部等部门近十多年来也为恢复木结构建筑做了不少工作，但总体上看，资源缺乏、价格偏高、缺乏相应的技术支持、多年的产业荒废和木结构人才断档等原因，加之人们对木结构建筑存在的简单认识，如怕遭受火灾、白蚁、雨水侵蚀和盗贼侵入等担忧，使得发展木结构建筑任重而道远，我们至今仍在砥砺前行，从未放弃。

(4) 政府主管部门尚未形成统一认识和政策合力

生物质建材主要包括木材和秸秆建材，其资源管理部门分属于国家林业局和农业部，做建材时隶属工信部，使用时又归属于住房和城乡建设部，科技支撑还需要科技部，综合管理属于国家发展改革委。但各部门间尚未形成统一认识和政策合力，致使木结构建筑的发展进程缓慢。

2.6.1.3　对策建议

发展木结构或生物质建材被动式超低能耗建筑，需要从以下几个方面下功夫。

(1) 加大宣传和信息交流，尽快形成广泛的社会共识

目前无论是从政府管理部门、行业、企业、研究院所和大专院校，还是到普通职工和社会大众，都对木结构和生物质建材、被动式超低能耗建筑等新概念和新理念感到陌生和不熟悉。在信息如此匮乏的基础上，让他们联合起来发展木结构被动房或生物质建材被动房，无异于缘木求鱼。

因此，除了政府主管部门要率先建立样板，引导社会大众趋向于可持续发展的绿建模式外，专业部门还需要继续加大样板房或示范基地的交流、宣传和推广力度，使社会大众更早地形成广泛的社会共识，为现代绿色建材和绿色建筑的发展助力加油。

(2) 典型引路，样板先行

工信部要创建更多的样板项目，特别是产业链上的空白项目，以及上下游链接空白的项目，诸如木结构关键材料(CLT)、生物质建材结构材料、生物质建材保温材料[导热系数≤0.04 W/(m·K)]、生物质建材延伸产品和被动式超低能耗示范项目；要联合上下游管理部门，主动出击，从供给侧结构性改革的思路出发，推动绿色建材原料、绿色建材产业和绿色建筑全产业链协同发展和可持续发展。

(3) 科学培育和利用资源，坚持可持续的科学发展理念

首先，对现有森林资源实行合理间伐，不搞一刀切。森林资源和其他资源一样，要遵循可持续发展理念，该利用的利用，该保护的保护。只有遵循用进废退的原理，对可再生资源利用要坚持砍伐率小于再生率的原则，即砍一棵种两棵，不要砍两棵种一棵；而且树木成熟了，就要使用，不能等树木枯死了还不允许砍伐。

其次，培育再生林，发展重组木。再生林遵循可持续发展的原则，多年的再生林资源种植表明，合理利用森林资源，不但不会使森林资源枯竭，反而会越用越多。重组木是高质量应用和高质量发展的成功经验，世界各国都在走这样的路线，我们要认真总结和虚心学习，把资源的培育和科学应用结合起来，为木结构超低能耗建筑打好资源发展基础。

2.6.2 钢筋混凝土结构

2.6.2.1 概况

(1) 发展历程

1991年,世界上第一个被动房在德国南部的达姆斯达特落成,其传热系数为 $U=0.1\ W/(m^2\cdot K)$。

早期的被动房除要求整体围护结构的墙体材料平均传热系数小于或等于 $0.15\ W/(m^2\cdot K)$ 外,对结构材料基本没有什么特殊要求。

(2) 发展现状

从世界上第一个被动式建筑落成,到现在已经30余年了。2013年,我国第一座本土化被动房在秦皇岛诞生。现在,国内外的被动式超低能耗建筑蓬勃发展,全世界的被动式建筑已经超过60000多座,中国的被动式建筑也超过了上百个(拿到各种认证的示范建筑)。

我国90%以上的被动式超低能耗建筑是以钢筋混凝土结构为主。特别是近6年来,即国家实施半强制式的装配式建筑以来,钢筋混凝土结构的装配式和被动式的技术结合面临着严峻的挑战。

2.6.2.2 存在的问题

钢筋混凝土结构,无论是现浇的还是预制的,都面临着如下几个难题。

(1) 成本上升

一种新型的建筑,在最开始出现阶段,由于存在学习成本等因素,都要比普通建筑的成本高出20%~30%。尽管随着时间的推移,这些高出的成本会逐步减少,但是,在现阶段,这些成本升高的现实,是阻碍装配式被动房快速普及的主要原因。

(2) 制作精度不高

建筑材料制作成建筑部品和部件的精度总是比机械行业要粗糙得多,更无法和电子行业相比了。如果建筑行业的制作精度逐步向机械行业靠拢,或接近于这些行业,那么装配式和被动式建筑早晚会更加接近于完美。

相信随着时间的推移,加之行业的不断进步,建筑材料的部品和部件的工业化制作精度一定会逐步提升。比如误差从几厘米缩小到几毫米。

由于目前预制构件的制作误差和精度都还不理想,因此钢筋混凝土结构件的安装和组合,都面临着对不准、对不齐或安不上等施工困境,使得提高施工效率或建筑质量都成了泡影。

(3) 标准不统一

建设管理部门虽然出台了不少框架性标准,但是还有很多方面没法用统一的标准来规范,同时也面临着不定型或诸多不确定性,导致几百家示范企业各行其道,没有相对较通用的统一标准。其结果是,建材或部品部件,包括建材制品或建筑设计、模具等无法重复使用或互换利用,许多情形下都还是一副模具只用一个客户就报废了,不仅降低了效率,还形成了巨大的浪费和闲置。

既有建筑无法形成标准化或模块化,工业化生产的效能就无法发挥出来,住宅产业化的好想法就会落空。

(4) 并不节省时间

装配式建筑的初衷是想提高建造效率,缩短建造时间。然而由于目前还是需要在现场把大块的预制件进行现浇组合,没有实现真正的工厂预制和现场干连接,这就还是等同于现浇,还需要 3 天、7 天和 28 天的水泥等胶凝材料的现浇连接,因此并不节省时间。

能否根据中国的国情,研制出中国式的框架结构,减少现场湿作业,真正实现现场干连接和装配式作业,是摆在中国建材和建筑行业面前的一项历史性课题。

(5) 质量无法保障

工厂化预制、现场湿连接的特色施工模式,造成预制件的连接处出现连接不牢、灌浆不满、加筋过多等问题,使得工程质量得不到保障。预制部分可以增强质量保障,不达标不出厂,可是湿连接的部分,质量如何就不得而知了。

(6) 存在安全隐患

由于湿连接无法保障质量,同时也无法保障是否连接可靠。因此,在增加连接处配筋和使用高质量的材料,进而提高成本的同时,也无法确保安全隐患被完全消除。这也是目前用户对装配式建筑的较大担忧之一。

(7) 没有和被动式融合

装配式建筑在半强制性推行的同时,除了上述所说的问题之外,还有一个新的大问题,就是如何和被动式结合的问题。不管如何提高装配率,如果建筑本身无法提高节能效率和舒适性,那就无法获得社会的接受和政府节能部门的批准。如北京等地区已经把建筑节能标准提高到 75%以上了,而且被动式超低能耗建筑要提高到 90%以上,装配式建筑如果无法满足这些要求,则不允许建设,就更谈不上装配式了。

许多做装配式建筑的大公司,一碰到被动式超低能耗建筑,就不会做了。如何将装配式建筑和被动式建筑融合到一起,在提高建筑效率的同时,同步提高建筑能效,这是目前装配式建筑遇到的另一个门槛,必须要设法解决。

(8) 原料、建材和建筑上下游脱节

利用各种冶金尾矿、矿山劣质矿石、各种工业固废、农业固废、市政垃圾和危险废弃物等制作环保建材,包括在绿色建筑和基础设施方面的科学利用,会涉及国土资源、生态环保、工业生产和城乡建设,以及交通和基础设施等行业主管部门,各部门之间协调不够,从而导致系统性、科学性解决方案无法落实。比如,大量工业尾矿和农业秸秆可以做成良好的绿色生态材料,但是由于没有形成上下游的协调和共识,这些资源长期得不到很好的利用,在污染环境的同时,也使得大量开采天然资源成为企业不得不面对的现实选择,还在继续破坏生态环境。与此同时,由于没有科学的共识、政策工具和有效的技术措施与手段,下游用户也对利用固废资源产生了各种偏见。

2.6.2.3 未来发展方向

(1) 建筑结构自保温材料

被动式超低能耗建筑在寒冷地区(热带地区需要隔热)的外墙外保温层要达到 30～40 cm,对国外的低层建筑而言,问题不是太大,但我国人多地少,在高层建筑偏多的情况下，这样厚的保温层将产生十分严重的问题，如因自重脱落、漏气漏水、寿命短、有着火灾隐患和施工困难等问题。从长期发展看，解决保温层过厚给高层建筑带来的一系列问题，是目前结构材料发展的当务之急。

根据国内外被动式超低能耗建筑的发展趋势，结构材料向结构自保温方向发展已经达成行业共识。然而，如何实现结构材料自保温，仍然是一个需要下大力气才能解决的问题。

在众多的方案选择中，发展高强陶粒混凝土结构材料，以及超高性能混凝土三明治夹芯板复合结构材料，被认为是比较好的解决方案。但是，目前人们对煅烧黏土陶粒、页岩陶粒、煤矸石陶粒和粉煤灰陶粒等的认识不正确，从而阻碍了陶粒高强混凝土结构材料的发展。

从社会大众或地方政府管理部门来看，只要是煅烧材料，就和烧黏土砖一样，一律被认为是耗能和高污染行业，要想取得项目的立项和审批，都十分困难。这不仅使得大量污染环境的固废得不到有效利用，也使得变废为宝的绿色建筑材料产业发展不起来。

实际上，随着国家对环境问题整治力度的加大，大量的下水道淤泥、污染土、煤矸石、粉煤灰和建筑渣土等严重污染环境的工业和市政固废大量涌现，把它们利用起来烧制成陶粒、制作成轻质高强的被动式超低能耗建筑的结构材料，是一举两得的好办法，应该大力提倡和全力推动。

那种认为只要煅烧就耗能和污染环境的想法是不对的，需要进行广泛澄清和坚决纠正。正确的认识应该是，利用这些严重污染环境的废弃物烧制陶粒，不但解决了污染环境的固废无组织排放的问题，还为生产安全、环保、绿色、耐久和长寿命的新材料开辟了一条崭新的道路。这些材料不但在制造过程中充分利用了废弃物，消除了无组织排放的风险，很好地利用了这些固废的残余能量，消除了固废中的有机物污染，固化了固废中的多种重金属，而且在使用的过程中，减少了能量的消耗，延长了建筑物的使用寿命，减轻了建筑的自重，也减少了运输中的能量消耗，从绿色材料全生命周期的角度来衡量和评价，用工业固废烧结成的陶粒是最绿色的建筑材料之一。

在烧结过程中要利用一部分煤炭（同时也可以利用固废中残存的一部分能量），会有一些温室气体排放，但粉尘是完全可以达标排放的，这与将这些固废无组织排放而带来的对大气、水体和土壤等多方面的污染相比，是可以接受的。

（2）建筑结构自防水材料

普通混凝土结构材料是不防水的，因此中国大多数的建筑都存在渗漏水的问题。渗漏水问题不但影响千家万户的日常生活，也会大大缩短建筑物的寿命。

对于被动式超低能耗建筑而言，渗漏水不但会引起以上提到的各种麻烦，还会降低建筑物的隔热保温性能，缩短保温材料的寿命。

为了很好地解决这个问题，发展结构自防水材料，是未来的基本方向。发达国家的结构自防水材料早已走向市场，在国内市场我们也可以看到或听说一些发达国家的结构自防水材料，比如加拿大的凯顿国际公司的产品，美国铠美创科技有限公司的产品，等等。这些防水产品是对结构材料或结构主体进行防水处理而达到结构自防水的目的。如果在混凝土预制件的制作阶段就加入这些产品，就可以提前实现结构自防水，以免亡羊补牢。

根据对未来材料科学的发展判断，对于进行纳米技术优化的混凝土结构材料而言，做到结构自防水是没有问题的，如添加疏水材料或憎水材料等都可以实现结构自防水。以前没有普遍这样做，一是防水意识不强，二是有关材料昂贵。如今形势正在改变，发展结构自防水材料已经取得行业和社会共识，加之各种形式的结构自防水材料的不断涌现，都为结构自防水材料的普及创造了良好的客观条件。

2.6.2.4 政策建议

(1) 制定鼓励变固废为绿色环保建材的激励政策

多年来，国家在鼓励固废综合利用方面出台了不少政策，包括鼓励建材领域利用固废的政策。但是，从实际实施和促进发展程度或效果等方面来看，政策的力度还不是很大。

最近几年，从社会监管和环保角度，国家层面又出台了不少政策，特别是本着污染者付费的立法原则，相关环保法规愈加严厉。特别是对排放的税收制度的收紧，比如排放 1 t 粉煤灰要加收 25 元的环境税，排放 1 t 煤矸石要加收 5 元的环境税，等等，这些强制性的政策和法规，迫使排放和污染大户开始认真解决环境污染问题。这些政策和法规的实施，表示保护环境开始走上正确道路了。

尽管如此，几十年来积存的巨大工业和市政固废污染，想在短时间内获得根治还是不可能的，还需要多管齐下，更需要从供给侧进行结构性深化改革。

因此，建议对利废建材实施更大的税收优惠政策。特别是对于污染问题严重的工业固废（煤矸石、粉煤灰和脱硫石膏或磷石膏等）、农业（秸秆）、市政垃圾（生活垃圾和下水道淤泥等）、多年无法解决的固废等，进行差别性政策特殊鼓励，使利用这些废弃物的建材企业能够有利可图，能够自我生存和发展，不能让为社会和环境做出贡献的建材企业成为牺牲品。

政府有关行业管理部门要从固废利用的年度进展程度来评估政策的实施有效性。如果发现政策不到位或出现偏差，要及时进行政策调整。

在政策出台之前，要进行广泛的调研并征求利益相关者的意见，做到有的放矢，精准施策。

(2) 开展固废绿色建材生产和应用的示范性项目

为了准确把握行业发展和政策走向，政府有关部门认真开展几个有代表性的固废绿色建材生产和应用的示范性项目，是国内外的通行做法。做到典型示范、样板引路，即便不是十分成功，也能积累经验，获得第一手数据，对于指导行业向着正确的方向发展是十分有益的。

当然，通过广泛调研，发现样板，总结经验，将成功的案例向有条件的同类地方推广，也是一种值得提倡的方法。改革开放四十多年的成功实践，也都是把人民群众实践中创造的先进经验加以提炼和总结、推广和复制，使得在更大的范围内获得更大的成功！

(3) 支持促进固废绿建科技成果的转化和推广政策

在国际上，也是把固废当作二次资源开发对待。利用固废、保护天然资源和变废为宝，都是国内外的通行做法和积极倡导的现代理念。

尽管变废为宝有着广泛的社会共识，国家也有不少鼓励的政策和法规出台，但是现实中仍然有许多不尽如人意的地方，如绿色建材和绿色建筑科技成果的转化困难，推广不畅，成本高，收益有限，等等，这就需要国家和社会大力支持与协助。为此，建议政府主管部门有针对性地研究绿建扶持政策问题，力争每个年度或每个五年计划，都有一批重要的激励或限制政策出台，让行业有很好的预期与稳定的业态成长空间。

具体的绿建扶持和推广政策建议有：

① 加大绿建结构材料政策的研究，将其研究经费列入年度政策研究预算；政府主管部门要加大研究投入，要在政策制定方面加大政府购买服务的力度。

② 对于重要的国内外科技交流和科技成果推广活动，政府主管部门要积极支持，工信部最好是带头做好政策和资金支持，支持公益性标准制定、国际交流与合作、科技成果开发和推广、信息交流、电子文献和图书馆建设等非营利性科技进步活动。

③ 创建上下游产业联动机制。从供给侧结构性改革的角度，利用可再生资源来生产绿色建材，同时组织设计和建造下游示范产品，借此联系上下游产业和管理部门，协同推进全产业链的健康发展。

2.6.3　轻钢结构

2.6.3.1　概况

当前我国人居环境日益恶化，传统建筑行业生产效率低，环境污染大，建筑质量差等问题突出。随着人们需求的提高，人们对建筑质量的要求也日益提高，建筑行业正处在向节能环保、高效高质转型的时期。随着相关产业升级与技术条件的日益完善，发展建筑产业化与绿色建筑技术集成，提高建筑行业生产效率与建筑成品质量，减少行业能源消耗与资源浪费，从而推动我国社会经济可持续发展已成共识。

轻钢体系建筑因其具备自重轻、结构受力好、适用性广以及工业化技术体系成熟的特点，已成为发展产业化绿色建筑的重点。我国轻钢体系建筑发展起步晚，相关理论和技术多借鉴欧洲、北美、澳洲等地的经验，出现了一批以建筑材料生产供应商为主导的轻钢体系建筑产品。但是，由于我国地域分布广泛，气候特点与欧美等地相差甚远，由引进的轻钢建筑技术指导建成的项目出现了诸多问题，如外墙出现了保温隔热性能弱、易开裂和易受潮等。因此，进行基于轻钢体系的被动房屋外墙设计研究显得尤为重要。

2016 年 9 月，时任国务院总理李克强主持召开国务院常务会议。会议决定大力发展装配式建筑，推动产业结构调整升级。会议认为，大力发展钢结构、混凝土等装配式建筑，具有发展节能环保新产业、提高建筑安全水平、推动化解过剩产能等一举多得之效。会议决定，以京津冀、长三角、珠三角城市群和常住人口超过 300 万的其他城市为重点，加快提高装配式建筑面积占新建建筑面积的比例。这意味着建筑产业化研究开始步入全新发展阶段，相关的研发和示范性工程技术也将逐步得到大规模工程化应用推广。

20 世纪 60 年代后，我国开始向建筑工业化转型。但由于当时全国产钢量有限，建筑用钢受限，因此，当时行业主要以学习苏联的预制混凝土大板体系为主。发展至今，国内建筑产业化多采用预制混凝土结构方式。

与传统的现浇钢筋混凝土建筑相比，预制混凝土结构建筑在建造时期具备缩减施工周期、提高材料利用效率、减少人员投入和降低工程成本等优势，但由于其在防水、保温和隔热等构造处理方式上并没有改善，建成后建筑舒适度方面并没有太大优势。因此，只有从建筑材料、结构形式、施工工艺上开展根本性的革新研究，将高效的工业化建造技术与绿色建筑技术有机整合，才能真正实现提高建筑使用品质，同时降低行业能耗水平的目标。

基于轻钢体系的被动式房屋是发展建筑产业化与绿色建筑技术集成的一个重要方向，将轻钢体系建筑的产业化优势与被动式房屋节能技术相结合，既可满足节能减排的形势要求，也可确保建筑效果和完成品质。

2.6.3.2 发展历程及现状

(1) 轻钢体系建筑体系发展溯源

轻钢技术最早起源于国外。据2007年建设部住宅产业化促进中心与北新房屋有限公司于《住宅产业》上刊发的课题研究报告，轻钢最早于1838年在俄国、美国和英国等地采用压力机或冷拔机生产出来；1910年，美国研发出第一套辊式冷成型机组，使批量生产冷弯型钢变为可能，其后，英国、德国、法国等国相继建成专业化的冷成型机组，将轻钢生产与应用推向新的阶段。目前，轻钢体系建筑体系技术日益成熟，在国内外建筑领域都得到了运用。

(2) 国外轻钢体系建筑发展现状

20世纪初，工业革命推动西方建筑技术的提升，成为解决工业城市急剧膨胀所导致住房需求陡增的社会问题的出路。第一次世界大战之后，住宅供需缺口变大，德国兴起工业预制大板的建造方式。同一时期，以美国和德国为代表的建筑师和结构工程师开始研究轻钢结构，探索建筑的工业化发展之路。轻钢体系凭借其质量轻、强度大、生产加工易、耐久性好和材料可回收利用等优点，已得到蓬勃发展。

① 北美

美国的钢结构建筑发展已有100多年历史。早期的美国住宅以木结构为主，但因木材质量的不稳定和产量限制的影响，轻钢体系建筑逐渐被市场所接受并占据主导。据统计，1965年，轻钢体系建筑占全美建筑市场的15%；至1990年，这一数据增长为53%；3年后变为68%；而2000年时，这个比重已达75%。加拿大使用轻钢结构住宅的起因与美国相似，并于1967年引进了美国的冷弯薄壁轻钢结构技术与标准来发展自己的轻钢体系建筑体系。后来，美国与加拿大共同成立了北美钢结构联盟(NASFA)，实现北美冷弯薄壁轻钢结构设计统一标准，由低层建筑向多层建筑发展。目前，北美已建成300万平方米的冷弯薄壁轻钢结构住宅。

② 欧洲

世界上最早的钢结构建筑出现在欧洲。20世纪70年代起，欧洲多个机构和公司对轻钢建筑体系进行了研究开发。法国、英国、意大利等形成了各自的结构体系。法国通过制定尺寸协调规则，确定工业化建筑体系和通用构件产品，并编制了一套G5软件汇编建筑构件及部品的产品目录，从而提高轻钢体系建筑的建造质量和施工速度。英国利用其多元化的工业化建筑结构体系，提出了组织集约化、生产工业化，形成了组装式、单元式和混合式三种轻钢结构住宅模式。意大利发展了BSAIS的工业化体系，该体系使用H型钢作为主要承重柱，C型冷弯型钢作为主次梁，配合轻钢龙骨复合作围护结构，用于1～8层的钢结构住宅。1993年，欧洲标准化委员会与欧洲钢结构协会(ECCS)合作完成发布《轻钢龙骨钢结构住宅》标准，标志着欧洲轻钢结构开始使用统一标准。

③ 澳洲

澳洲有丰富的矿产资源和发达的冶金业，为发展冷弯薄壁轻钢体系建筑提供了有利条件。最具代表性的是澳大利亚的钢结构建筑技术和新西兰轻钢构件生产设备制造技术。20 世纪 60 年代，澳大利亚提出了“快速安装预制住宅”的概念，发展住宅产业化。1987—1996 年是澳大利亚冷弯薄壁钢结构建筑体系形成和完善的十年。1996 年，在悉尼大学工程与技术学院前院长 G. J. Hancock 教授的主持下，澳大利亚与新西兰颁布了《冷弯成型结构钢规范》(AS/NZS 4600)，使得轻钢体系建筑体系在澳洲得以迅速推广。如今，澳大利亚轻钢结构住宅已超市场住宅总量的 15%。

另外，新西兰 FRAMECAD 公司研发出轻钢构件制造系统，设计师在软件中输入建筑设计方案和要求信息后，即可由系统自动生产出精确的轻钢构件，实现设计到建造的高效衔接，减少时间和人力资源的浪费。

④ 日本

日本的轻钢体系建筑始于 20 世纪 50 年代后期。1955 年，日本钢铁制造商组织(Kozai Club)赞助成立轻钢骨架协会，研制用于低层建筑的轻钢结构构件，如梁、柱和桁架等。因为轻钢结构框架与日本传统住宅的木结构框架相似，很快轻钢结构预制房屋便在日本得到推广。1995 年阪神大地震后，日本又开始学习美国所援助的冷弯薄壁钢结构建筑体系。目前，日本已经发展了完善的轻钢结构住宅技术体系，轻钢结构预制房屋约占日本所有预制房屋的 80%。

在相关技术标准与规范体系的建立上，北美、欧洲、澳洲和日本发展较为完善，制定了各自的技术标准与规范。各国的轻钢体系建筑的标准和规范的编制都是由钢结构研究推广机构主导，注重轻钢结构设计理论与计算方法研究，即偏向于结构工程的施工指导。由于轻钢结构构件的力学计算比较复杂，各国选用的计算标准不尽相同，因而导致轻钢结构设计偏向保守，不同构件生产厂家所制定的产品型号规格有差异，在一定程度上影响了轻钢体系建筑体系的推广运用。因此，这些标准与规范有在区域内进一步统一的趋势。在轻钢体系建筑性能，尤其是围护结构的设计方面，各国技术标准与规范根据本国的建筑质量与节能要求，对围护结构的保温、防潮、气密性、隔声与防火性能的设计提供指导(表 2.54)。

表 2.54　国外轻钢体系建筑体系标准、规范发展现状

国家及地区	开始时期	主导机构	技术标准、规范	建筑围护结构设计涉及内容	备注
美国	20 世纪 40 年代	美国钢铁协会 AISI；钢结构建筑制造协会 MBMA；钢承板协会 SDI；冷弯钢工程研究所 CFSEI；钢结构协会 MCA；钢骨制造协会 SSMA；钢框架联盟 SFA	冷弯薄壁轻钢构件规范、冷弯薄壁轻钢结构相关设计与检测标准、冷弯薄壁轻钢住宅钢结构抗震设计标准、冷弯薄壁轻钢墙体的热工设计与技术规范	力学设计、施工工艺、耐久性、热工性能	美国与加拿大两国成立了北美钢结构联盟(NASFA)，实现北美冷弯薄壁轻钢结构设计统一标准

续表2.54

国家及地区	开始时期	主导机构	技术标准、规范	建筑围护结构设计涉及内容	备注
加拿大	1967年	加拿大标准协会CSA;加拿大冷弯薄壁轻钢建筑结构协会CSSBI	冷弯薄壁轻钢结构设计规范、施工细则,冷弯薄壁轻钢住宅构件选样标准表、设计指南和低层冷弯薄壁轻钢住宅施工细则	力学设计、施工工艺、防火、隔声、热阻性、气密性、耐久性	
欧洲	20世纪70年代	欧洲钢结构协会ECCS;欧洲标准化委员会;欧洲轻钢结构协会LSK	轻钢建筑结构测试与设计文件、轻钢结构构件和钢板标准、欧洲轻钢结构文件	力学设计、隔声性、冬季保温、夏季隔热、防潮处理、防火、施工工艺	德国、奥地利、法国、英国、芬兰、捷克、瑞典等都有各自相应的规范
澳洲	1996年	澳大利亚钢结构协会(与新西兰联合发布)	冷弯薄壁轻钢住宅钢结构设计标准	力学设计、施工工艺	在G. J. Hancock教授的主持领导下,澳洲采用了统一标准
日本	20世纪90年代	日本钢铁联盟;日本钢结构协会JSSC	轻钢体系建筑设计手册	KC剪力墙结构体系、力学设计、施工工艺	

(3) 国内轻钢体系建筑发展现状

国内的轻钢体系建筑起步于20世纪60年代,但受国内钢材产能不足和相关建筑技术研究有限等历史因素影响,直至2000年左右才正式开始兴起。

我国最早的轻钢体系建筑是门式钢架的基础上衍生出的多种结构形式,围护系统以彩色压型钢板、复合板及保温棉等轻质材料为主,多运用于大型工业厂房、仓库和援外工程等建筑项目,尚未大规模推广。

随着社会经济水平的提高与钢产量的猛增,我国轻钢体系建筑也蓬勃发展。一方面,国外众多轻钢体系技术与产品涌入国内,极大地推动了我国轻钢体系建筑标准、规范的建立与完善;另一方面,为化解全国钢产能过剩困境并实现产业化被动房屋的行业转型,我国出台了多项鼓励轻钢体系建筑发展的政策。

我国轻钢体系建筑技术、相关标准及规范多借鉴北美、欧洲、澳洲和日本等地的经验。政府部门颁布的行业规范与企业制定的相关技术标准共同构成我国的技术体系,并正在日益完善,对我国的轻钢体系建筑的指导不断加强。此外,国家关于发展住宅产业化、绿色建筑与钢铁行业调整的相关政策的颁布，也为轻钢体系建筑的发展提供了重要的支持(表 2.55)。

表 2.55 我国轻钢体系建筑标准、规范及相关政策发展现状

时间	标准、规范或政策	编制部门	主要内容
1969 年	《弯曲薄壁型钢结构技术规范》(草稿)	湖北省计划委员会	冷弯薄壁型钢结构构件计算、连接、制作、安装和防腐等
1975 年	《薄壁型钢结构技术规范》(TJ 18—75)	湖北省计划委员会	对前一版规范进行修改和增补
1987 年	《冷弯薄壁型钢结构技术规范》(GBJ 18—87)	湖北省计划委员会	对前一版规范进行修改和增补
1995—1996 年	引入“住宅部品”	建设部	开展住宅产业化
1996 年	《1996—2010 年建筑技术政策》	建设部	提出发展钢结构
1998 年	《住宅部品认证体系研究》政策	发改委	明确了部品与体系概念，梳理住宅部品体系的基本框架
1999 年	《关于推进住宅产业现代化提高住宅质量若干意见的通知》[国办发〔1999〕72 号]	国务院	中国住宅产业发展的纲领，积极开发和推广使用轻钢框架结构及其配套的装配式板材
2001 年	《MB-1 轻钢龙骨体系低层装配式房屋技术规程》(DBJ/CT 011—2001)	上海现代房地产实业有限公司	用薄壁轻钢龙骨为受力构件组成的空间桁架结构作为承重体系，并利用复合稻草板等轻质、环保材料作为围护结构，在施工中分片、分榀组装
2002 年	《冷弯薄壁型钢结构技术规范》(GB 50018—2002)	建设部	对 87 年版的规范进行修改和增补，规定了冷弯薄壁型钢结构的计算方式和要求
2003 年	《薄板钢骨建筑体系技术规程》	北新建材集团有限公司	核心源自日本相关技术标准，结合中国国情制定出了完整的技术体系
2005 年	《低层冷弯薄壁型钢结构施工质量验收规程》	绿筑(上海)实业有限公司	工程验收标准
2007 年	《“十一五”期间我国钢结构行业形势及发展对策》	建设部	坚持对钢结构建筑的鼓励引导，争取钢结构用钢量占全国钢产量的 10%

续表2.55

时间	标准、规范或政策	编制部门	主要内容
2009年	《钢铁产业调整和振兴规划》	国务院	提出完善的建筑工程标准体系，提高钢结构建筑比例和特定建筑用钢标准与设计规范
2010年	《轻型钢结构住宅技术规程》(JGJ 209—2010)	住房和城乡建设部	轻型钢结构建筑设计、结构设计与施工、轻质围护结构施工，验收与使用。建筑不超过6层
2011年	《低层冷弯薄壁型钢房屋建筑技术规程》(JGJ 227—2011)	住房和城乡建设部	低层冷弯薄壁型钢房屋建筑设计、结构设计与施工、轻质围护结构施工，验收与使用。建筑不超过3层
2011年	《建筑业十二五规划》	住房和城乡建设部	增加钢结构建筑比例，推动钢结构工程关键技术研究
2013年	《绿色建筑行动方案》	国务院	发展适合工业化生产的预制装配式混凝土、钢结构等建筑体系
2014年	《绿色建筑评价标准》	住房和城乡建设部	中国绿色建筑评价标准升级
2015年	《促进绿色建材生产和应用行动方案》	住房和城乡建设部、工信部	推广钢结构和木结构建筑
2015年	《被动式超低能耗绿色建筑技术导则(试行)(居住建筑)》	住房和城乡建设部	进一步提高建筑节能与绿色建筑发展水平，充分借鉴国外被动式超低能耗建筑建设经验，并应结合我国工程实践
2016年	《关于钢铁行业化解过剩产能实现脱困发展的意见》	国务院	开展钢结构建筑推广应用试点，大幅提高钢结构应用比例
2016年	《关于深入推进新型城镇化建设的若干意见》	国务院	大型公共建筑和政府投资的各类建筑需满足绿色建筑标准和认证；大力倡导使用绿色新型建材、装配式建筑和钢结构建筑
2016年	《关于进一步加强城市规划建设管理工作的若干意见》	国务院	争取在10年内，装配式建筑占新建筑比例达30%，积极稳步推广钢结构建筑
2018年	《冷弯薄壁轻钢多层住宅技术标准》(JGJ/T 421—2018)	住房和城乡建设部	适用于4～6层及檐口高度不大于20 m的冷弯薄壁型钢多层住宅的设计、制作、安装和验收

根据主要负责单位性质，近年来国内从事轻钢体系建筑设计建造的实践的人员分为以下三类：

一是高校科研团队，如清华大学、同济大学、西安建筑科技大学、天津大学、武汉大学和华南理工大学等。高校科研团队一般以科研课题项目为支撑，或与企业合作，进行轻钢体系建筑技术研发，是我国建立轻钢体系建筑技术体系的主要力量。

二是建材与工程企业，如北新集团建材股份有限公司、佛山市安美捷轻钢房屋有限公司、广州合力建造有限公司、广州荷兰西狮家具有限公司等。多数企业引进国外的技术体系或生产技术，如北新集团建材股份有限公司引进日本新日铁轻钢结构体系和欧美的技术，编制了《薄板钢骨建筑体系技术规程》，并建立了轻钢体系建筑构件生产线；佛山市安美捷轻钢房屋有限公司引进了新西兰的 FRAMECAD 轻钢系统，以推进轻钢结构节能建筑产品的开发、推广、研究和应用；广州合力建造有限公司自主研发的 SUMAKE 建造体系在结构体系、施工设备均已完成了系列配套，采用整体现浇模式，节能效果比传统轻钢建筑提升 60%。由于国内市场对于现有轻钢体系建筑的接受度还比较低，这些企业目前主要服务于国外市场。

据不完全统计，2019 年我国轻钢住宅达到 4.3 万栋，按平均每栋 200 平方米计算，2019 年，轻钢住宅达到 860 万平方米，占村庄住宅总量的 0.83%。美国的轻钢体系建筑占全美建筑市场的 75%，澳大利亚轻钢结构住宅占市场住宅总量的 15%以上，日本轻钢结构预制房屋约占所有预制房屋的 80%。我国的轻钢住宅仅限于村庄建房市场，无论是在总量上还是占比上，都还远远不够。

综上所述，我国已经初步形成了轻钢体系建筑体系，具备研发、生产、设计和建造的条件，但由于处于起步阶段，相关技术尚未成熟，致使目前国内的轻钢体系建筑运用尚不广泛。

2.6.3.3 重点发展技术及产品

(1) 轻钢保温复合一体化被动式装配墙体系统

轻钢保温复合一体化被动式装配墙体系统又简称为轻钢钣墙结构体系，是轻钢龙骨结构和保温材料经过蒸压、机器加工压制成一体，用形成的钣材组合成的箱体结构，钣材厚度根据气候区进行调整，从 14 cm 到 40 cm 不等。该结构无冷热桥设计，保温、抗震、抗风性能佳，用轻钢型材代替木材，减少了木材的使用量，从而达到节能环保的目的。

轻钢钣墙结构别墅由结构系统、地面系统、楼面系统、墙面系统、屋面系统组成，每个系统由数个单元模块组成，单元模块在工厂制造完成，房屋在现场由单元模块装配完成。

轻钢钣墙结构别墅是以冷轧热镀锌或镀铝锌薄壁型钢作为主要承重结构，结合保温、隔声、防水、防火等围护材料，建造出的一种功能多样、节能环保的房屋建筑。其房屋部件可全部在工厂内规模化生产，现场只需要装配作业，实现了部件的工厂化预制和房屋的现场装配化施工，是目前较成熟的一种集成房屋体系，也是未来住宅建设的发展方向。

采用钣墙结构体系建造的被动式钣墙装配建筑，能够适应智能工业化发展所需，采用 BIM 系统模块化设计、工业化流水线预制，达到保温结构装饰一体化，并能实现工厂预制、现场装配化，综合成本低。

根据住房和城乡建设部 2018 年起草并于 2019 年开始实施的《冷弯薄壁轻钢多层住宅

技术标准》(JGJ/T 421—2018)可知,轻钢钣墙结构体系适用于4～6层及檐口高度不大于20 m的冷弯薄壁型钢多层建筑。

(2) 预制外围护系统

若在外墙填充层靠近室外侧增加一道保温材料,可形成结构外保温体系,将轻钢龙骨骨架与室外环境隔绝,即可达到消除轻钢龙骨骨架热桥效应的目的。外保温体系在室内使用面积、室内空间实用性以及避免结构因温度变化而变形上较内保温体系有明显优势,但是外侧保温材料需做好耐候处理,避免室外不利因素对外保温体系造成破坏。

冷弯薄壁型钢外侧采用外挂式复合外保温体系。外挂式复合外保温可根据需要采用多层保温现场拼接,或者工厂预制成外挂式复合外保温板的形式来实现。企业可以根据不同的气候区采用不同的保温板材组合,来实现最优化。

轻钢体系建筑采用工业化生产材料建造而成,其建造过程分为工厂内预制和施工现场搭建两步。根据工厂预制程度及现场安装要求,外墙的制作方式可分为三种:

① 构件组装式

构件组装式外墙是指钢结构构件、结构面板、绝热材料、防水材料、气密材料、饰面材料和连接部件都由工厂预制好后,运输到工地组装而成的形式。这种方式对交通运输和施工现场吊装要求最低,但对现场储存、组装人员技术及施工时间需求比较大,适用于道路条件和施工场地有限,但施工时间充裕的建筑项目。

② 板式拼装式

板式拼装式外墙把外墙围护结构中较小型的构件在工厂内组装,如在工厂完成墙体龙骨骨架拼装,再运输到施工现场进行结构拼装,依次安装结构面板、绝热材料、防水材料、气密材料、饰面材料等。这种方式可提高墙体现场施工效率,缩短施工时间。

③ 集成部品式

集成部品式外墙是在工厂内完成外墙制作,预留连接节点,再运输到施工现场,通过吊装、节点连接与局部加固处理,即可完成墙体施工。这种方式的预制程度最高,现场施工时间最短,但是对交通运输及现场吊装设备要求较高,适用于项目周期短,对整体建筑质量要求较高的建筑。

外墙是建筑抵御外界自然环境不良影响的重要屏障,而墙体材料和构造的选用还需符合地域气候特性。

一方面,不同的地域气候条件各异,对墙体的性能要求也应有所不同。轻钢体系建筑外墙虽有通用的构造性能标准,但是不同区域的建筑对墙体性能的要求不同。如北方地区应重点降低冬季的供暖能耗,故需要提高墙体的保温性能,同时应采取措施避免外墙因热桥和气密性不足而发生热量损失;而南方地区需重点减少夏季的制冷时间,外墙的设计重点应以提高墙体的隔热性能、增强散热为主,避免外墙过多的热量增益。

另一方面,轻钢体系建筑外墙的耐久性与所在环境的气候条件息息相关。外墙的耐久性取决于围护结构个体材料构件的耐久性及构件之间的组成方式。材料的使用寿命受环境光辐射强度、温度高低和湿度大小等条件影响,因此,在选用材料时需要根据所处环境的气候条件选择具有一定耐候性的材料,并通过合适的构造作法避免不良的气候因素对外墙构造形成不利影响。也可将建筑遮阳、散热、光伏发电整合到围护结构中,为优化建筑的能源设计提供更多的选择。

2.6.3.4 主要企业

我国轻钢结构代表性企业有：北京尼百舜科技有限公司、山东泰来钢结构工程有限公司、河北科莱达装配式建筑科技有限公司。

2.6.3.5 推广过程中存在的问题

我国轻钢体系建筑体系与被动房屋技术起步晚，相关技术理论多借鉴欧洲、北美和澳洲等地的经验。但是由于缺乏充足的研究过程，所引进的技术理论并不能很快转化为适用于我国气候条件、社会发展水平及国民生活习惯的建筑设计指导。因此，目前我国在这方面的建筑实践仍停留在示范实验阶段，且主要存在以下问题：

① 照搬的国外轻钢建筑结构建筑体系在国内不适用。我国轻钢体系建筑体系主要以建筑工程公司引进国外技术为主，因此国内市场上常见标榜欧洲、澳洲、北美和日本的轻钢体系建筑技术的宣传。但我国目前关于轻钢体系建筑的标准、规定仍停留在基本的结构与构造作法层面，还缺少建筑设计方面的指引。因此，基于引进技术的轻钢体系建筑体系指导下的建筑工程实践，往往忽视了我国气候的差异性与所生产的建筑材料性能品质的不同，从而使得所建成的项目容易出现保温隔热、防潮性能与耐久性方面的缺陷。

② 被动式房屋的研究推广集中于北方供暖地区，其他地区缺少系统研究。我国地域辽阔，各地气候差异大，建筑也应因地制宜。只有针对不同的地域特征与气候条件，选用适用的、有针对性的产业化与被动式低能耗建筑技术策略，才能真正在各地区发展并推广建筑产业化与绿色建筑技术集成。然而因为我国北方供暖是全社会能耗的大户，所以目前我国被动房的研究重点为降低冬季供暖需求；而对夏热冬冷区与夏热冬暖区的研究仍有待开展。

③ 缺少对基于轻钢体系的被动房屋技术集成的研究。轻钢体系建筑体系是未来我国建筑产业化推广的重要方向，随着人们对建筑质量的要求与建筑节能意识的提高，其与被动房技术集成的需求将日益增大。但当前轻钢体系建筑推广以建筑工程公司为主流，注重工程效率，而缺少技能技术整合，尤其是基于地域气候的被动房屋技术的集成研究。

④ 还没有形成全国性的轻钢被动式产业链集群，工业一体化生产分散，无法形成有效的集群效应。

⑤ 被动式轻钢建筑需要全屋一体化设计施工，需要设计和施工相结合，进而降低成本，实现被动式装配一体化，减少人工的使用，降低现场施工成本。

2.6.3.6 主要发展路径及建议

(1) 研究教育先行

各建筑专业院校还需要对轻钢结构建筑开展深入的研究，对与轻钢结构建筑配套的各种轻钢体系建筑外墙的板材材料组成、结构类型、管线集成和建造方式进行深入研究和实践。目前的大学、职业教育中缺少轻钢结构、钢结构、被动式建筑人才的培养和教育，需要大学、职业教育学院在轻钢结构人才培养方面加大投入和调整人才专业方向。

(2) 完善轻钢被动式标准体系

目前，国内的轻钢被动式建筑标准缺失，国家主管部门应开展相关标准的制定工作，不断完善标准体系建设，使轻钢被动式建筑有标准可依。

2.7 围护结构系统

被动式超低能耗建筑的围护结构采用各种节能技术，最大限度地提高建筑保温隔热性能和气密性，使建筑物的采暖和制冷需求降到最低。在此基础上，通过各种建筑技术，如自然通风、自然照明和太阳能辐射得热等方式来实现室内舒适的湿热环境和采光环境，最大限度地降低对主动式及机械采暖和制冷系统的依赖或完全取消此类设施。非透明围护结构主要包括外墙、屋面和地面三个部分。

2.7.1 非透明围护结构的技术要求

被动房的围护结构相较于传统节能建筑有三大特点：屋面保温系统的厚度更大、外墙保温系统的传热系数极低、门窗系统的气密性极高。其最终目的就是实现建筑的超低能耗。本节主要研究被动式超低能耗建筑的非透明围护结构。

(1) 保温性能

通过对比德国 PHI 对被动房围护结构热工性能的要求和我国现行节能建筑的指标（以北京为例）发现，被动式超低能耗建筑要求屋面、外围护结构传热系数 $U \leqslant 0.15$ W/(m² · K)。因此，围护结构保温必须针对不同的气候区以及不同的围护结构形式，采用导热系数更低的保温材料或增大保温层厚度，才能实现相应的保温性能。德国 PHI 认证与《居住建筑节能设计标准》(DB 11/891—2020)中围护系统传热系数对比详见表 2.56。

表 2.56 围护系统传热系数对比表

项目	德国 PHI 认证	北京 75%节能居住建筑	北京 80%节能居住建筑
外墙传热系数[W/(m² · K)]	≤0.15	0.35～0.40	0.23～0.35
屋面传热系数[W/(m² · K)]	≤0.15	0.40～0.45	0.15～0.21

(2) 无热桥设计

热桥对围护结构产生的影响包括两方面：一方面会增加建筑的热（冷）负荷；另一方面会使围护结构内表面存在冷凝发霉的风险。德国 PHI 对被动房热桥的限值为：线热桥 $\psi \leqslant 0.01$ W/(m · K)。研究表明，保温不连续导致的线热桥经过修正，损失可降低 80%左右；穿墙管道等节点的点热桥经过修正，损失可降低 92%左右。因此，无热桥设计对于被动房是至关重要的。

(3) 高气密性

渗透热损失在整个建筑能耗中占比非常大。气密性设计在我国建筑节能设计中一直处于被边缘化的状态，直到被动式概念引入我国，气密性设计才开始被人们重视。德国被动房的气密性限值 $n_{50} \leqslant 0.6\ \mathrm{h}^{-1}$，$n_{50}$ 是指在基准压差(50 Pa)下建筑物的内部体积除以平均空气渗漏量得到的换气次数。n_{50} 一般通过鼓风门法测试，它的数值表征了建筑物气密性的优劣。因此，被动房实现超低能耗的重要措施之一就是提高建筑气密性。要保证被动房的换气次数达到指标限值，必须通过最优设计、精细化施工、选材优良等途径来实现。施工时尽量避免气密层被穿透，穿透的地方采用被动房专用气密性材料封堵，尤其是在窗框、室内阴角处做好密封处理。要实现这个目标,就必须保证保温材料发挥最佳性能,而保持干燥是保证保温材料发挥出最佳性能的必要措施。

(4) 防水隔汽性

被动式超低能耗建筑由于采用较厚的屋面保温系统,因此相比普通节能建筑而言,对建筑防水隔汽的要求更为严格。

2.7.2 非透明围护结构产业现状

2.7.2.1 外墙围护结构发展现状

被动式超低能耗建筑的外墙围护结构主要包括两大类:一类是结构保温一体化产品;另一类是保温装饰一体化产品。

(1) 结构保温一体化体系

① 发展历程

2011 年 11 月 24 日,《中国建设报》首次对建筑节能与结构一体化技术进行了广义的定义和严格的定义。其广义的定义为:围护结构是复合保温墙体的,就是建筑节能与结构一体化技术。其严格的定义为:建筑主体围护结构应通过钢筋混凝土构件与保温层及外保护层(含饰面层)实现刚性连接,即一体化技术。

自 2009 年着手开展建筑保温与结构一体化技术起,经过 10 余年的施工经验及实验研究,建筑保温与结构一体化技术概念更加明确。建筑保温与结构一体化技术应满足以下几点要求:围护结构通过钢筋混凝土构件、钢筋、钢结构构件与保温层及外保护层(含饰面层)实现刚性连接;保温系统与主体围护结构寿命相同;实现围护结构与保温层连接的构件不应该产生集中热桥;保温系统的防火性能应满足《建筑设计防火规范》(GB 50016—2014)的规定。

② 主要产品类别

结构保温一体化按型式大致可分为四类:一是钢丝网架型,即由钢丝网架夹心板现浇混凝土而成,代表产品有 CL 系统、BS 系统、IPS 系统等;二是水泥外模板型,即由有机保温板两侧复合水泥砂浆构成刚性外模板,通过锚固件连接现浇混凝土墙而成,代表产品有 FS 系统、LS 系统、CT 系统、YL 系统等;三是厚防护复合板型,即由厚度达到 5 cm 的 A 级材料作为防火构造层,复合 B1 级的有机保温板,通过连接件现浇混凝土而成,代表产品有 HFS 系统、OKS 系统等;四是模块式的,如 EPS 模块,见表 2.57。

表 2.57 结构保温一体化不同系统特点

系统名称	系统简介	优点	代表企业
CL 系统	CL 结构体系的材料组成是以 CL 网架板为主要承重构件的骨架(居中放置,两侧浇筑混凝土),以高压高强石膏板作为施工浇筑混凝土的永久性模板(替代了钢模板和抹灰);同时,内隔墙采用高压高强石膏空心砌块砌筑而成	保温层耐久性好、耐火极限高;建筑保温与结构同寿命,该结构是解决目前建筑保温材料使用年限远短于建筑结构使用年限的一种方法,是目前替代砖混结构的最佳体系	石家庄晶达建筑体系有限公司、张家口建工集团广建新型建筑节能材料有限公司、威海丰荟集团有限公司

续表2.57

系统名称	系统简介	优点	代表企业
BS系统	BS钢丝网架板通过内侧浇筑混凝土和外侧浇筑自密实混凝土与两侧的墙体构成无空腔复合保温结构体	具有耐久、防火、耐冲击、施工方便、综合成本低、质量通病少,与建筑物同寿命等优势	北京万源恒泰科技有限公司
IPS系统	以工厂制作的IPS[IPS是XPS(EPS)单面钢丝网架板的简称]为保温层,施工时将钢丝网架保温板置于外模板内侧,并在钢丝网架保温板上采用ϕ6钢筋作为锚固连接件,钢丝网架保温板两侧同时浇筑混凝土而形成的结构自保温体系	实现墙体保温和结构同步施工,减少了施工工序,具有保温效果好、防火性能优良,以及建筑保温与墙体同寿命等优点	德州璟泰节能科技有限公司、山东天强建材科技有限公司
FS系统	以高密度挤塑板材(XPS板)为基板,以水泥基双面层复合保温板为永久性外模板,内侧浇筑混凝土,外侧抹抗裂砂浆保护层,通过连接件将双面复合保温模板与混凝土牢固连接在一起而形成的保温结构体系	该体系实现了建筑保温与结构一体化设计和施工,保温性能和防火性能得到了很大的提高	河北标旗建材科技有限公司、山东七星实业有限公司
LS系统	在混凝土层的一侧设置复合保温板,复合保温板的一侧设置抹面层,抹面层的一侧设置固定板,固定板上安装螺杆,螺杆的一端依次穿过固定板、抹面层、复合保温板,从而锚固在混凝土层上	复合保温板上设有多个连接块,可以增大混凝土层与复合保温板、抹面层与复合保温板的连接强度	枣庄联德建筑材料有限公司、廊坊卓垣保温材料有限公司
CT系统	以水泥基双面层复保温板为永久性模板,内侧浇筑混凝土,外侧抹抗裂砂浆保护层,通过连接件将双面层复合保温模板与混凝土牢固地连接在一起的保温结构体系	质量轻、保温效果好、施工方便、防火性能好、无安全隐患,与建筑同寿命等	济南诚通保温工程有限公司
YL系统	将保温复合板置于现浇钢筋混凝土外墙模板的内侧,将钢筋混凝土墙体中的钢筋与保温复合板中的锚固件用钢丝绑扎固定,浇筑混凝土	无机面板与钢筋相连,永不脱落;稳定性好,无渗水、开裂现象	济南垚林建材有限公司

续表2.57

系统名称	系统简介	优点	代表企业
HFS系统	HFS板以高密度挤塑板材(XPS板)为基板,以无机保温板为保护层,内侧浇筑混凝土,外侧抹抗裂砂浆抹面层,通过连接件将复合保温板与混凝土牢固连接在一起	既能符合节能设计要求,又能符合消防设计要求;无须采用防火窗和防火隔离带;面密度小,便于施工	北京万源恒泰科技有限公司、江苏艾菲特环保材料有限公司
OKS系统	OKS系统与HFS系统类似,只是无机保温板不同,OKS复合保温板保温芯材选用了XPS的称为B型板,保温芯层选用岩棉的称为A型板,A型板和B型板复合一块称为AB型板	保温、防火效果优异;不易脱落,安全性高;施工方便,可缩短至少3个月以上工期;价格便宜,性价比较高	河北宏展保温材料有限公司、奥克森(北京)新材料科技有限公司
EPS模块系统	是一种由聚苯乙烯泡沫空腔板作为房屋墙体内外保温层,在空腔内浇筑钢筋混凝土承重层的复合型墙体系统	建造过程简单、施工速度快,保温性能高、抗震性好且价格便宜	河北鸿盛节能科技股份有限公司、中材住工(西安)建筑科技集团有限公司

目前国际上比较常见的被动房外保温系统主要有木结构绝热板或全绝热工字梁结构、整体式多孔保温砖、砌块木板墙体结构、外保温夹心墙体结构、轻骨料砌体复合矿物棉保温墙体、薄抹灰外墙外保温系统、聚苯乙烯-ICF外墙外保温系统。木结构绝热板或全绝热工字梁结构在欧洲得到了大量应用,主要是应用了木材导热性能比较差、轻质、环保的特点。我国目前应用比较多的还是外保温夹心墙体结构、薄抹灰外墙外保温系统。根据现行相关标准,寒冷地区被动房屋面、外墙、地面或不采暖地下室顶板的热传导系数应≤0.15 W/(m^2·K)。因此,在非透明外围护结构一般采用保温性能更好的材料或增加保温厚度(目前被动式超低能耗建筑外保温大多数采用石墨聚苯板粘贴锚固,一般需要240～250 mm),同时使用无热桥锚固件固定保温板,以达到热传导性能要求。

(2) 保温装饰一体化产品

建筑保温装饰一体板(以下简称“一体板”)是基于传统墙体的外保温做法演变而来,是将有机保温材料(EPS、XPS、聚氨酯、酚醛泡沫)或无机保温材料(岩棉、玻璃棉、气凝胶、硅酸钙)等与多种造型、多种颜色的金属装饰板材或无机预涂装饰板在工厂进行有机复合,实现产品的预制化、标准化、组合多样化、生产工厂化等,达到保温与装饰功能于一体的目的。

一体板产品从2004年在国内完成首个工程应用案例以来,经历了长达十多年的缓慢发展期,最终在2013年前后形成了国家认可的行业标准、规程,并受到政策支持。从全国来看,一体板产业总体规模增长迅速。2015年全国有一体板生产及制造企业约200余家,至2019年已达到400余家企业,其中河北地区30～40家,山东地区近50家,新疆地区30～40

家，江浙沪地区30～40家，其他地区200余家。受绿色建筑（节能）政策及产品技术优势（相对薄抹灰体系）驱动，2017年一体板行业增速较快，2017年全国一体板市场产销量为3500万平方米，2019年达到6000万平方米左右。总体来看，今后几年一体板行业处于高速发展阶段，但行业成熟还需要一段时期。一体板作为中国原创的新型外墙外保温系统，还有待完善，饰面板、保温芯材、深化设计、安装施工、验收售后，每个环节都还有较大的提升空间。随着有实力企业的不断涌现、保障性政策的不断出台，一体板行业未来将有较好的发展前景。

(3) 建筑保温装饰一体板的主导企业

① 重庆固安捷实业有限公司

A. 公司介绍

重庆固安捷实业有限公司系建筑外立面系统方案解决专家，注册资金3200万元，产品涵盖预制卡槽保温装饰一体板系列、薄石材复合一体板系列、外墙装配式墙板系列、内墙装配式墙板系列、金属板定制系列、预制成品线条系列，年生产能力达800万平方米。截至2019年，重庆固安捷实业有限公司已经在新疆、北京、江苏、青海分别设立生产基地。

B. 产品性能指标

表2.58为重庆固安捷实业有限公司生产的聚氨酯复合无机面板的性能指标，表2.59为重庆固安捷实业有限公司生产的岩棉复合无机面板的性能指标。

表2.58　聚氨酯复合无机面板的性能指标

项目		性能指标
尺寸稳定性(%)		长度、宽度和高度相对变化率≤0.2
外观		保温装饰板外观颜色均匀、无破损
吸水量(g/m²)		≤300
燃烧性能		A级
导热系数(25 ℃)[W/(m·K)]		≤0.024
装饰面性能	耐酸性，48 h	无异常
	耐碱性，96 h	无异常
	耐盐雾，500 h	无损伤
	耐老化，1000 h	涂层无开裂、气泡、脱落，粉化0级，变色0级
	耐沾污性(%)	≤10
	附着力(级)	≤1

表2.59　岩棉复合无机面板的性能指标

项目	性能指标
尺寸稳定性(%)	长度、宽度和高度相对变化率≤0.2
外观	表面平整，不应有妨碍使用的伤痕、污迹、破损

续表2.59

项目		性能指标
吸水量(g/m^2)		≤300
燃烧性能		A 级
导热系数(25 ℃)[W/(m·K)]		≤0.046
装饰面性能	耐酸性,48 h	无异常
	耐碱性,96 h	无异常
	耐盐雾,500 h	无损伤
	耐老化,1000 h	涂层无开裂、气泡、脱落,粉化 0 级,变色 0 级
	耐沾污性(%)	≤10
	附着力(级)	≤1

② 山东信泰节能科技股份有限公司

A. 主要产品

山东信泰节能科技股份有限公司是一家集新型建筑节能建材研发、生产、销售、施工于一体的高新技术企业。该公司拥有现代化的办公环境、高素质的科研人员、全自动化的生产流水线,以及精良的检验检测设备,现有六大系列产品,共 20 多个品种,每年可生产各类保温装饰板 800 万平方米。其主要产品包括无机面板类保温装饰板产品、铝质真空保温装饰板、铝板彩涂印花、复合外模板、STP 真空绝热板、高端微玻纤真空绝热板及超细微玻纤芯材等。

B. 性能指标

表 2.60 为山东信泰节能科技股份有限公司生产的保温装饰板(真空绝热板复合铝单板)的性能指标。表 2.61 为山东信泰节能科技股份有限公司生产的真空绝热板的性能指标。

表 2.60 保温装饰板(真空绝热板复合铝单板)的性能指标

项目		性能指标
尺寸稳定性(%)		长度、宽度和高度相对变化率≤0.2
外观		颜色均匀一致、无破损
燃烧性能		A 级
装饰面性能	耐酸性,48 h	无异常
	耐碱性,96 h	无异常
	耐盐雾,500 h	无损伤
	耐老化,1000 h	外观无起泡、无脱落、无开裂
	耐沾污性(%)	≤10
	表面漆膜附着力(级)	≤1

表 2.61　真空绝热板的性能指标

项目		指标要求
导热系数[W/(m·K)]		≤0.005
穿刺强度(N)		≥18
垂直于表面的抗拉强度(MPa)		≥0.08
压缩强度(形变 10%)(kPa)		≥140
表面吸水量(g/m^2)		≤50
尺寸稳定性(70 ℃)(%)	长度、宽度	+1
	厚度	+0.2
穿刺后垂直于板面方向的膨胀率(%)		≤10
耐久性(30 次循环)	导热系数[W/(m·K)]	≤0.005
	垂直于表面的抗拉强度(kPa)	≥80
燃烧性能		A 级

③ 山东兰桥环保建材科技有限公司

A. 主要产品

山东兰桥环保建材科技有限公司于 2017 年 7 月成立，为临沂市重点招商引资项目，在青岛、唐山、滨州等均有生产基地。山东兰桥环保建材科技有限公司的主要产品有：保温装饰一体化板材、苯板、挤塑板、改性岩棉、AEPS 渗透性聚苯板、热固性聚苯板、轻质墙板、内外墙涂料、聚合物砂浆等系列产品。

B. 性能指标

表 2.62 为山东兰桥环保建材科技有限公司生产的保温装饰一体板的性能指标。

表 2.62　保温装饰一体板的性能指标

项目		性能指标
外观		饰面层无粉化、起泡或剥落，面板防护层无空鼓、脱落现象，无渗水裂缝
吸水量(g/m^2)		≤500
抗冲击强度(J/m^2)		10.0
燃烧性能		A 级
热阻[(m^2·K)/W]		1.266
不透水性		面板防护层内侧无水渗透
水蒸气湿流密度[g/(m^2·h)]		≥0.85
面板与保温材料拉伸粘结强度(MPa)	耐水(7 d)	≥0.1，破坏部位位于保温材料
	耐冻融(30 次)	≥0.1，破坏部位位于保温材料
	耐温(70±2) ℃，7 d	≥0.1，破坏部位位于保温材料

④ 维爱吉(厦门)科技有限责任公司

A. 主要产品

维爱吉(厦门)科技有限责任公司是福建赛特新材股份有限公司的全资子公司。维爱吉(厦门)科技有限责任公司在基础工艺设计、材料技术、质量检测技术、装备设计技术等领域内对真空玻璃的生产工艺技术进行了全方位革新,研发了先进的、自主知识产权的真空玻璃制造技术。该公司的主要产品为真空玻璃,产品具有超级保温隔热、极致的隔声降噪、结构轻薄、全钢化安全保障等优良特性,且使用地域和安装角度变化等均不会影响其产品性能。建筑家居、公共交通、农业领域、家电领域、光伏一体等行业都可广泛使用此真空玻璃。

B. 性能指标

表 2.63 为维爱吉(厦门)科技有限责任公司生产的真空玻璃的性能指标。

表 2.63 真空玻璃的性能指标

项目	性能指标
传热系数[$W/(m^2 \cdot K)$]	0.529
遮蔽系数	0.511
太阳能总透射比	0.445
辐射照度(W/m^2)	327
透光率(%)	69.4
导热系数[$W/(m^2 \cdot K)$]	0.0059
玻璃辐射率	0.042

2.7.2.2 屋面系统发展现状

按照材质不同,屋面可分为金属屋面和非金属屋面(表 2.64)。与非金属板材类围护系统相比,金属板材类围护系统可回收再利用,施工较为简便,防水性能较好。另外,金属板材韧性好,易于造型,可以满足不同的造型需要,应用于造型丰富的建筑。

表 2.64 屋面材料的主要性能

类别	指标	金属屋面	非金属屋面
材质	主要类型	各类金属单层板、金属面夹芯板,后者属于国家鼓励发展的新型墙体材料之一	蒸压加气混凝土板、建筑隔墙用轻质条板、钢丝网架聚苯乙烯夹芯板、石膏空心条板、玻璃纤维增强水泥轻质多孔隔墙条板(简称 GRC 板)和建筑平板等类型
特性	防火性	防火性能较好	防火性能较好
	防水性	金属内部具有致密性,使得金属屋面防水性能好	一般
	自重	重量轻,同时强度较大	较重
	美学效果	韧性好,可以满足不同的造型需要	柔韧性差,不易造型

续表2.64

类别	指标	金属屋面	非金属屋面
施工	安装难度	具有可装配性,可采用自动控制机械施工,易操作	安装工艺较复杂,费用高
	防雷要求	容易遭受雷击,所以防雷要求更高	要求较低
后期	回收利用	可以循环利用,并且具有较高的利用价值	不可以循环利用
	维护成本	无须涂漆保护,降低了后期使用的维护成本	3～10 年需维护一次,维护费用一般在 6～30 元/平方米
	使用寿命	使用寿命长,一般可达 50 年,高级金属合金板的使用寿命可达 80～100 年	使用寿命较长,一般为 10～30 年

金属屋面在国内是一个较新的行业,自 2006 年开始,特别是 2008 年北京奥运会前期才真正大幅度发展起来,广泛用于钢结构公共建筑和工业建筑,主要包括机场航站楼、高铁站及大型交通枢纽、会议及展览中心、体育场馆、工业厂房、物流仓储等。

目前金属屋面围护行业的竞争格局可以分为三大块:国外领先的金属围护公司、钢结构公司旗下金属屋面公司、专业金属屋面公司。由于金属围护与钢结构的客户群体存在高度重叠,因此,部分钢结构企业在做大做强结构领域后也开始往金属围护、屋面系统延伸发展。但金属围护与钢结构的差别较大,使得钢结构企业生产的围护、屋面系统通常仅能满足基本的功能需求,而专业金属屋面公司通常具有较强的设计能力,专业优势明显。此外,以巴特勒制造公司、霍高文建筑系统有限公司、美国盛亚国际公司等为代表的国外领先的金属屋面公司专业技术实力雄厚,但是价格相对较高。

2.7.2.3　地面材料发展现状

地面材料主要包括地坪材料和楼板层材料。地坪是建筑底层房间与下部土层接触的部分,由素土夯实层、找平层、结构层及面层构成,它承担着底层房间的地面荷载,需具有好的耐磨、防潮、防水、保温性能。

在我国地坪材料主要产品包括地面用耐磨材料、水泥基自流平材料、石膏基自流平材料、环氧树脂地坪涂料、丙烯酸地坪涂料、聚氨酯地坪涂料和喷涂聚脲等,在有机类地坪材料中,环氧类地坪涂料技术最为成熟、用量最广。

目前,全国地坪材料生产企业大概超过 3000 家,其中有机类地坪材料生产与施工企业占 70%,无机类地坪材料生产与施工企业占 20%,有机无机类均生产的企业占 10%。市场上以地坪产品为主导产品的生产企业目前并不是很多,地坪行业领跑者也多为外资企业。根据 2017 年的行业调研数据统计,我国的地坪、运动场地、弹性地材行业的总产值已经超过 1000 亿元,地坪产业不断壮大,产值连年攀升。随着我国经济的高速发展,全国范围内的新建、改建、扩建的基础建筑项目越来越多,全国每年竣工项目高达几十亿,对改建项目来说,全国有超过几百亿的既有建筑面积待改建,鉴于地坪不可替代的优点,我国地坪行业还具有相当大的发展空间,地坪市场的容量也是相当大。新兴的地坪漆,凭借其优异的物理机械性和化学耐腐性深受广大用户的喜爱。例如,山东省最大规模被动式超低能耗住宅示范区选用环氧地坪漆进行地下停车场的地面铺设。

楼板层是建筑重要的水平结构和构造构件，担负着承担楼面荷载与竖向分割建筑内部空间的任务，一般包括面层、结构层和顶棚等几个基本层次。根据楼层所使用材料不同，楼板可分为木楼板、钢筋混凝土楼板和压型钢板组合楼板，其中钢筋混凝土楼板用处最为广泛。按照施工方式不同，楼板可分为现浇整体式钢筋混凝土楼板、预制装配钢筋混凝土楼板和装配整体式钢筋混凝土楼板。钢筋混凝土楼板构造的整体性能与刚度较好，适合于抗震设防及整体性要求较高的建筑，以及有管道穿过楼板的房间（如厨房、卫生间等）、形状不规则或房间尺度不符合模数要求的房间。

2.7.3 存在的主要问题

(1) 相关材料研究滞后

目前我国保温结构一体化产品、一体板、地坪材料以及屋面材料的质量与被动房设计的要求还有一定的差距，结构自保温体系的性能还需提升，产品的成本过高，保障气密性的密封材料、地坪基础无机颜料、关键助剂还主要依赖进口。建筑材料的价格过高以及关键材料的质量性能缺陷制约了被动式超低能耗建筑的发展。

(2) 应用技术研究有待加强

在寒冷地区，PHI 认证的被动房要求屋面、外墙、楼板等围护结构的传热系数值要低于 0.15 W/(m^2 · K)，这个要求明显高于我国大多数先行标准。我国地域辽阔，气候多样，因此，必须科学合理地采用各类结构保温一体化体系。但是目前结构保温一体化体系研发多属于企业自主行为，使应用技术研发很难形成系统性、连贯性的链条式研发模式，使具有优势的科技成果缺乏核心竞争力，难以形成产业技术和规模经营。虽然这一技术体系在国内多个省市开展了验证性工程实践，但多数产品与应用技术的研发还停留在企业，未能在全国范围内建立有效的技术体系。

(3) 标准体系有待完善

我国的被动房正处于蓬勃发展的初期，标准体系有待健全，完整的评价指标体系尚未形成，大多数评价标准沿用传统建筑评价体系。目前，国内外基本都采用认证的模式来评价被动房建筑。那么，针对外围护结构，必然要有一整套完整的指标体系来评价各种技术要素是否得以实现。比如，保温材料应具有热工性能、强度性能、物理化学稳定性能等指标，还包括对外保温效果长效性和工程安全长效性的综合评价指标等。同时，我国地坪漆的检测方法及施工规程的标准很少，除《防静电工程技术规程》《防腐地坪施工规范》《建筑地面工程施工质量验收规范》外可参考的标准并不多；一体板标准体系还是空白，目前，一体板的设计、生产、施工和验收大部分还是参考薄抹灰体系相关标准。

(4) 认识有待提升

国内对隔汽层在节能设计中的作用认识较为欠缺。例如《屋面工程技术规范》(GB 50345—2012)对隔汽层的设置、技术指标都没有做出明确的规定。屋面工程构造设计中很少设置隔汽层或采用普通的防水材料作隔汽材料，严重影响了建筑性能的实现。同时，由于被动式超低能耗建筑的宣传和推广有所欠缺，许多投资商认为被动式超低能耗绿色建筑发展还比较遥远，建筑保温与结构一体化技术不如传统技术省事，性价比不高，导致推广效果不佳。

2.7.4 政策建议

(1) 开展关键技术的应用研究

引导现有建材企业利用现有产业基础、原料优势和市场资源等进入被动式超低能耗建筑领域。优先从成熟和适用的部品部件入手，重点提升围护部品的配套能力，发展被动式低能耗建筑配套产品。在钢结构配套部品部件领域，重点发展自保温轻质墙板体系，预制装配式楼面和屋面体系，焊接式钢筋桁架楼承板等结构部件；在预制混凝土结构配套部品部件领域，重点发展桁架钢筋混凝土叠合板、预制带肋底板混凝土叠合板、预应力混凝土叠合板、预制钢筋混凝土剪力墙、预制混凝土自保温外挂墙板、预制混凝土楼梯、预制阳台板、预制空调板、预制叠合梁等房屋建筑类预制部件；在围护隔墙部品领域，重点发展安全、节能环保、轻质高强的墙体与屋面材料、结构与保温装饰一体化复合装配式外墙板、保温隔声内墙板和集成墙面，发展满足建筑节能要求的装配式加气混凝土板、保温复合墙板、硅酸钙板等墙板。

(2) 建立和完善相关标准体系

针对被动式超低能耗建筑用的墙面、屋面和地面材料，编制被动式超低能耗建筑用材料的相关标准，特别是对于材料应用技术共性问题，包括产品标准、应用技术规程、评价指标体系等内容，统一立项，组织重点科研院所、高等院校和骨干企业等代表，联合攻关，做到难点热点技术成果全行业共享。

(3) 提升企业创新能力

支持企业提高自主创新能力，以企业技术创新为主体，引导和支持科研院所向企业集聚，以“技术合作服务”、“共建研究机构”、“创办科技企业”等形式，打造产业技术创新联盟、产学研合作基地和产业共性技术创新平台，加强理论研究和应用技术研究，力争在墙面、屋面和地面材料的生产工艺、技术装备上，有重大技术突破，部分接近或达到同期国际先进水平。

(4) 逐步开展示范推广

充分发挥示范项目的引领作用，开展被动式超低能耗建筑材料应用示范，制定生产应用联合体及示范企业试点示范申报、评审和验收等办法。以围护结构为重点，选择若干企业作为被动式超低能耗建筑围护结构推广应用示范企业(含生产应用联合体)，重点强化结构保温一体化、保温装饰一体化板、叠合楼板、屋面材料和地坪材料的应用。

(5) 加强信息技术的融合

推广智能化生产和BIM(建筑信息模型)技术应用，支持建材企业引进具有国际先进水平的生产线和设备，鼓励企业加快实施以工业机器人等智能化装备为主的自动化、智能化改造，提高部品部件制造精度。鼓励企业使用ERP(企业资源计划)和MES(制造执行系统)等信息化系统，优化生产控制、库存控制及物流、采购、分销管理，提高企业生产效率，降低企业运营成本。推广基于BIM技术的装配式建筑设计方式，在三维可视条件下建设标准化预制构件和部品数据库，开展模拟拼装、部品部件协调检查、工程量数据分析等，提高施工图设计精度和施工效率，降低企业生产成本。

(6) 开展宣传和培训

广泛宣传推广被动式超低能耗建筑示范企业的经验，充分发挥相关企事业单位、科研院所、联盟、相关协会的作用，开展被动式超低能耗建筑的技术经济政策解读和宣传贯彻活动。通过电视、报刊、网络等多种媒体，采用宣传手册、专家解读、典型案例等各种形式，普及被动式超低能耗建筑的相关知识，宣传发展被动式超低能耗建筑的经济效益、社会效益、环境效益和优越性，提高公众对被动式超低能耗建筑的认知度，营造各方共同关注、支持被动式超低能耗建筑发展的良好氛围。

2.8 新 能 源

2.8.1 地源热泵

2.8.1.1 概况

(1) 发展历程及特征

20 世纪 70 年代初期，石油危机的出现和环境的恶化，引发了人们对新能源的开发和利用，因而地源热泵以其节能的特点开始受到重视。这时，北欧一些国家的科技工作者开始了地源热泵的实际应用研究与开发，并得到了相关政府的大力支持。1974 年起，瑞士、荷兰和瑞典等国家政府资助的示范工程逐步建立起来，地源热泵生产技术逐步完善。从系统技术来说，此时的地下热传导体系大多数采用的是直接利用地下水热量的方式，要求地下水有一定的温度，而且技术相对粗糙，甚至没有回灌井。20 世纪 70 年代后期，瑞典科学家开始研究地下开放式的循环采热系统。

20 世纪 80 年代是地源热泵技术飞速发展期。这个时期，美国的地源热泵生产厂家十分活跃，成立了全国地源热泵生产商联合会，并逐步完善了安装工程网络，此时美国的地源热泵生产和推广速度很快，技术突飞猛进，成为世界上地源热泵生产和使用的头号大国。与此同时，欧洲国家(以瑞士、瑞典和奥地利等国家为代表)也在大力推广地源热泵供暖和制冷技术，政府采取了相应的补贴政策和保护政策，使得地源热泵生产和使用范围迅速扩大。更多的科学家致力于地下系统的研究，努力提高热吸收和热传导效率，同时越来越重视环境问题。

20 世纪 90 年代以来，欧美国家的科技工作者共同对地源热泵有关的环境问题开展了广泛和深入的研究。1995 年的国际地热学术会上，英国学者 Curtis 代表国际地热组织发表了一篇关于应用土壤源热泵系统的调查报告，其中总结性的结论为：土壤源热泵系统是世界能源市场的成熟技术之一，与现存的用电供热/制冷技术相比具有稳定性能好、可靠性高、花费更少的优势；土壤源热泵系统经济上与燃油和燃气锅炉不相上下；如果考虑到环境效益、能源保障和长期利用，土壤源热泵系统是最好、技术含量最高的用电供热/制冷的替代产品。

20 世纪 80 年代，我国地源热泵研究进入起步阶段；2002 年，世界第七次热泵大会在北京召开；21 世纪初，地源热泵得到逐步推广，地源热泵的研究也引起专家学者的广泛关注，论文、专利数量屡创新高，但初期投资高、技术复杂等问题让众多开发商不愿使用；从2005年开始，在国家政策的推动下，地源热泵开始在建筑项目上得到大量应用。经过10年的发展，我国涌现了一批从事地源热泵勘察、设计、施工的单位。近年来地源热泵技术得到了快速的发展。

(2) 产业规模及市场规模预测

目前我国地源热泵的从业企业已从最初的寥寥数家增加到数千家，应用地域已从北京、沈阳等试点城市扩大到天津、河北、辽宁、江苏、上海等众多地区或城市。从装机容量来看，全国地源热泵的装机容量已从1995年的0.8 MW上升到2017年的2万MW，增长2.5万倍；从装机容量占全球总量的比重来看，我国地源热泵的装机容量占全球总量的比重已从1995年的0.04%上升到2015年的23.61%。

近两年，水地源热泵在中国市场的走势逐渐回落，2019年水地源热泵在中国市场的占有率再一次下滑。从整体来看，水地源热泵延续2018年的“降温”，市场份额持续缩水，有沦为边缘化产品的可能。与2018年同期相比，2019年水地源热泵市场下滑10.85%(图2.27)。

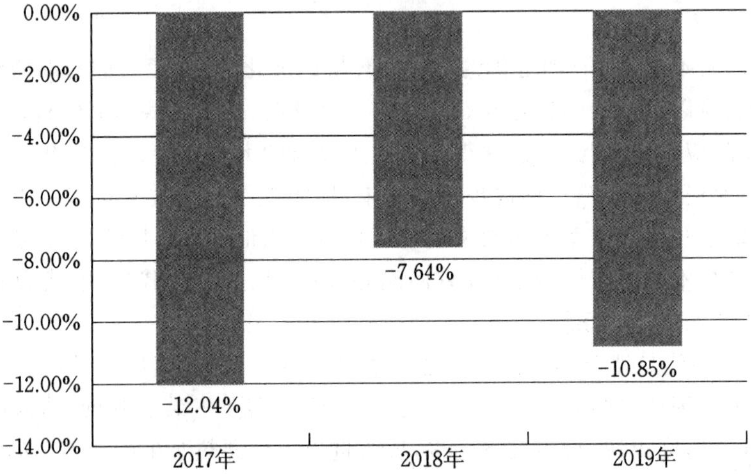

图2.27　2017—2019年水地源热泵市场走势

(3) 产业结构及区域分布

全球范围内的地源热泵在建筑中的应用主要集中在北美、欧洲和中国。我国严寒、寒冷地区主要以应用地下水源热泵和土壤源热泵为主，夏热冬冷地区主要以应用土壤源热泵和地表水源热泵为主，土壤源热泵系统全年系统能效比COP(制冷/制热效率即热泵系统所能实现的制冷/制热量和输入功率的比值)平均水平在各个气候区差异较大。

从区域格局来看，水地源热泵市场在国内的发展呈现明显的区域性。水地源热泵在北方地区使用较广，华东、华北地区是主力市场，占有率分别为21.50%、38.30%(图2.28)。华中地区相对比较稳定，而在东南部地区，地源热泵技术的应用较少；从地源热泵种类来说，我国主要以水源热泵为主，水源热泵占地源热泵使用量的54.59%，而且形式多样，地下水源、地表水源等都有应用。

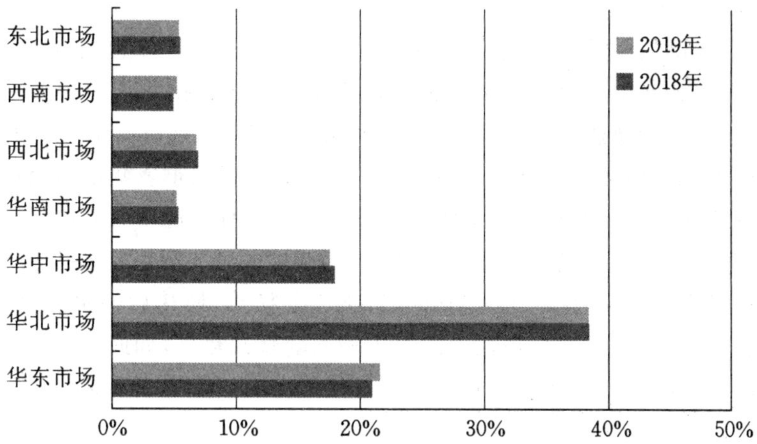

图 2.28 2018—2019 年水地源热泵各大区域市场占有率

(4) 国内外重点发展技术及先进技术性能指标对比分析

瑞典斯堪斯卡公司研制和建造出了与被动房配套的、能效比(COP)高达 75 的地源热泵,震惊了所有考察团的专业人士。国内的地源热泵能效比最高也就是 8 左右,一般都在 3～5之间;北欧地区一般都在广泛使用地源热泵技术,值得我们深入研究和借鉴。瑞典的"明日之城"是迄今为止欧洲最大规模的绿色住宅示范区。"明日之城"实现了 1000 多户住宅单元 100%依靠可再生能源,是瑞典可持续发展的一个成功案例。

为了满足地源热泵行业快速发展的需求,大量新技术应运而生,值得推广。

① 水热型地热资源的梯级利用

一般来说,高于 150 ℃的高温地热资源,可开采流体多属于蒸汽型,分布区域有限,主要用于发电。我国大部分地区易开采的地热资源都是低于 150 ℃的中低温地热资源,可开采流体属于水热型,多用于供暖、温泉洗浴。对于在封闭管路中循环的地热水,在被提取热量后,通常要回灌至地下,以保证地热资源的循环利用。而一些品质优良的地热水资源温度较高,在经首次提取热量后,仍有较高的水温(40～50 ℃,甚至更高),其中还有较多的热量,这种地热尾水如果直接回灌至地下,则是浪费能源。因此,对于这种品质较好的地热尾水,最佳的做法就是,通过热泵系统对其再次或多次提取热量,将水温降至 20～30 ℃后再进行回灌。这种做法称为地热水的梯级利用。地热水的梯级利用有两大优点:一方面,提高了地热资源的利用率,使得单位水量供能量增大,系统效率提升;另一方面,使地热水用途更加广泛。因此,对高品质地热水实行梯级利用是值得大力推广的一种好方式。

② 热泵技术+干热型地热资源

干热型地热资源的特点是地下热层温度较高但无可开采流体。要开采这样的地热资源,我们需采用新方法:从地上输水至地下热层进行充分换热,然后将热水抽取至地面,用热泵提取热水中的热量,取热后的尾水再输送至地下热层换热,如此循环。这样做的好处是,充分利用区域地热资源,在水资源缺乏的地区,只要热储量足够,即可开采地热,并且不存在回灌和地下水资源量受限等问题。目前,我国很多地区正在尝试这种新方法,也有部分项目采用且效果良好。

③ 新型地埋管换热器

传统地埋管地源热泵系统的地下换热器采用单 U 形 HDPE 管或双 U 形 HDPE 管。地下换热器埋深多在几十米至 150 m 之间。由于单个换热孔换热能力有限，一般一个地源热泵项目需建设地埋管换热孔少则几十个，多则几千个甚至上万个。按换热孔间距 4～5 m 计算，如此多的地埋管换热孔占地面积也很大。尤其是在建筑群密集的城市中，可用土地面积极为有限，则不能采用传统地埋管地源热泵系统。在这种状况下，国内一些研究者提出了一种新型地埋管换热器——同心套管换热器。其基本原理是换热介质水从套管夹层中进入，夹层管道中设有螺旋纹，保证了水与管外岩土充分换热，换热后的水从套管底部内管中被抽取上来，进入热泵机组换热，换热后的水再输回套管换热器，如此循环。通过试验证明，相同地埋管埋深条件下，同心套管换热器的单个换热孔换热能力明显提升，有效减少了地埋管换热孔的数量。

另外，还有一些新的尝试值得我们肯定，如我国北方寒冷地区浅地层岩土温度较低，其中的热量不能够满足建筑供暖需求，一些研究者便尝试突破浅层地热能 200 m 的限制，从 400～500 m 甚至更深层的地下岩土中寻求更多的热量源。再如一些大型地表水水源热泵项目也在推进实施，江、河、湖、海水皆可用，等等。为了顺应时代的发展，我们的研究者们正夜以继日地加快技术创新步伐，创新思路，做出前所未有的大胆尝试，推动我们的产业向前发展。

此外，地埋管换热器的性能对土壤源热泵的运行效果有着较大影响。相关研究主要从计算模型及工程实际应用两个方面来分析，以挖掘强化传热的潜力，探索提高地埋管换热器能量采集率的方法和措施。

在工程应用方面，应研究土壤源热泵、地下水源热泵、地表水源热泵在节能 75%的居住建筑和节能 65%的公共建筑中的贡献率，确定地源热泵在低能耗居住建筑中最佳贡献率的优化方法，并对不同地源热泵类型的成本进行对比分析，研究不同地源热泵类型在不同气候区、不同建筑类型中的最佳贡献率。

(5) 主导企业

从品牌格局来看，克莱门特作为水地源热泵销量最高的生产厂家，在水地源热泵市场占据首要地位。美意、江森自控约克、麦克维尔、开利、顿汉布什、天加等美系品牌紧随其后(图 2.29)。

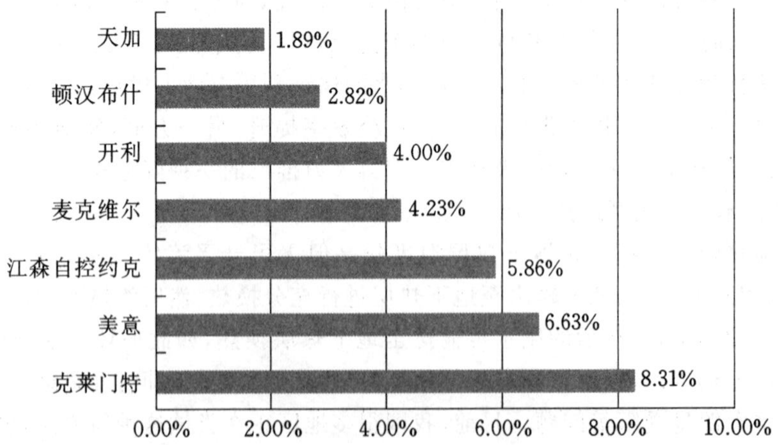

图 2.29　2019 年水地源热泵主要品牌市场占有率对比

2.8.1.2 产业政策

2017 年 1 月，国家发展改革委、国家能源局、国土资源部联合发布了《地热能开发利用“十三五”规划》。这是地热行业发展首次被纳入全国国民经济和社会发展规划。规划中提出，“十三五”时期，新增地热能供暖(制冷)面积 11 亿平方米，其中：新增浅层地热能供暖(制冷)面积 7 亿平方米；新增水热型地热供暖面积 4 亿平方米。新增地热发电装机容量 500 MW。到 2020 年，地热供暖(制冷)面积累计达到 16 亿平方米，地热发电装机容量约 530 MW，并将这些具体指标分解到各个省市。

2017 年 2 月，北京市人民政府办公厅印发了《2017 年北京市农村地区村庄冬季清洁取暖工作方案》等，北京市各区也出台了很多相关政策，这一系列鼓励地源热泵发展的规划和政策相继出台，都将促进地源热泵系统的快速发展。

2017 年 12 月，国家发展改革委、能源局、财政部、环境保护部等 10 部门联合印发了《北方地区冬季清洁取暖规划(2017—2021 年)》，旨在提高北方地区取暖清洁化水平，减少大气污染物排放。污染防治的重点区域是京津冀“2＋26”个重点城市。《北方地区冬季清洁取暖规划(2017—2021 年)》中提出，到 2019 年，北方地区清洁取暖率达到 50％，替代散烧煤(含低效小锅炉用煤)7400 万吨。到 2021 年，北方地区清洁取暖率达到 70％，替代散烧煤(含低效小锅炉用煤)1.5 亿吨。其中，地热供暖面积 2016 年底为 5 亿平方米，至 2021 年将增长到 10 亿平方米。

2021 年 10 月国务院发布的《2030 年前碳达峰行动方案》提出，要探索深化地热能以及波浪能、潮流能、温差能等海洋新能源开发利用，进一步为地热能开发利用高质量发展提供了坚强的政策保障。

截至 2021 年，北京市已实现光伏发电总装机规模由 2012 年的 5 万千瓦增长到 2021 年的 75 万千瓦左右，热泵供热总面积由 2012 年的 0.4 亿平方米增长到 2021 年的 1.01 亿平方米。冬奥场馆实现 100％绿色电力覆盖，城市副中心行政办公区可再生能源占比达 40％。北京市生态环境局和北京市发展改革委发布的《北京市“十四五”时期应对气候变化和节能规划》提出，2025 年全市可再生能源比重达到 14.4％以上，大力发展地热及热泵、太阳能、储能蓄热等清洁供热模式，2025 年全市可再生能源供热面积占比达到 10％以上。

2.8.1.3 存在的问题

(1) 管理空白区

近年来，中深层干热型地热资源兴起，各地也在积极、大胆尝试应用，但国内绝大部分地区对这种取热不取水的新型地热资源没有设立相应的管理部门。而如何使其被合理合法地应用，如何组织部门分工发展、跟进，以及出现问题如何追责等问题都需要成立相应的管理部门来形成解决方案。

(2) 地源热泵施工质量及监管问题

地源热泵技术复杂程度高，专业性强且应用时间短(仅 10 年)。目前，相关行业还缺乏统一的执行标准和科学评价体系。加上大量设备制造企业和工程承包商急速涌入，施工团队技术准备和人才储备都不充分，使得部分工程项目的建设质量得不到有效保障。

目前，地埋管地源热泵系统的施工有相关的技术规范和标准，但在实际工程项目中，地埋管地下施工的监督管理却未有效进行，质量控制存在缺失环节。项目建成后，地下埋管属于隐蔽工程，无法检验、查看，若不加强施工监管，就会出现“豆腐渣”工程。

(3) 一次性投资费用过高

采用地源热泵空调系统的建筑初投资较高，这是由技术本身所决定的。单体型住宅每平方米费用增加400元左右，在节约空调年运行费用30%～40%的基础上，经过投资回收期分析，地源热泵空调系统投资回收期为6～8年，相对于一般投资来说，投资回收期较长。

(4) 使用寿命有待考证

地源热泵系统机组的设计寿命为30年，地埋管换热器的设计寿命为50年。但地源热泵技术在20世纪60年代由美国首次提出后，整体发展不长，对地源热泵真实的使用寿命还需要更多的时间验证。同时地埋管意外损坏以及寿命期以后的维修工作较为困难，要考虑重新安装的问题，比较麻烦。

(5) 不适合改造项目

地源热泵工程需要较大面积做预埋管道，已有建筑很难有充足的场地进行地埋管埋设，即使附近有地下水或者河流，也会受到当地环境保护的限制。

2.8.1.4 对策及建议

① 对地埋管进行优化设计。改进设计和安装的方法来最小化地埋管的长度，并采用合理的埋管方式，降低地源热泵的初始投资，提高系统的稳定性和经济性。

② 加大政策激励力度。地方政府可以提供各种鼓励补助政策，比如财政补贴、降低贷款利率、延长还款时间等，降低地源热泵的初期投资费用。

③ 完善行业规范。建议政府尽快完善相关法规，制定行业统一标准，相关部门对地源热泵设计、运行、验收过程中从业人员的资质进行审核，同时加强对相关从业人员专业知识的培训。

④ 加强可行性分析。地源热泵前期地质勘探信息需要得到重视，通过计算确定该地区地源热泵最大功率能否满足设计要求。同时针对改造项目，要收集场地大量信息来确定安装地源热泵系统的可行性，不能盲目跟风。

2.8.2 空气源热泵

2.8.2.1 概述

(1) 发展历程

热泵采用的是逆卡诺原理，而既然有逆卡诺原理，那么肯定有卡诺原理的。1824年，法国科学家卡诺(Sadi Karnot)发表卡诺循环理论，成为热泵技术的起源。1850年英国科学家开尔文(L.Kelvin)提出将逆卡诺循环用于加热的热泵设想。这就是如今空调和热泵的工作理论源头。

之后的几十年，空气能热泵虽然经过大量研究，但是由于当时的能源充足，人们并未认识到这项技术的重要性。直到二战之后，全世界的大环境趋向稳定，人民的生活水平大幅度提高，各项能耗也越来越大，专家预计，在21世纪50年代左右，全世界的石油、煤炭等资源都将陷入枯竭，必须大力发展节能以及新能源产品。

正是在这种情况下，热泵以其回收低温废热、节约能源的特点，经过改进而登上历史舞台，受到人们的青睐。

热泵产品其实早已在欧美发达国家大量普及了。美国1977年的产量为50万套/年，而1998年美国的调查数据显示，美国约有30%的热水供应设备采用空气能热水机组，自2001年起美国每年安装40万台空气能热水器，并以每年10%的速度递增。

而在我国，空气能热泵产品约在2002年进入南方市场，由于它超级节能和全天候的特点而被迅速普及到酒店、校园、工厂、体育馆等企事业单位的日常供水设施中，但是就整体而言，空气能热泵产品的社会认知度还比较低。

直到2008年5月，国家标准《商业或工业用及类似用途的热泵热水机》(GB/T 21362—2008)颁布施行，空气能热水器才得到了国家政策的支持与认可，达到了较大的发展。2016年1月，《北京市人民政府2016年政府工作报告》中，市长王安顺提出：重点治理农村散煤，实施400个村煤改清洁能源，完成3000吨左右燃煤锅炉清洁能源改造。这标志着2016年"煤改电"工程全面启动，截至8月底，招标工作已经全部完成。共计13个区县招标，入围企业70家，空气源热泵安装数量约13.7万套，市场规模约33亿元。在"煤改电"市场扩容的影响下，2016年上半年的热泵热水市场表现优于2015年同期，2016年上半年累计销量同比增长8.7%。

(2) 产业规模及市场规模预测

根据节能协会热泵专业委员会(CHPA)数据显示，2018年，我国空气源热泵压缩机总销售量为329.9万台，同比增长13.5%，其中转子式热泵压缩机销售253.3万台，涡旋式热泵压缩机销售76.6万台。由于河南、河北、山东等地煤改电低补贴的带动，户式风机(采暖风机)兴起，并带动了上游转子式热泵压缩机的销售。而北京、天津地区煤改电规模缩减，户式水机大幅滑落，导致涡旋式热泵压缩机销量出现14.4%的下滑。

而从内外销角度来看，2018年，空气源热泵行业内外销需求变动存在差异化，其中国内销售额规模为155.5亿元，同比下滑9.2%；而出口额为15.1亿元，同比增长了9.4%。

2018年，除中国外，其他国家空气源热泵市场规模达到98.22万台，同比增长10%。全球主要市场集中在中国、日本和欧洲各国，分别占全球市场的56.6%、21%和16.3%。

2019年空气源热泵市场迎来"后煤改电"时代，在热泵热水、热泵采暖以及热泵烘干三类主要应用市场中，市场潜力持续释放。此外，进入2019年后，热泵两联供和南方采暖渐趋火热，呼声甚高，同时相关热泵能效标准以及法律法规不断完善，再加上行业的联合推动，空气源热泵行业的未来可期。

空气源热泵行业未来发展潜力巨大，在生活热水、供暖和工农业烘干中的应用前景良好，未来5年空气能热泵行业将处于高速发展期，行业市场规模保持10%的增长速度，至2024年将达到380亿元。

(3) 产业结构及区域分布

《中国空气源热泵行业户式采暖年度研究报告》数据显示，2018年户式两联供国内销售额达11.26亿元，同比增长39.9%；内销量达8.61万台，同比增长53.4%。2018年，户式两联供产品较其他产品线相比呈现较好的增长势头。与此同时，其产品均价有所下滑，主要源于北方零售的大幅增长，该区域终端市场对价格相对敏感，导致整体均价下调。

由此可见，终端消费者的区域分布、收入高低等因素，也会影响户式两联供产品在不同区域的推进。2018年，户式两联供产品主要集中在华东、华北区域，其次，华中与西南市场表现良好。

华东区域2018年同比增长35.7%，市场规模达到4.69亿元。华东地区户式两联供产品主要分布在江苏、浙江、山东，其中江苏达到了近三分之一的份额。由于目前户式两联供主要以改造项目为主，配套比例相对较小，主要集中运用于别墅建筑，因此销售主要集中在二三线城市。因而华东区域作为空调企业与外资水机品牌的大本营，在传统产品零售市场低迷的背景下，通过两联供产品的推进为整体利润带来一定的增长。

华中市场2018年内销售额达1.49亿元，同比增长21.1%。该区域以湖南省和湖北省为主力军，均呈现较好的增长势头，河南省由于煤改电政策的影响需求相对较弱。湖南、湖北地区的供暖意识都处于培育阶段，且空气源热泵企业的渠道建设相对完善，在户式两联供零售方面的可开发空间相对较大。

西南区域全年户式两联供销售额仅为1.44亿元，同比增长23.1%。当地主要以燃气、太阳能等能源为主。细分省市来看，四川省销售市场占据较大的比例。虽然户式两联供产品受关注度小，但是在当地建筑节能政策的推广下，空气源热泵两联供产品兼具冷暖的特点，更适应当地气候以及政策的需求。

2018年北方地区户式两联供的销售规模达2.69亿元，同比增速达到92.9%，远超于其他区域的增长水平。究其原因，一方面得益于近几年热泵企业渠道建设的成果，另一方面源于户水煤改电的大幅缩减导致企业压货，因此急需通过零售市场释放。但从长期增长的稳定性来看，北方地区不及华东与华中区域。

2018年，随着清洁取暖试点城市和区域的扩大，在河北、山东、山西等地区也有越来越多原本从事燃煤锅炉、燃气锅炉、太阳能产品的企业开始转产空气源热泵产品，进入热泵行业。目前，我国空气源热泵行业中，专门从事空气源热泵产品研发制造的企业占比约为30%，而从制冷空调领域跨行进入空气源热泵行业的企业数量占比约为32%，从太阳能光热和电热水器产品制造领域跨行进入空气源热泵行业的企业数量分别占比18%和12%。

(4) 国内外先进技术性能指标对比分析

清华大学石文星[19]等提出了一种适用于寒冷地区的双级压缩变频空气源热泵系统。此系统优先采用了效率、制热量双控制的模式，并加入了变频技术，使热泵系统能更好地适用于各种工况，提高了热泵的性能和制热量。此后田长青[19]等人把变频技术与双级压缩更有效地结合在一起，但却发现在实际应用中缺少合理的输气比以及无法准确确定最佳中间压力，之后他们对双级压缩系统的研究基本都是基于此类问题进行的。王林、陈光明[20]等人设计了新型的空气源热泵系统(单双级混合系统)，以冬季运行工况为例，通过控制阀门来对高低温环路进行切换来提高空气源热泵的制热量。为提高空气源热泵在低温下的可适用性，早在20世纪60年代有关研究人员就提出使空气源热泵与其他能源相互利用来提高空气源热泵的运行效率。

日本有学者研究出了带闪发器的涡旋压缩机注气系统，该热泵系统可在低温工况下提高机组的制热性能[21]。也有学者提出采用带喷液旁路的涡旋压缩机系统来解决在低温环境制热时系统排气温度过高的问题，该系统被应用于 Hitachi 公司推出的 J 系列热泵空调机组中，经过实际测试可证明该系统在−15 ℃以上的条件下能正常运行[22]。此外，有学者提出利用燃油、燃气燃烧器辅助加热的热泵空调器来解决低温工况下制热不足等问题，但在建筑行业中燃油、燃气系统要配备精良的储油罐以及专用的运输道路，这样就对消防和市政管网运输提出了更高的要求[23]。

相对于其他国家，空气源热泵在欧洲等国家的应用更为广泛，且更符合欧洲国家的能源现状。欧洲空气源热泵的发展主要以提高能效、减小机组以及多类型能源应用为主。有学者搭建了双级、并联且带制冷剂旁通调节装置的热泵样机，在模拟运行中发现，该样机在−25 ℃的条件下仍可以稳定运行，且研究发现带经济器的双级压缩系统与单双级混合系统表现相近，均比带有中间冷却器的双级压缩系统运行稳定[24]。空气源热泵在低温环境下运行的问题同样是北欧国家关注的热点，其中常见的问题有：低温热泵的功率输出远不及热负荷需求、低温环境下压缩机排气温度过高、在正常环境条件下低温空气源热泵的运行效率不及传统空气源热泵等。

(5) 重点发展技术及产品

国内外对于空气源热泵机组本身的研究主要致力于提升名义工况下空气源热泵性能参数，并已收到显著成效。但实际运行中，尤其是在低温高湿环境下运行，机组频繁结霜、误除霜、运行不稳定、能效低等技术问题，影响了空气源热泵供暖的实际运行效果，限制了空气源热泵在低温高湿环境下的应用与推广。针对这些技术问题，由中国建筑科学研究院牵头负责的国家重点研发计划“藏区、西北及高原地区利用可再生能源采暖空调新技术”项目对“有效抑霜”、“高效控霜”技术进行了研究，并研发了新型空气源热泵热风机。

① 抑霜控霜技术

北京工业大学[25,26]等研究机构，依据“配比系数”概念，分析了基于机组主件配比的抑霜机理，并理论推导了机组配比系数学模型；初步建立了配比系数和换热温差的关系，在人工环境室标准结霜工况下，通过探究变频机组不同压缩机频率和风机风量下的结除霜性，揭示了在不同的配比下机组结除霜性能差异及换热温差变化规律，并基于贵州省空气源热泵节能示范工程进行了实测研究，探究了基于机组主件配比的抑霜优化配置方案的可行性。

② 新型高效空气源热泵热风机

近些年，随着空气源热泵的技术发展，已有大量厂家生产出专用于供暖的低温空气源热泵热风机。通过双级压缩、喷气增焓等技术提高了机组部分负荷适用性和低温制热能力，可实现在名义工况(−12 ℃ /−14 ℃)下 COP 不低于 2.3，在−25 ℃也能可靠运行。同时，通过对室内末端送风方式进行优化，改为下送风，提高了冬季室内舒适度。

(6) 主导企业

空气源热泵的核心零部件为压缩机，压缩机产品的成本约占整机成本的 1/3～1/2。目前，提供压缩机产品的主要企业有艾默生电气公司、丹佛斯集团、松下万宝压缩机有限公司、三菱集团、上海海立(集团)股份有限公司、美芝制冷设备制造公司等。

2019 年我国空气能热泵十大品牌企业：浙江中广电器集团股份有限公司、东莞市格美节能设备有限公司、广东芬尼克兹节能设备有限公司、广东纽恩泰新能源科技发展有限公司、厦门中同能源科技有限公司、广州中誉电器有限公司、广东华天成新能源科技股份有限公司、广东米特拉电器科技有限公司、广州春光新能源科技发展有限公司、浙江正理生能科技有限公司。

2.8.2.2 产业政策

由于空气源热泵有优异的节能减排效果，在节能减排、保护环境的要求日益迫切的背景下，政府从节能、大气污染防治、可再生能源利用等角度，都积极推出一些对于空气源热泵技术应用的鼓励政策(表 2.65)。

表 2.65 中国空气源热泵行业发展主要政策汇总

时间	政策	主要内容
2013 年 9 月	《大气污染防治行动计划》	鼓励空气源热泵的应用，指出新建建筑要严格执行强制性节能标准，推广使用太阳能热水系统、地源热泵、空气源热泵、光伏建筑一体化和热电冷三联供等技术和装备
2016 年 1 月	《关于推进公共机构节约能源资源促进生态文明建设的实施意见》	推进既有建筑节能改造，实施供热、空调等既有设施设备节能改造。实施燃煤锅炉节能环保综合提升工程，加快淘汰小型分散燃煤锅炉，减少燃煤消耗，积极推广应用节能环保新技术、新材料、新产品以及热泵等可再生能源
2016 年 2 月	《关于推进"互联网＋"智慧能源发展的指导意见》	鼓励用户侧建设冷热电三联供、热泵、工业余热余压利用等综合能源利用基础设施，推动分布式可再生能源与天然气分布式能源协同发展，提高分布式可再生能源综合利用水平
2016 年 4 月	能源技术革命创新行动计划(2016—2030 年)	能源自主创新能力大幅提升，一批关键技术取得重大突破：到 2030 年，建成与国情相适应的、完善的能源技术创新体系，能源自主创新能力全面提升。研发高效能热泵、磁悬浮变频离心式中央空调机组、温湿度独立控制空调系统、排风余热与制冷机组冷凝热回收等主动型建筑节能技术
2016 年 5 月	《关于推进电能替代的指导意见》	在居民采暖领域，燃气(热力)管网覆盖范围以外的学校、商场、办公楼等热负荷不连续的公共建筑，大力推广用热泵、分散电采暖替代燃煤采暖，在燃气(热力)管网无法达到的老旧城区、城乡结合部或生态要求较高区城的居民住宅，推广热泵、分散电采暖
2016 年 6 月	《中国制造 2025——能源装备实施方案》	围绕推动能源革命总体工作部署，突破一批能源清洁低碳和安全高效发展的关键技术装备并开展示范应用，制约性或瓶颈性装备和零部件实现批量化生产和应用，有力保障能源安全供给和助推能源生产消费革命

续表2.65

时间	政策	主要内容
2017年5月	《全国城市市政基础设施建设“十三五”规划》	稳步推进电能替代。推广热泵、电采暖等新型用能方式，大力发展热电联产集中供热和电能、可再生能源等清洁能源供热，对集中供热管网暂未覆盖的分散采暖燃煤小锅炉，实施因地制宜地采用电能、热泵及其他清洁能源供热方式进行热源替代
2018年7月	《打赢蓝天保卫战三年行动计划》	有效推进北方地区清洁取暖。坚持从实际出发，宜电则电、宜气则气、宜煤则煤、宜热则热，确保北方地区群众安全取暖过冬。推进既有居住建筑节能改造，重点推动北方采暖地区有改造价值的城镇居住建筑节能改造，鼓励开展农村住房节能改造

2.8.2.3 存在的问题

我国空气源热泵发展存在以下几个问题：

① 空气源热泵的核心部件(压缩机)的国产技术较为落后。

② 目前仍有众多热泵热水器及时加热效果差、没有解决好化霜的问题，在进入冬季之后出现结霜现象。同时会出现当需要的热量比较大时，空气源热泵的制热量不足；空气源热泵在寒冷地区应用的可靠性差；在低温环境下，空气源热泵的能效比会急速下降等问题。

③ 目前我国热泵产业很多企业是“半路出家”，由家电企业或者太阳能企业等其他类型转型而来，所以产品质量参差不齐、专业技术人员短缺是目前热泵产业的一个普遍现象。

④ 公众对空气源热泵的认知不足。

2.8.2.4 对策建议

① 企业加大与高校等科研单位的合作研究，对压缩机的核心技术进行开发，使中国的空气源热泵实现“质”的提升。

② 提高市场准入门槛，倒逼行业从工艺、材料、技术等方面提升热泵的性能。

③ 在有条件应用的行业、地区、单位推广使用空气源热泵技术。当前主要应推广空气源热泵与地板辐射采暖相结合的采暖方式和单位与民用的空气源热泵热水系统。

④ 借助公共媒体的力量大力推介空气源热泵技术，使公众了解空气源热泵在节能环保方面的优越性，避免偏见，提升市场接纳度。

2.8.3 太阳能光伏

2.8.3.1 概述

被动房在设计时会不断降低能源的消耗，同时采用清洁能源作为节能建筑的唯一能源。因此，太阳能建筑一体化这个概念就诞生了。光伏系统与太阳能的结合方式一般分为两种：一是对现有的建筑用光伏系统进行改造，使其成为以太阳能供电的建筑(即光伏系统依附于建筑物)，这种称为BAPV系统；另一种是将光伏组件作为建材，在建筑物的建造之初就将光伏组件融入建筑物(即光伏组件与建筑的一体化集成设计)，这种系统也可称为BIPV

系统。

（1）发展历程

光伏被定义为射线能量的直接转换。在实际应用中通常指太阳能向电能的转换，即太阳能光伏。它的实现方式主要是通过利用硅等半导体材料所制成的太阳能电板，利用光照产生直流电，比如我们日常生活中随处可见的太阳能电池。

光伏技术具备很多优势：没有任何机械运转部件；除了日照外，不需其他任何“燃料”，在太阳光直射和斜射情况下都可以工作；站址的选择也十分灵活，城市中的楼顶、空地都可以被应用。自1958年起，太阳能光伏效应以太阳能电池的形式在空间卫星的供能领域首次得到应用。时至今日，小至自动停车计费器的供能、屋顶太阳能板，大至面积广阔的太阳能发电中心，光伏技术在发电领域的应用已经遍及全球。

1958年，中国研制出了首块硅单晶。

1968年至1969年底，半导体所承担了为“实践1号卫星”研制和生产硅太阳能电池板的任务。在研究中，研究人员发现，P+/N型硅单片太阳电池在空间中运行时会遭遇电子辐射，造成电池衰减，使电池无法长时间在空间运行。

1969年，半导体所停止了硅太阳电池研发，随后，天津18所为东方红二号、三号、四号系列地球同步轨道卫星研制生产了太阳电池阵。

1975年，宁波、开封等地先后成立了太阳电池厂。

1998年，中国政府开始关注太阳能发电，拟建第一套3 MW多晶硅电池及应用系统示范项目，这个消息让现在的天威英利新能源有限公司的董事长苗连生看到了一线曙光，他成为中国太阳能产业第一个“吃螃蟹”的人。

2001年，无锡尚德太阳能电力有限公司的10 MW（兆瓦）太阳电池生产线获得成功。2002年9月，尚德第一条10 MW太阳电池生产线正式投产，产能相当于此前四年全国太阳电池产量的总和，一举将我国光伏产业与国际光伏产业的差距缩短了15年。

2003—2005年，在欧洲特别是德国市场拉动下，尚德和英利集团持续扩产，其他多家企业纷纷建立太阳电池生产线，使我国太阳电池的生产量迅速增长。

2004年，洛阳单晶硅有限责任公司与中国有色工程设计研究总院共同组建的洛阳中硅高科技有限公司自主研发出了12对棒节能型多晶硅还原炉，以此为基础，2005年，国内第一个300吨多晶硅生产项目建成投产，从而拉开了中国多晶硅大发展的序幕。

2007年，中国成为生产太阳电池最多的国家，产量从2006年的400 MW一跃达到1088 MW。

2015年的前三季度，我国光伏制造业总产值已超2000亿元。其中，多晶硅产量约为10.5万吨，同比增长20%；硅片产量约为68亿片，同比增长10%以上；电池片产量约为28 GW，同比增长10%以上；组件产量约为31 GW，同比增长26.4%。光伏企业盈利情况得到明显好转。2015年的前三季度，我国光伏产品进出口、下游电站建设、企业盈利等领域全面向好，其中，硅片、电池片、组件等主要光伏产品出口额达到100亿美元。光伏新增装机约10.5 GW，同比增长177%，其中地面电站约为6.5 GW。

（2）产业规模及市场规模预测

从建筑资源方面来看，虽然我国BIPV市场的发展稍落后于欧洲，但我国的太阳能光照资源是优于欧洲的。根据相关数据报道，我国2020年城市建筑面积322.33亿平方米，光伏可安装面积总量达32.07亿平方米，在建筑资源方面BIPV发展空间充裕。

据兴业证券预测，BIPV行业2025年市场规模将超1000亿元。

传统的分布式光伏电站建设以在建筑屋顶安装光伏组件产品为主。据中国光伏行业协会统计，目前的分布式光伏项目中，光伏＋建筑占比达到80%。

分布式光伏项目大多采用BAPV（普通型光伏组件）形式，其占用面积较大，使得建筑物美观度受到影响，所以新的光伏建筑一体化BIPV（建材型光伏组件）形式被提出，即通过将光伏组件和建筑集成后成为不可分割的建筑构件，代替部分建筑材料进行使用。

目前我国BIPV的普及程度仍较低，整体市场规模约为50亿元。而基于未来中国建筑业新增面积较为稳定的假设进行测算，到2025年中国BIPV的市场规模将达到583.1亿元，5年复合增长率将达40.39%。

近年来，利用空置的工商业屋顶建设分布式光伏电站成了越来越多工商业主的一致选择。根据国家统计局数据和中国建筑科学研究院测算，我国目前既有建筑面积约800亿平方米，同时目前市场上每年将新增近1亿平方米的采光瓦屋顶。

(3) 产业结构及区域分布

由于相关光伏产品的制造业快速崛起，以及产品类型、应用场景的多元化，光伏行业的产业结构将被重构，形成多个形态迥异但相互关联的结构体系，极有可能出现独立、专业的工业设计公司进入产业结构体系，提供定制设计。

目前我国光伏产业发展的区域分布：以西部光照与资源优势发展的多晶硅及光伏电站集群，代表地区：青海、内蒙古、宁夏、陕西；以西南电力及科研院所优势发展的多晶硅产业集聚区，代表地区：四川；以华中华北人才与科研优势发展的组件及设备集群，代表地区：河北、河南、湖南；以东部技术、资金及配套优势发展的光伏全产业链集群，代表地区：江苏、江西。

在光伏发电的两大主要应用模式中，分布式光伏发电近年来发展迅速，对于我国这种地域广阔、经济发展程度不同、资源分布不均的国家而言，发展分布式光伏更具实际意义。当前，集中式电站大多分布于水力和煤炭资源丰富的西部地区，分布式电站则分布于工商业和社会经济更为发达的中东部地区。

(4) 国内外先进技术性能指标对比分析

在海外，BIPV的研发和业务拓展有着新进展。从国外企业动向来看，特斯拉对BIPV业务非常积极。2008年，特斯拉便布局太阳能屋顶业务。2019年10月，特斯拉推出第三代BIPV住宅屋顶系统Solar Roof V3，每套成本约3.4万美元，按照加州平均电价测算，特斯拉太阳能屋顶V3标准项目回收期为11年。

Solar Roof V3首次大规模量产光伏屋顶产品，该产品将光伏电池嵌入钢化玻璃中，实现光伏建筑一体化。2020年，特斯拉的BIPV业务已在中国市场正式开启。

德国太阳能电池板制造商Sonnenstromfabrik已经开发出三种版本的双玻单晶光伏组件，该组件可以针对高透明度进行优化。该公司表示，透明的特性使面板适合阳台、藤架、遮阳篷、车库、游泳池、大厅和立面。其输出功率为160～280 W，效率为9.5%～16.7%。

Sonnenstromfabrik的双玻单晶光伏组件具有三种不同透明度的版本，即一个32片的面板，其透明度为51%；一个48片的产品，其透明度为27%；以及一个54片的版本，其透明部分仅占面板总表面积的19%。

组件覆盖2 mm×2 mm抗反射浮法玻璃，功率输出范围为160～280 W。它们的效率水平也各不相同，从160 W 32片带框架的面板的9.5%，到280 W 54片无框架组件的16.7%。带框架产品的尺寸为1700 mm×1000 mm×35 mm，质量为22.5 kg，而无框架产品的尺寸为1693 mm×993 mm×4.5 mm，质量为20.5 kg。

Sonnenstromfabrik计划在面板上安装更大的单晶PERC，其尺寸为158.75 mm×158.75 mm，这意味着它们的输出功率将在170～290 W之间变化。新系列的所有组件都有30年的使用年限保证。

日企Kaneka和Taisei[27]合作研发了一种将太阳能系统集成到墙壁和窗户表面的方法，也就是一种新型的光伏建筑一体化PV(BIPV)系统。

国内方面，隆基新能源(以下简称隆基)的BIPV将全面应用双玻半片高效单晶、360度直立锁边、无缝拼接等领先技术，提升BIPV产品保温散热、防风防水、防火防雷抗冲击、轻量化等性能及使用寿命的同时，实现高效发电功能与可靠建材功能的一体化结合。根据隆基BIPV建筑光伏一体化解决方案，预计项目投资回收年限仅7～8年，*IRR*(内部收益率)达到11%。

隆基旗下首款装配式BIPV产品——“隆顶”在隆基西安BIPV工厂正式下线，该产品使用年限长达30年，是传统彩钢瓦屋顶有效使用年限的2～3倍，具备光伏发电功能，还可并网售电。

晶科能源控股有限公司推出了全新光伏建筑一体化BIPV幕墙。该幕墙可作为建筑构件一体化安装，色彩多样且含有多种产品，可满足各级透光率需求，并采用高密度的电池排列使得输出功率更高，在满足美观需求的同时，达到建筑节能要求。

(5) 行业重点发展的技术、产品及龙头企业

目前我国重点发展的光伏产品主要是以符合我国建筑多种应用场景及需求为主的产品，主要有以下几个方向。

① 样式多样的幕墙产品

在该行业，一些公司和产品走在了前列，如美国特斯拉推出的SolarRoof产品，国内的保定嘉盛光电科技股份有限公司推出的青砖、黛瓦、琉璃、壁影等系列产品，这些产品引领着光伏建材类产品的发展潮流，成为这一细分领域的“新锐”。

如嘉盛光电用于建筑幕墙的彩色“琉璃”产品、替换传统瓦片的彩色“黛瓦”产品、作为建筑外墙的彩色“青砖”产品等，通过灵活地融入色彩，创造出新颖的造型，更加契合了现代时尚的审美需求。

同时，特斯拉的SolarRoof、嘉盛光电的G3系列产品同时也突破了玻璃材质的限制，将仿石材等特殊材质引入产品中，不仅拓宽了产品的应用市场，还使产品变得更轻、更美观，兼具抗污染、易清洁、抗腐蚀等优良特性。

典型应用案例如嘉盛光电的“空明琉璃”系列产品，应用于青海光伏产业技术创新中心项目，其独特的马赛克二维码造型，让人耳目一新。

② 挖掘开发光伏屋顶产品

在众多的分布式发电应用模式中，工商业屋顶分布式电站是最具潜力的应用形态。根

据国家统计局数据显示，2018 年 1—5 月全国工业用电占比达 67%以上，全国工业建筑面积超过 60 亿平方米，如果将这些建筑屋面用于安装光伏发电，可以安装 900 GW 以上光伏产品，每年可清洁发电约 10800 亿度。按照 2019 年社会用电总量约为 72255 亿度来计算，如果能够利用全国工业建筑屋顶面积进行光伏发电，每年所发电力可满足全社会用电需求的 1/7 以上，其潜力可见一斑。所以开发符合多种气候要求的光伏屋顶产品是占领市场蓝海的重要一步，同时深入挖掘该产品能达到的成本优势更是抢占市场的助推器，目前光伏屋顶的开发是国内重点的发展方向，此方向将大有可为。

③ 晶硅技术与薄膜技术开发并重

长期以来，光伏建材领域存在着薄膜、晶硅两条技术路线。其中晶硅技术因其转换效率高、成本低、性能可靠等优势，占据了光伏发电市场 90%以上的市场份额。

经过十多年的探索和技术积淀，晶硅光伏建材产品在产品轻质化、色彩多样化、造型柔性化等方面，足与薄膜产品相媲美，同时应用晶硅光伏建材产品的项目投资更少、收益更高、竞争优势显著，晶硅光伏建材技术是当前及未来成本最低、节能效果最好的技术。

但随着太阳能薄膜电池新的 S6 大型组件的推出，碲化镉薄膜太阳能电池（CdTe 电池）的成本有望降至 20 美分/W 以下，重新夺回成本优势，因此，CdTe 电池出货量有望迎来又一轮的高速成长期。

④ 进一步提升光伏产品性价比的技术

随着近年来晶硅类光伏产品的大幅降价，国内光伏发电应用在 2021 年实现平价上网。作为叠加光伏发电和建筑建材两项功能的新型产品，晶硅光伏类建材与其他同类传统高档建材相比，已经具备明显的可比性和可行性。以工商业建筑应用光伏建材为例，其项目投资回收期已缩至 5～8 年，对应的内部收益率（*IRR*）达 12%以上。

光伏产品不仅能在生命周期内为业主带来稳定的投资回报，还能够解决建筑节能减排的难题，为我国光伏产品的普及打下了基础。建筑集成光伏是光伏建筑一体化的更高级应用，光伏组件既作为建材又能够发电，一举两得，可以部分抵消光伏系统的高成本。开发光伏系统与建筑屋顶相结合、光伏与墙体相结合、光伏幕墙、光伏组件与遮阳装置相结合的相关产品成为重要方向。

（6）主导企业

国内市场，隆基绿能科技股份有限公司、中信博新能源科技有限公司、东方日升新能源股份有限公司、晶科能源控股有限公司是我国较早布局光伏建筑的龙头企业。

而国际市场，美国特斯拉公司、德国太阳能电池板制造商 Sonnenstromfabrik 公司、日本 Kaneka 公司较为强势。

2.8.3.2 产业政策

光伏＋建筑行业发展，离不开国家政策的引导。国家能源局在 2019 年曾指出，壮大清洁能源产业是“十四五”规划的重要目标和任务。国家发展改革委、国家能源局印发的《能源技术革命创新行动计划（2016—2030 年）》中又将“高效太阳能利用技术创新”列入了重点任务当中；而住房和城乡建设部下发的《建筑节能与绿色建筑发展“十三五”规划》中又规定，城镇可再生能源替代民用建筑常规能源消耗比重超过 6%，城镇绿色建筑占新建建筑比例超过 50%，国家政策对 BIPV 市场引导意向明显。

2020 年，国家市场监督管理总局、中国国家标准化管理委员会连发两项光伏建筑领域的国家标准，分别是《建筑用太阳能光伏夹层玻璃的重测导则》(GB/T 38344—2019)和《建筑光伏幕墙采光顶检测方法》(GB/T 38388—2019)，均于 2020 年 11 月 1 日起实施，引导光伏建筑良性发展。

《"十四五"建筑节能与绿色建筑发展规划》要求，到 2025 年，完成既有建筑节能改造面积 3.5 亿平方米以上，建设超低能耗、近零能耗建筑 0.5 亿平方米以上，装配式建筑占当年城镇新建建筑的比例达到 30%，全国新增建筑太阳能光伏装机容量 0.5 亿千瓦以上，地热能建筑应用面积 1 亿平方米以上，城镇建筑可再生能源替代率达到 8%，建筑能耗中电力消费比例超过 55%。

各省市相关政策也相继出台。2020 年 1 月，《宁波市建筑屋顶光伏系统建设技术细则》正式施行，宁波市将在家庭屋顶推广太阳能光伏发电，用于公共部位或共有设施用电。该细则明确了应建设家庭屋顶光伏系统的对象，明确了竣工验收分为两个阶段，增加了光伏运维内容，深化了并网技术要点。

2020 年 2 月，河北三部门联合印发《河北省被动式超低能耗建筑产业发展专项规划(2020—2025 年)》以及《河北省被动式超低能耗建筑产业发展专项规划实施方案(2020—2025 年)》，以加快推动被动式超低能耗建筑产业高质量发展。

《河北省被动式超低能耗建筑产业发展专项规划(2020—2025 年)》指出，河北要从建造全过程和全生命周期角度出发，以被动式超低能耗建筑为核心，发挥被动式技术对其上下游产业的带动作用，实施改造和提升，建立由生产、建造和运维等 3 个维度 4 个层级 80 个细分行业组成的"3480"被动式超低能耗建筑全产业链体系。

2.8.3.3　*存在的问题*

近年来，大量的光伏产品上市，种类、形式各异。一方面，丰富的产品为客户建设绿色低碳建筑、建设分布式光伏电站提供了更多的选择和形式；另一方面，也暴露我国的一些行业痛点。

① 不具备核心光伏技术。BIPV 产品是提供光伏发电能力的建筑材料，因此其发电能力是判断产品优劣的关键指标。目前大部分生产方在光伏领域并不具备完整的产业链，不具备强大的技术研发能力，更没有有效的技术支撑，不能保证其产品搭载前沿的光伏技术和材料，无法提供高效稳定的产品。部分产品甚至仍在使用光伏组件领域已被淘汰的落后技术，转换效率低、发电性能差，发电年限无法保证。

② 防火性能差。目前市场中销售的 BIPV 产品中，相当一部分是对普通光伏组件进行简单修改后作为 BIPV 产品安装，这类产品并不能直接作为建筑材料安装，无法满足建筑材料的要求。尤其是在防火性能方面，其材料特性和产品构成决定其并不具备防火性能，更无法通过相关性能检测。此外，光伏组件在发电过程中的热斑、直流拉弧等问题更容易直接引发火灾事故。

③ 防水性能差。就我国而言，经济发达的中东部地区是分布式光伏发电以及 BIPV 产品的主要市场，而这些地区也正是我国气候环境较为复杂的地区，其降水量高、强降雨天气

多发，对建材防水性能有着极高要求。目前市场中销售的 BIPV 产品很多都采取拼接或者简单的搭接加自攻螺钉点式固定的方式安装，节点多、可靠性差，没有专门的锁边结构，防水性能无法保证，漏水风险高。

④ 维护难度大。市场中销售的 BIPV 产品中，大部分产品强度较低，在踩踏后容易出现电池片隐裂情况，因此安装时需在屋顶预留维护通道。而维护通道一方面减小了屋面安装面积，且不便于使用机器人维护；另一方面直接踩踏屋顶容易导致屋顶漏水，维护过程复杂，维护难度较大。与此同时，市场中销售的 BIPV 和 BAPV 产品在导雨槽和组件边缘容易积灰，可能导致发电量损失和功率衰减，需要长期维护。在这样的情况下，维护难度大和需要长期维护形成了尖锐矛盾。

⑤ 产品散热差。目前市场中销售的 BIPV 产品面临的另一个普遍问题是散热差。光伏发电特性导致了其在发电过程中会产生热量，而目前市场中销售的产品鲜有专门的通风散热设计，产品发电时产生的热量会进一步向下层建筑传递，导致建筑内温度升高，建筑内部降温所需能耗进一步增加。

⑥ 品牌可靠度低。BIPV 广阔的市场前景也引发了众多厂商的一拥而上，市场中鱼龙混杂，部分小厂商的产品质量堪忧，发电功率、使用寿命乃至基本的安全性都得不到保障。今天的 BIPV 市场现状与多年前的光伏组件市场十分相像，而组件市场的乱象最终导致了众多不具备核心优势的小厂商在残酷的市场竞争中被淘汰，企业的消失也使售后服务和质保彻底成为空谈。

⑦ 建筑领域的法规支持不足。国外对于建筑光伏的支持力度是强制性的，加州能源委员会颁布的《2019 建筑能效标准》就明确要求，从 2020 年 1 月 1 日开始，所有在加利福尼亚州建造的新建住宅包括三层楼以下独栋或公寓都将被要求安装住宅光伏系统。而我国目前为止，对于建筑光伏的态度还是以引导为主，因此市场响应能力较低。

2.8.3.4 对策及建议

① 加大法律法规和标准执行力度，对低质量、扰乱市场的光伏一体化产品进行出清。

② 逐步启动“光伏屋顶计划”。德国曾经实施过“一千屋顶计划”支持光伏一体，并实行政府补贴和贷款优惠等财政帮扶措施，使德国的光伏发展应用在欧洲领先。我国也应对新建或改造建筑使用符合国家标准的 BIPV 产品，国家验收合格后依据安装面积给予一次性投资补贴，效仿新能源车推广措施，暂定 5 年，逐年递减。

③ 借鉴发达国家普通建筑必须要有光伏产品的经验，在发达地区实施公共设施、政府建筑强制采用光伏一体化产品的刚性政策。或者强制性规定新建筑耗能必须实现 15%的能源自给。

④ 进行技术革新，并大胆采用我国自主创新技术。1993 年，美国能源部出资 2500 万美元和国立再生能源实验室合作，实施“pv house”计划，发展光伏建筑一体化。同期，日本政府也曾大力资助有关机构进行开发研究。我国相关政府机构也应与制造和工艺研究单位合作，推进新技术的研发及产品的多元化发展。同时，我国企业也要大胆采用国内的工艺和设备。

2.8.4 太阳能光热

2.8.4.1 概述

太阳能利用主要分为光伏和光热两方面，太阳能集热器作为太阳能热利用的核心主要分为平板太阳能集热器、真空管太阳能集热器和槽式太阳能集热器等。

(1) 发展历程

平板太阳能集热器是历史上最早出现的太阳能集热装置，早在17世纪后期被发明，直至1960年以后才真正被深入研究并进入实际应用。太阳能热水技术是太阳能光热利用中技术最成熟、实际应用最多并在经济上能与常规能源相竞争的一种可再生能源利用技术。

20世纪初，美国最先开始使用太阳能热水器来获取生活热水。20世纪40年代后，以色列和澳大利亚等一些国家也相继开展了太阳能热水器的研究、开发、生产。

1955年，国际太阳能利用会议第一次提出了选择性涂层的概念，并研制成实用的黑镍等选择性涂层，为高效集热器的发展打下了基础。1973年出现"能源危机"后，世界上出现了研究、开发、利用太阳能的热潮。发展太阳能利用技术和产品因节约常规能源而受到了国家和政府的普遍重视。对太阳能热利用技术的研发和产品的产业化，各国都给予了大力的支持和鼓励。

1996年，联合国在津巴布韦世界太阳能高峰会议发表了《哈拉雷太阳能与持续发展宣言》，使得太阳能利用的研究开发在世界范围内形成了又一个热潮。许多国家相继制定了太阳能发展计划。例如美国的"百万屋顶计划"，德国的"1000屋顶计划"，意大利的"全国太阳能屋顶计划"，日本的"七万屋顶计划"和"太阳计划"等。这些计划的实施，有力地促进了世界各国太阳能利用的发展：澳大利亚政府规定，在其北部地区新建的房屋一定要设置太阳能热水器，西澳大利亚已有25%的新住宅安装了太阳能热水器；日本现在每年安装的太阳能热水器约50万台，计划以后家庭安装太阳能热水器的普及率超过25%；在丹麦，Marstal太阳能供热厂为Aeroe岛上1250户居民提供了区域供热，8000 m^2 的太阳能集热器阵列与2100 m^3 的储热水箱相联，每年6月、7月、8月可100%由太阳能供热，全年能供给全区热需求的12.5%；以色列政府制定了相关法规，要求新建住宅必须装有太阳能热水器，目前以色列已有65%的住宅装有太阳能热水器，实现了太阳能热水器与建筑一体化的住宅设计计划。2003年，奥地利等欧洲国家、印度、中国、日本、澳大利亚及美国等21个国家的太阳能发展报告显示出1982—2001年太阳能集热器及热水器的制造及销售都有很大的发展。2004年，欧洲安装的太阳能集热器面积为1500万平方米，截止到2010年已经累计达到了1.0亿平方米。

大面积太阳能热水系统的研究只是近十几年的事，现实情况下其规模只占小型家用太阳能热水系统的20%～30%。瑞典和德国已进行大面积屋顶集热模块的研制，该集热模块作为一个建筑构件与建筑结合，以实现太阳能热水系统和建筑的一体化，从而降低成本，提高建筑的整体性和美观性。

我国最早的太阳能热水淋浴室在1958年建成。20世纪70年代初，世界上出现的开发利用太阳能热潮对我国也产生了巨大的影响。1975年，在河南安阳召开的"全国第一次太阳能利用工作经验交流大会”，进一步推动了我国太阳能事业的发展。1979 年在西安召开了重点在于推广和应用太阳能产品的第二届全国太阳能会议。1992 年世界环境与发展大会后，我国政府制定了《中国 21 世纪议程》，进一步明确了以太阳能为重点的发展项目。1995 年国家计委、国家科委和国家经贸委制定了《新能源和可再生能源发展纲要》(1996—2010)，明确提出我国在 1996—2010 年新能源和可再生能源的发展目标、任务以及相应的对策和措施。

我国的太阳能供热采暖技术是从 2000 年之后起步并逐渐开始发展的，而在 2010—2015 年的“十二五”期间则是该项技术从示范工程到规模化应用的重要转型期。经过多年的研究和科技成果转化，我国太阳能光热利用技术已日趋成熟。

(2) 产业规模及市场规模预测

根据国际能源署(IEA SHC) 的最新统计数据，目前全球太阳能热利用的总保有量为 456 GWth(6.52 亿平方米)，与 2000 年相比增长了 7.4 倍。2016 年的供能量为 375 TW · h，相当于 4030 万吨原油的供能量，相应减少 CO_2 排放 1.3 亿吨，是仅次于风力发电供能量的可再生能源技术。

在全球太阳能热利用的总保有量中，中国占 71%，欧洲占 11.3%，其余 17.7%的份额由美国、加拿大、拉丁美洲、除中国外的亚洲市场、澳大利亚等共有。

欧洲：平板太阳能集热器是主流。欧洲是除中国以外的第二大太阳能热利用市场。据统计，截至 2014 年欧洲所用集热器中 83.8%为平板太阳能集热器。欧洲各类集热器使用情况如图 2.30 所示。

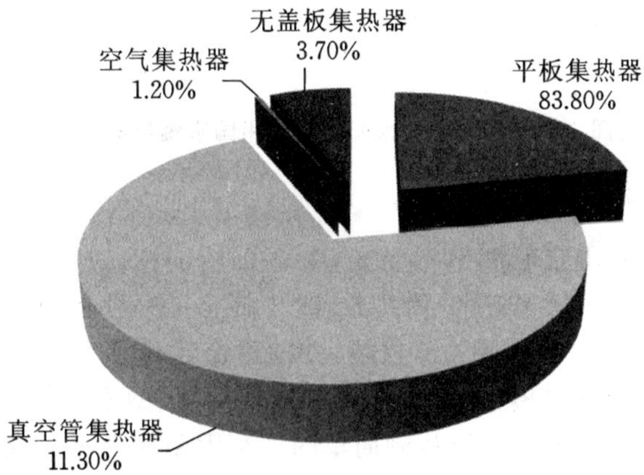

图 2.30　欧洲各类集热器使用情况

北美：美国 89%的太阳能热利用集热器为无盖板液体集热器，平板集热器占比仅为 11%；加拿大 60%的太阳能热利用集热器为无盖板液体集热器，平板集热器的占有率仅为 5%。可以看出，北美地区太阳能热利用集热器主要以无盖板液体集热器为主。

中国：中国太阳能热利用集热器主要有两种真空管集热器和平板集热器，真空管集热器占比达 92.3%，平板集热器占比仅为 7.7%。中国太阳能热利用集热器主要采用真空管集热器。但由于中国太阳能市场发展较快，中国平板集热器铺设面积居世界第一。

截止到 2016 年底，我国累计太阳能光热应用建筑面积近 47 亿平方米，太阳能光热系统建筑应用可实现年常规能源替代量约 2400 万吨标准煤。

近年来，随着建筑一体化的发展，平板型太阳能集热器因其安全性更好，更易与建筑结合，在集热器市场中所占比例逐年加大，保持着 20%左右的增长趋势。到 2016 年，平板型集热器安装量所占比例已达 13%左右。同时，我国太阳能热利用市场结构正逐步由零售市场向工程市场发展。2017 年，工程建设市场占总市场的份额为 71%，而零售市场则由 2014 年的 62%下降至 29%，热利用系统逐步从生活热水向建筑供暖空调、区域供热、工业过程用热等多元化发展。

(3) 产业结构及区域分布

世界十大太阳能热利用国家集热器装机量如图 2.31 所示。

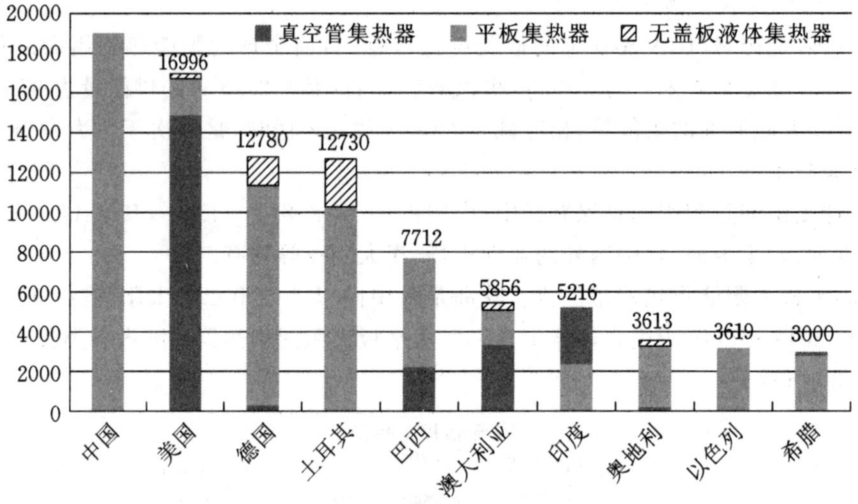

图 2.31 世界十大太阳能热利用国家集热器装机量

(4) 国内外研究现状

① 平板集热器国外研究现状

R. Pérez-Espinosa 和 O. García-Valladares[28] 提出了一种新型的用于预测平板太阳能集热器热性能的验证模型——SolCoSi 模型，并通过使用各种实验数据成功地对模拟结果进行了综合统计分析，验证了模型的可行性，使 SolCoSi 模型成为设计和优化平板太阳能集热器的重要工具。F. Fatima[29] 等以找到简单的提高太阳能平板集热器效率的方法为目的进行了实验研究，研究结果表明，减小玻璃盖板和吸热板之间气隙的厚度或者在二者形成的空腔中放入非常薄且透明的隔板，对提高平板集热器效率有非常好的效果(隔板横向纵向交叉放置比横向放置的效果更好)。

② 真空管集热器国外研究现状

M. S. Dehaj[30] 等通过实验研究了采用 MgO 纳米流体作为工作流体的热管太阳能集热器，研究表明，增大流体流动速率或提高流体浓度均可以提高集热器热性能，且使用 MgO 纳米流体的集热器比使用纯水的集热器具有更高的效率。A. A. Eidan[31] 等对应用 Al_2O_3 和 CuO/丙酮纳米流体的热管真空管太阳能集热器进行实验，首先在重力辅助热管中加入丙酮流体进行实验，得到其填充率为 70%和倾角为 45°时集热器的效率最佳；之后，进行两种流体对集热器热性能影响的实验，结果表明，采用 Al_2O_3 流体时集热器效率更高，且流体浓度越大，效率越高。

③ 槽式集热器国外研究现状

P. D. Tagle-Salazar[32] 等介绍了一种采用纳米流体的槽式太阳能集热器传热模型，并采用以氧化铝-水纳米流体作为传热流体的槽式集热器进行实验，将该模型的模拟结果与实验数据进行比较得出，模拟结果与实验数据非常一致。

(5) 国内外先进技术性能指标对比分析

我国与国外的技术差距主要体现在：

① 玻璃盖板透光率

国外当前平板型集热器玻璃盖板透光率基本在 0.93 以上，而国内标准平板型集热器玻璃盖板透光率为 0.89，与国外技术相差较大。

国内普通平板集热器常采用普通浮法玻璃作为透明盖板，盖板含铁量高，阳光透过率相对较低。近年来，不断有人研究平板集热器中新型镀膜玻璃盖板的应用。国外已有研究者在玻璃盖板上增设反辐射涂层来提高太阳能集热器效率，从而有效吸收太阳直射辐射和散射辐射，相较国内集热效率大大领先。

② 吸热涂料

国外吸收涂层吸收率在 0.95 左右，而国内标准《平板型太阳能集热器》(GB/T 6424—2021)中规定的吸收率为 0.92。

③ 结构设计

传统平板集热器集热效率较低，影响传统平板集热器集热效率的主要因素为平板集热器管间距。

④ 保温性能

集热器的保温性能对集热器效率的影响巨大。国外聚焦于解决集热器的密封性问题，从改善集热器结构设计来提高集热器密封性能，从而减少热损失，提高集热器效率。国内则聚焦于保温层厚度对集热器性能的影响，从加强集热器保温层设计来提高集热器密封性能。

(6) 重点发展技术及产品

基于欧洲太阳能区域供热发展经验，未来太阳能采暖前景十分广阔，太阳能也将逐步拓宽到工业热利用领域、石油化工领域等。太阳能区域供热发展将直接促进大型平板集热器技术的进步；因为平板集热器轻型、高效，其能与建筑一体化从而更好地贴合户式系统和分布式系统发展，因此，户式太阳能热水系统及分布式太阳能区域供热系统的发展必然会加大对小型平板集热器的需求量；光伏光热一体化(PVT)平板集热器大大提高了集热器效率，该类型集热器多样化发展将有利于太阳能资源的开发与利用；此外，平板热水一体机、异形平板集热器也越来越受到市场青睐，未来该领域平板集热器的发展也是重点。

(7) 主导企业

2018 年全球集热器行业进行了大幅整合。尽管全球市场萎缩，但最大的平板集热器制造商设法将产量提高了 7%，这归功于中国的销售额稳步增长以及南欧的市场前景。集热器供应商的排名由德国咨询公司 solrico 定期发布。

中国公司连续两次在全球最大的平板集热器制造商名单中占据主导地位。2018 年榜单前 5 强均是中国企业，分别是拥有 Sunrain 和 Micoe 品牌的 SunriseEast 集团，2017 年 5 月收购奥地利 Greenonetec 51％股权的海尔，拥有出口品牌 BTESolar（邦特尔）的金亨太阳能，五星，LinuoParadigma（力诺瑞特）。

2.8.4.2 产业政策

（1）太阳能与采暖

① 国家能源局综合司推广太阳能供热。2021 年 5 月，国家能源局正式下发《关于 2021 年风电、光伏发电开发建设有关事项的通知》，提出全国风电、光伏发电量占全社会用电量的 11％左右，后续逐年提高，到 2025 年达到 16.5％左右。国家能源局明确给户用光伏项目 5 亿元的总补贴额，大幅高于之前市场预期的 3 亿元。自此，各地成片、成规模、有组织、有序列、有规划地推进分布式光伏的开发。

② 山东省三部委联合发文要求重点培育太阳能等能源行业。山东省发展改革委、山东省能源局、山东省市场监督管理局联合发布《关于加强能源行业标准化工作的指导意见》。该意见指出，要促进新能源深度开发利用，重点围绕太阳能光伏高效率、低成本发电，太阳能光热中高温利用及冷热电三联供，风力大型化、智能化和高可靠性发电，充分利用空气能、生物质能、地热能等。

③ 淄博市助推“四减四增”方案的落实。近日，淄博市委、市政府印发了《淄博市推进“四减四增”三年行动方案（2018—2020 年）》。该方案要求，按照控增量、减存量、提效率的系统治理思路，进一步加大煤炭消费减量替代工作力度，增加清洁能源使用量，确保完成国家和省节能环保约束性指标。其中在实施清洁采暖中，鼓励有条件的区县积极开展清洁能源替代燃煤供热锅炉工作，在有资源的地方，优先支持地热能、生物质能、太阳能、风能、核能、沼气等清洁能源替代散煤，到 2020 年，全市 60％以上的村庄实现冬季清洁供暖。

④ 宁夏回族自治区重点支持太阳能等可再生能源应用。2021 年 1 月 11 日，宁夏回族自治区发改委在《关于加快促进自治区储能健康有序发展的指导意见（征求意见稿）》中明确指出，要在新能源富集的宁东、吴忠、中卫地区先行开展储能设施建设。建设“新能源＋储能”示范应用项目，并在全区推广应用；“十四五”期间，新能源项目储能配置比例不低于 10％、连续储能时长 2 h 以上。原则上新增项目储能设施与新能源项目同步投运，存量项目在 2021 年底前完成储能设施投运。从 2021 年起，对于达到以上要求的新增新能源企业，在同等条件下优先获得风光资源开发权；对于达到以上要求的储能项目，支持参与电力辅助服务市场。

⑤ 北京市积极推广太阳能应用。2021 年 8 月 5 日，北京市住房和城乡建设委员会发布北京住房和城乡建设发展白皮书提出，提速《北京市民用建筑绿色发展条例》立法工作，推广太阳能光伏建筑应用，推动建立老旧小区光伏系统应用试点项目，以老旧小区改造为契机，积极推广光伏一体化建筑应用。

⑥ 北京市延庆区对农村清洁取暖太阳能给予 50％资金支持。2019 年，北京市延庆区人民政府办公室印发《2019 年延庆区农村地区村庄冬季清洁取暖工作实施方案》，要求清洁取暖改造以“煤改电”为主，科学选定改造方式。对农村地区村庄住户、村委会、村民公共活

动场所、籽种农业设施和城乡结合部地区住户采用空气源、地源、太阳能、燃气、电等清洁能源实施集中供暖的项目，其配套建设的水蓄热设施投资计入热源投资，由市政府按一定比例给予资金支持。其中，对采用空气源、地源、太阳能等清洁能源实施集中供暖的项目，对其配套水蓄热设施投资给予 50%的资金支持；对采用燃气和电能实施集中供暖的项目，对其配套水蓄热设施投资给予 30%的资金支持。

⑦ 甘肃省酒泉和金塔县积极发展太阳能等可再生能源。金塔县是甘肃省确定的七个百万千瓦级光电基地之一。根据规划，“十四五”期间，金塔县结合当地风能、光能资源及可利用土地情况，拟开发新能源总装机容量为 650 万千瓦，其中风电 200 万千瓦，光伏 400 万千瓦，光热 50 万千瓦。金塔县已先后编制完成三个能源发展规划，远期规划为将金塔打造成千万千瓦级新能源基地。

⑧ 山西新绛县出台冬季清洁取暖工作实施方案。为保障广大群众清洁温暖过冬，《新绛县 2019 年冬季清洁取暖工作实施方案》中规定，坚持“企业为主、政府推动、因地制宜、居民可承受”的原则，按照“宜气则气、宜电则电、宜煤则煤、宜热则热、以气定改、先立后破”的方针，冬季清洁取暖工作推进要先城区和城乡结合部，然后向周边平原地区农村全面辐射。其中，城区清洁取暖改造以集中供热为主，“煤改气”“煤改电”或其他分散式清洁取暖为辅；农村优先利用生物质、太阳能、余热、余压等多种清洁能源供暖，有条件的发展“煤改气”或“煤改电”。

(2) 太阳能与建筑

① 山东省出台绿色建筑促进法，促进太阳能的安装。2019 年颁布的《山东省绿色建筑促进办法》中明确规定：新建高度 100 m 以下城镇居住建筑、农村社区以及集中供应热水的公共建筑，应当安装太阳能热水系统。太阳能热水系统应当与主体工程同步设计、同步施工、同步验收。

② 天津市将大力发展光伏发电。2022 年 9 月 14 日，《天津市人民政府关于印发天津市碳达峰实施方案的通知》指出，坚持分布式和集中式并重，充分挖掘可再生能源的潜力，不断扩大可再生能源电力装机容量。加快开发太阳能，充分利用建筑屋顶，盘活盐碱地等低效闲置土地资源，大力发展光伏发电。深化可再生能源建筑应用，推广光伏发电与建筑一体化应用，不断提升可再生能源建筑应用比例。深入推进清洁取暖，推进工业余热供暖规模化应用。提高建筑终端电气化水平，建设集光伏发电、储能、直流配电、柔性用电于一体的“光储直柔”建筑。到 2025 年，城镇建筑可再生能源替代率达到 8%，新建公共机构建筑、新建厂房屋顶光伏覆盖率力争达到 50%。

③ 山西省重点推广太阳能等可再生能源技术与设备。山西省住房和城乡建设厅出台的《关于建筑节能产品(技术)推广应用有关事项的通知(第 92 号)》中规定，大力推行保温结构一体化技术，包括装配式墙板自保温体系、保温型复合免拆模板保温系统、现浇混凝土内置保温系统、非承重砌块自保温结构体系等；推广高性能节能门窗和标准化节能外窗系统及其型材；积极推广取得绿色建材评价标识的产品；重点推广太阳能、地热能、空气能等可再生能源技术与设备。

④ 国家发展改革委鼓励太阳能的利用。2021 年 12 月 8 日，国家发展改革委等部门印

发的《贯彻落实碳达峰碳中和目标要求 推动数据中心和5G等新型基础设施绿色高质量发展实施方案》中提到：鼓励使用风能、太阳能等可再生能源，通过自建拉专线或双边交易，提升数据中心绿色电能使用水平，促进可再生能源就近消纳。支持模块化氢电池和太阳能板房等在小型或边缘数据中心的规模化推广应用。结合储能、氢能等新技术，提升可再生能源在数据中心能源供应中的比重。支持具备条件的数据中心开展新能源电力专线供电。统筹5G与可再生能源分布式发电布局，对电源、空调等能耗系统积极推进去冗余简配，严控废旧设施处理。

⑤ 湖北省积极推进太阳能热水系统的应用。湖北省建筑节能与墙体材料革新领导小组公布的《关于2018年度全省建筑节能与绿色建筑发展目标任务完成情况及考核结果的通报》显示，2018年湖北省充分发挥可再生能源建筑应用示范工作作用，推进可再生能源规模化应用。湖北省全年可再生能源建筑应用面积2584万平方米。其中，太阳能热水系统应用面积2126.78万平方米，地源热泵系统应用面积457.1万平方米；新增太阳能光电建筑应用装机容量82.16 MW。

⑥ 山东滨州大力发展太阳能光热建筑一体化。山东滨州大力推动装配式建筑发展，全县100多万平方米棚户区改造安居工程确定采用装配式构件；推进建筑节能全过程闭合管理，严格执行居住建筑节能75%、公共建筑节能65%的标准，全县所有新建住宅楼和集中供应热水的公共建筑全部推行太阳能光热建筑一体化，所有建筑工程竣工验收均达到一星绿色建筑标准。

⑦ 安徽合肥59个公共建筑将开展节能改造。合肥市已正式启动以医院、商场和公共机构办公建筑等改造潜力大的公共建筑节能改造示范项目59个，申报并组织实施改造，并研究建立大型公共建筑能耗统计、能源审计、能效公示制度。同时，合肥市还研究制定了绿色建筑考核办法，并出台了《合肥市民用建筑太阳能热水系统应用管理规定》《保温板外墙保温工程技术标准》《建筑节能门窗应用技术规程》等。

⑧ 黑龙江印发《2019年全省建设标准和科技工作要点》的通知，要求深入推进绿色建筑规模化，稳步推进装配式建筑发展，加强科技创新，完善标准体系。各地要结合"三供一业"移交、老旧小区改造，统筹建筑外窗、外墙、屋面、照明和空调系统等方面，因地制宜推进既有建筑节能改造。各地要结合实际，在资源条件适宜地区，发展工业余热供暖，积极推进太阳能光热、太阳能光伏、生物质能、地热能等可再生能源建筑应用，重点研究推进土壤源热泵供暖技术路线特别是中深层地热能供暖，切实加强地水源热泵供暖项目管理。

⑨ 福建省光伏发电项目纳入国家财政补贴范畴：随着泉州（南安）光电信息产业基地3000 kW光伏发电项目申报国家"金太阳示范项目"获得批准，泉州市已有四个光伏发电项目进入国家财政补贴范畴。按照新规定，光伏发电示范项目关键设备可补贴50%的投资额，这引发了当地对太阳能光伏产业的极大关注，补贴新规给光伏企业注入了强心剂。

⑩ 国家发展改革委鼓励经营太阳能发电等清洁能源开展市场化交易：2019年6月27日，国家发展改革委公布《全面放开经营性电力用户发用电计划有关要求的通知》，明确经营性电力用户的发用电计划原则上全部放开，提高电力交易市场化程度。研究推进保障优先发电政策执行，重点考虑核电、水电、风电、太阳能发电等清洁能源的保障性收购。

2.8.4.3 存在问题及对策建议

目前市场上集热器成本仍然较高，效率仍有很大提升空间，提高集热器成本效益是未来集热器打开市场的新方向。

降低集热器的成本同时提高建筑美观度。发展太阳能建筑一体化，加强太阳能集热器与建筑的集成技术，开发集热器作为建筑组建的产品，例如屋顶瓦片、天窗、遮阳设施等。研发新材料，开发长寿命、高性能集热器。要使太阳能集热器与建筑更好地结合，就要求集热器寿命必须超过 20 年，需采用新型材料来承受集热系统停滞和集热器过热的状况，同时保证集热器受到冷热冲击时性能不会发生较大变化。开发适合不同温度需求、天气条件、水质和运用场所的集热器将是未来集热器发展的新方向。

提高集热器效率，开发新型集热器材料或提升集热器材料性能。例如采用高透光率抗反射涂层；采用不同吸收率涂层切换来减少系统因高温而停滞；采用低重量高反射板；优化热传输通道；采用抗高温绝缘保温材料；开发可替代耐高温材料，例如橡胶聚合物等。

3 被动式超低能耗建筑材料存在的主要问题

通过初步梳理和简要的系统性研究，有关被动式超低能耗建筑材料存在的主要问题，大体上可以归结为以下9个方面。

3.1 关键性配套材料或装备需要进口或引进技术做支撑

自2013年中国本土化的第一座被动式建筑在秦皇岛竣工以来，到目前为止已经有9年了。我国的被动房中，大部分材料都是从国内购买的。被动式超低能耗建筑的材料或设备基本是可以国产化的，不存在太大的难度。材料要本土化或本地化，也是被动式建筑的一项基本原则。

尽管如此，被动式超低能耗建筑作为建筑业的一场革命，还是有它的特殊性和独特的材料要求，包括部分配套设施。历经9年多的发展，被动式超低能耗建筑中有些关键材料和设备还是需要进口或是实际上仍然依赖于进口技术。

需要进口或依赖于进口技术的关键性配套材料或设备主要有高档气密性胶带、外阳台支撑架、新风系统高效热交换材料、高档门窗五金件、高效结构自防水材料、纳米微孔高效保温材料等。

这些材料看起来不多，有些材料的开发难度也不是太大，但是还需要国内相关人员奋斗若干年，才有可能实现较大的突破。

3.2 大部分产品质量性能指标与国际先进水平有很大差距

虽然我国目前可以生产绝大多数被动式超低能耗建筑所需要的材料和设备，但是从技术指标上看，和国际先进水平还有很大的差距。这些技术水平的差异综合起来的最终表现是建筑产品预期寿命的差异。一般来说，德国的标准被动房预期寿命是50年；而国内的高层被动式建筑示范房，预期寿命为20年或30年。国内的被动式超低能耗建筑中，有些已经出现了质量事故，给被动式超低能耗建筑造成了不太好的影响，需要引起业界的警觉。

还有，新风系统的热回收率，发达国家的指标可以达到85%或90%以上，而我们有的厂家的系统只能维持在75%以上，等等。

在材料、设备、设计和施工质量等诸多方面，国内被动式超低能耗建筑和国际先进水平相比，还有很长的路要走。我国首先是解决材料或配套设施的有无问题，然后才是解决质量提升的问题。

3.3 关键性材料全国发展分布不均衡

在解决材料或设备有无和质量好坏问题后，就需要解决均衡发展和普及的问题了。

我国幅员辽阔，发展不平衡、不充分的问题一直存在，尽管国家也考虑到均衡发展的问题，但是由于历史和现实的差距，还是有很大一部分交通不便或远离沿海的内陆地区，长期存在消息闭塞、交通不便、物流不畅、资金短缺和文化欠发达等远离现代文明的问题。

我国的沿海和内地、南方和北方、东部和西部、城市和乡村、大城市和中小城市之间长期存在巨大的发展差距。被动式超低能耗建筑的发展过程中，也出现了这样的差距。我国各省市通过 PHI 认证的被动房示范项目数量如图 3.1 所示，我国各省市近零能耗建筑示范项目如图 3.2 所示，我国各省市通过德国能源署认证的超低能耗建筑示范项目如图 3.3 所示。

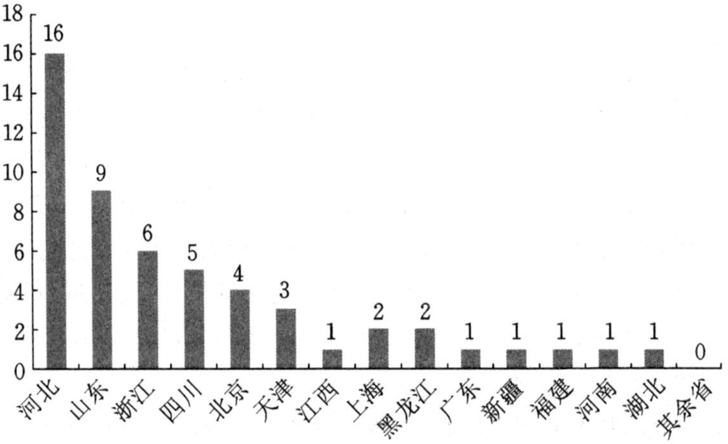

图 3.1 我国各省市通过 PHI 认证的被动房示范项目数量

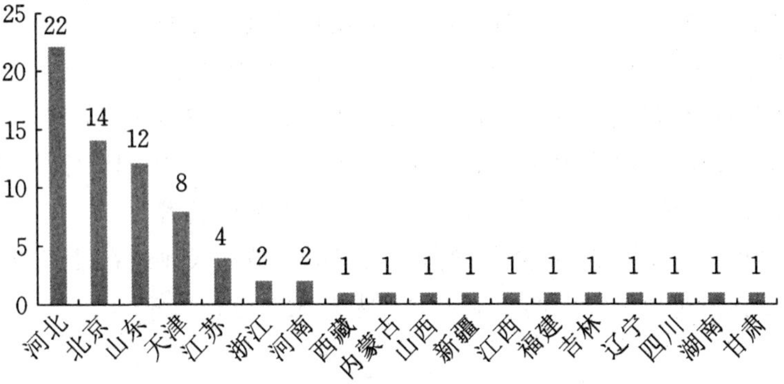

图 3.2 我国各省市近零能耗建筑示范项目数量

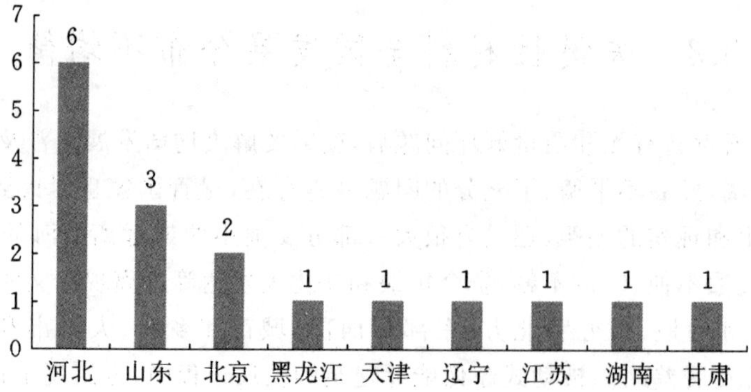

图 3.3　我国各省市通过德国能源署认证的超低能耗建筑示范项目数量

3.4　缺乏创新型研究和系统性布局

由于我国的条块分割管理体制，被动式超低能耗建筑大系统缺乏统一布局和深入的创新型研究和推进。我国被动式超低能耗建筑体系发展不足 10 年，发达国家已经有接近 30 年的发展历程。如今国内的被动式建筑还处于第一代起步的阶段，而发达国家已经进入第三代被动式超低能耗的普遍发展阶段，甚至是第四代生态装配式被动房。如果没有统一协调和推进的管理或指导体系，就会导致落后的发展现状无法实现弯道超车或奋起直追。

究其原因，是我们国家缺少一个综合部门，也就是能够把建材、建筑、新能源等上下游产业协调起来的部门。目前建筑部门已经落实了不少示范项目，建材部门在缓慢跟进，但是新能源行业还没有有组织地跟进，基本是被拉着走。

根据被动式建筑的基本原理可以看出，被动式建筑的发展中材料科学是基础，新能源是补充，再通过科学的结构设计和精细的施工，来实现被动式和主动式的有效结合，创造出新一代建筑的科学理论和实践。

从国内近几年的被动房发展实践来看，除了建筑和建材这两个上下游产业没有很有效的协同以外，在新能源领域的主动式补充方面，国内也没有做足工作，仍然是一个很大的短板。在高效利用浅层地热或土壤源热泵方面，还基本上处于空白状态。

如果把光热、浅层地热（主要用于低层建筑）和中深层地热（用于中高层建筑）更科学地利用起来，被动式超低能耗建筑将会焕发出更大的活力和市场潜力。

在没有很好地发挥被动式原理的同时，国内目前的被动式建筑在推广和示范的过程中，也没有很好地发挥出可再生能源的主动式原理做补充的应有功效。

3.5　前瞻性材料科学研究、系统研究和技术开发均显不足

和发达国家相比，我国缺少对关键材料、系统配套组件（包括可再生能源系统和设计及施工技术）的具有前瞻性的科学研究和技术开发。比如缺少对纳米空心发泡保温材料的开

发，包括气凝胶保温隔热材料的开发，以及轻质高强的结构自保温功能材料的开发，更缺少对配套可再生能源系统的开发，特别是光热系统和地源热泵配套系统等。

尽管我国和发达国家在被动式超低能耗建筑产业的起步上相差了20多年，但是如果我们能发挥后发优势，及时借鉴和吸收发达国家的经验和成果，也很有可能在今后10年内，迎头赶上或缩小与发达国家的差距。

3.6 高层外保温材料存在安全、质量和寿命隐患

国外多数被动式超低能耗建筑都是低层建筑，外墙外保温不存在高层纵向较高的垂直压力，即便使用较厚的有机聚苯板，也可以方便施工，且密封性好、外墙外保温竖向压力小，可以减轻外墙开裂、渗水、脱落和老化的程度，因此可以确保50年的保质期内没有质量事故。

对于高层建筑，国外的被动式建筑一般是采用内外岩棉板保温，具有耐老化、防火的特点，同时内外保温可以将保温层做得薄一些，加上产品质量比较好，也可确保建筑的高质量和长寿命。

国内的大体量高层住宅建筑，一般在20～30层之间，外墙外保温普遍采用20～40 cm的改性石墨聚苯板，如果施工质量不好，就很难保证在此后20年内不开裂、不变形、不漏水或不漏气、不老化或不着火。

3.7 缺乏材料及建筑部品的本土化(包括不同气候区)系统性研究、标准体系、规范、认证、评价和配套体系等

德国被动式超低能耗建筑的物理参数基本上是按照中欧的气候条件来确定的。尽管德国被动房研究所也做过不同气候区的普遍性研究，但是细化到具体实施的程度，还有很多配套工作需要做。我国至少有5个不同的气候区，这就意味着被动房技术引入过程中，要根据我国不同的气候区特点因地制宜地进行系统性的研究，并发展相应的配套体系等。比如，我国的南方地区的房屋需要解决的主要问题不是御寒和保温，而是隔热、避暑和除湿，因此，在引进被动式原理时，虽然基本原理是相同的，但是具体的操作和实现形式恰好是相反的。因此，就需要结合我国的国情来灵活运用被动式超低能耗建筑的原理，不可以完全照搬和照抄。

为使我国的被动式建筑能更好地本土化，就必须使材料本土化、本地化，遵守就地取材的原则，再配套合适的标准、检测、评价和认证体系。

目前，在建材及建筑等全产业链系统配套方面，我国还只是处于起步阶段，就连基本的材料标准、部品部件的检测和认证等基础工作，还需要不远万里发送到德国，接受PHI的检测和认证。这些都是制约我国被动式建筑发展的主要因素，需及时解决。

3.8 产业化、规模化、标准化、系统化程度低，导致部分材料及建筑成本偏高，从而影响被动式超低能耗建筑的普及与推广

被动式超低能耗建筑进入中国已经近 10 年了，但发展仍然比较缓慢。究其原因，主要是被动式超低能耗建筑的一次性投资成本过高。我国被动式超低能耗建筑的一次性投资成本比普通建筑的一次性投资成本高大约 20%，而在欧洲先进国家和地区，被动式超低能耗建筑的一次性投资成本几乎和普通建筑的一次性投资成本相差无几了。随着社会认知度的不断提升，最后我国发展的结果也将和发达经济体的情况类似，一次性投资成本也会降下来。

被动式超低能耗建筑发展的初期，需要专业人员对被动式超低能耗建筑的设计、施工、管理、检测、标准规范和认证等进行专业的学习，从而支撑未来产业的发展。人才的培养及人员规模的扩张都导致学习成本的提高。除学习成本外，导致成本高的因素还有本地材料、设备或配套设施的缺乏，需要从国外进口或从外省调入来填补空缺，从而增加了大量的运输成本。

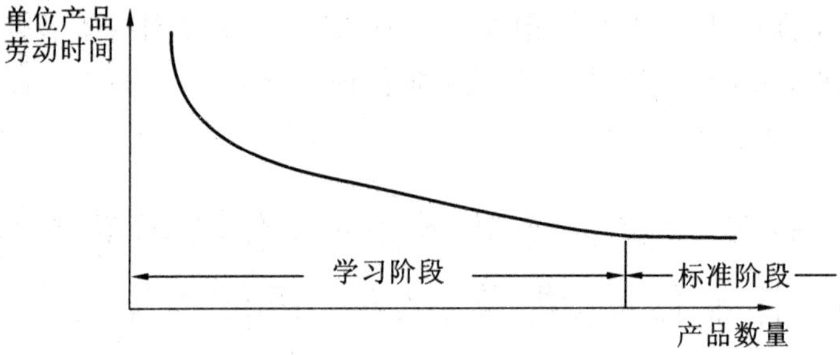

图 3.4 标准工业学习曲线

综上所述，产业化、规模化、标准化、系统化程度低导致的一次性投资成本高极大地制约了我国被动式超低能耗建筑的普及、推广步伐，需要在今后至少 5～10 年的加速发展来使其改观。

3.9 全社会对被动式超低能耗建筑体系的科学认识还普遍不足

首先，谈谈被动式超低能耗建筑所谓成本高的问题。实际上，被动式超低能耗建筑所谓的成本高也就是一次性投资成本高，但其运营成本却比普通建筑的运营成本低 90%以上；如果把一次性投资成本和运营成本加起来，再除以建筑全生命周期，那么，被动式超低能耗建筑分摊到每年的投资成本是低于普通建筑的。若还考虑环境成本和社会效益，则被动式超低能耗建筑在成本上的优势更为明显。

由于人们缺乏对被动式超低能耗建筑投资的科学认识，因此全社会对这些新兴战略产业的接受程度还不高。我们需要在大力普及被动式超低能耗建筑的科学常识的同时，还需要政府有关部门政策的大力支持和引导。

4 被动式超低能耗建筑材料工业的发展路径

从第3章所罗列的问题和解决思路中，我们可以总结出发展我国被动式超低能耗建筑材料产业的基本发展路径。具体来说，这个路径包括一个过程、三个阶段和由十个方面的要点组成的完整路径体系。

一个过程、三个阶段：总体上说，就是被动式超低能耗建筑及材料工业在中国的落地生根或国产化，将经历一个引进、学习、消化、吸收和本土化的过程，这是第一个阶段；第二个阶段是在中国的土地上，尽快形成一个以再创新、低投资、国产化和本地化为特征的再创新的演化过程；第三个阶段，即和发达国家或其他发展中的国家一样，最终实现再次输出、走出去和面向世界的发展阶段，也就是高级阶段。

在这个"引进、学习、消化、吸收，国产化、本土化、本地化、再创新和走出去"的一个过程和三个阶段的发展历程中，既是被动式超低能耗建筑在我国的发展历程，也是被动式超低能耗建筑材料工业伴随其成长的发展过程和路径，包括了建筑全产业链发展路径相关的全部环节和全部配套内容。

中国的被动式超低能耗建筑经过近10年的发展，目前仍处于第一个阶段，也就是引进后的消化、吸收、学习和本土化的阶段。这一个阶段，还谈不上独立创新。

这一发展路径的三个阶段，每个阶段大体上都需要十年左右的时间，一共需要30年左右的时间。在这一个过程、三个阶段的每个10年里，具体内容上，大体上都包括以下10个要素。

4.1 加大科普宣传力度，提高全社会对"被动式超低能耗建筑"体系的认知和实践水平

这是第一个要素，是认识任何事物都要经历的启动过程，也是总体路径要经历的第一阶段中必不可少的内容，属于引进阶段对新概念的学习和接受的范畴，包括对所有相关技术的学习和实践。和世界上任何新生事物一样，被动式超低能耗建筑的技术普及和推广，首先都要从认识新概念、新理念和新知识着手。只有人们的认识提高了，真正认识到被动式超低能耗建筑的重要性和必要性，才会着手从各个方面去实现和完成这一建筑业历史性、革命性的转型升级事业。物质材料是一切建筑的基础，所以，认识的提升也要从材料的升级换代和转型升级开始。

简要来说，被动式超低能耗建筑的重要性和必要性首先在于节能减排，其直接结果有三个：一是可以有效应对全球气候变暖对气候环境的威胁。在建筑业中，只有被动式超低能耗建筑才有可能将占总能耗30%～40%的建筑业能耗转化为零能耗和零排放的绿色产业。二是将占总能耗近三分之一的建筑业能耗转变为零能耗或产能房，也将有效化解国家的能

源安全威胁。三是发展被动式超低能耗建筑，可以实现人们对舒适居住条件的最终追求。被动式超低能耗建筑恒温、恒湿、恒氧、恒静和恒洁，非常适宜居住，因此，人们又将其称为长寿屋和养生房。

相信有朝一日，人们在认识到被动式超低能耗建筑的这些优点之后，一定会掀起建设被动式超低能耗建筑的一波波浪潮。因此，从各个层面加大被动式超低能耗建筑的宣传和推广力度，让全社会充分认识到被动式超低能耗建筑建设的意义和推广的价值，仍然是在起步阶段需要强化的首要工作之一，也是发展中国特色的被动式超低能耗建筑必经之路的起点。

加大宣传和推广力度，让全社会都积极行动起来，特别是行业主管部门要带头开展一些有影响力的活动，譬如重要的会议或展览，示范项目或科普活动，利用广播、报纸、电视和网络等媒体，向全社会普及被动式超低能耗建筑与绿色材料的有关知识，都是发展中国特色的被动式超低能耗建筑起步阶段中必不可少一环，或者说是基本发展路径中第一步要着重做的事情。

在加大科普宣传和培训的过程中，创建样板房和样板工程，也是至关重要的。就如2010年上海世博会引入德国被动房展品“汉堡之家”一样，让人们第一次看到什么是被动式建筑。到2012年，住房和城乡建设部在秦皇岛开始建造国内本土化的第一座被动房，事实证明建立样板是科普推广第一阶段必不可少的工作之一。正所谓百闻不如一见，没有第一个本土化的样板房，人们不知道何谓被动房，也就不会有后续的被动房的建造。在秦皇岛被动式超低能耗建筑的样板房示范推动下，全国到秦皇岛参观和学习被动式超低能耗建筑的专业人员和管理人员络绎不绝，带动了全国其他各地的样板房建设。全国性的联盟、协会、学会和地方各类社团组织或企事业单位组织的各种会议、交流、培训和推广等活动，也都对被动式超低能耗建筑及材料工业的配套和发展起到了促进作用。

4.2 国家应不断加大政策支持力度，并在适当的时候出台强制性法规

在宣传和推广阶段，大多数人或关键的少数人通过学习提高了认识，会自觉跟上时代的发展大潮或引领时代的发展潮流，而不少没有提升认识的大众，或许是相当一大部分人或单位或组织，都是被时代的潮流裹挟前进的，也就是在政策或法规的鼓励或强制下一同向前发展的。所以，国家要履行行业调控职能，制定政策推动被动式超低能耗建筑及建筑材料工业的发展。

过去近10年里，我国被动式超低能耗建筑及建筑材料工业的发展过程，也是政策法规不断配套和提升的过程。

可以断定，在三个阶段的总体发展路径中，虽然每个阶段的政策制定都有所不同或有所侧重，但是其重要性都是不言而喻的。

纵观国内外政策发力点，一开始都是表态性政策，也就是表明政府的态度，诸如鼓励和支持之类的表述。接下来，就是给予财力资助、优惠或政策放宽之类的支持。发达国家是这样，国内也是如此。

根据国家层面的政策性表态和口头支持，我国不少省市层面出台了一些实质性的政策支持，包括资金补助。比如，根据增量成本的情况，北京、山东等地出台了对超低能耗示范项目每个平方米直接补助1000元、800元和600元的分步支持和退出政策（既有建筑改造政策）等。

最有力度的鼓励政策当属石家庄市的鼓励政策。比如，超低能耗建筑外保温占用了容积率，该市就允许增加9%的容积率；学习成本和运输成本使被动式超低能耗建筑的一次性投入成本增加了20%，该市就允许开发商的商品房售价上浮30%；为了调动开发商建造被动房的积极性，石家庄市优先审批被动式超低能耗建筑的土地；等等。一系列鼓励政策，极大地激发了开发商建造被动式超低能耗建筑的积极性，也妥善地解决了开发商资金短缺的问题。这样的政策，对于长期受困于资金不足的企业或地方政府来说，无疑是对被动式超低能耗建筑产业的最大支持和推动。这也使其他兄弟省市受到了极大的政策性启发和智慧型鼓励！

在低投资、国产化和本地化阶段，即进一步开发本国特色的低成本被动式超低能耗建筑，并大面积推广阶段，也要制定相应的政策或退出先前的简单资金补助政策。

针对在第一阶段试点和样板创建的过程中存在的问题，各级政府主管部门都应该行动起来，从科技、产业和最终产品等方面给予指导与支持。建筑是个大系统，跨越若干个子行业或行政管理部门，仅从需求侧或供给侧单边发力是不够的，而应多方协同合作，共同推进被动式超低能耗建筑的发展。

在第三阶段，涉及走出去，面向世界的问题。如何从产品出口，升级到装备和技术出口，再到投资和管理等更高级的出口模式，都是政策制定者要研究和考虑的问题。由于我们还处在第一阶段，即将过渡到第二阶段，本土化和本地化尚在考虑之中，因此需要及时研究和出台相应的鼓励政策或强制性法规，鼓励被动式超低能耗建筑的本土化、本地化和再创新。

4.3 充分借鉴国内外成熟的经验和教训，少走弯路

充分借鉴和学习全人类的文明成果，这是一项基本的原则。任何民族想自立于世界民族之林，就必须集各国之长，向他人学习。被动式超低能耗建筑从引进、消化吸收，到本土化和本地化的转化及再创新，乃至最终再走出去和面向世界，造福其他民族和国家，都需要充分借鉴国内外的成熟经验和教训，避免走弯路或误入歧途。

在借鉴国际经验，结合中国的国情，发展具有本土化或本地化的中国被动式超低能耗建筑及材料产业的三个阶段中，每个阶段都要不断学习各国的先进经验、不断吸收各国的科学技术成果，再结合自身的情况，创造性地发展国产化的被动式超低能耗建筑及材料产业。

比如，在外墙外保温材料的选择方面，对于低层被动式超低能耗建筑，我们可以借鉴欧洲国家的经验，采用苯板或EPS等有机材料。但是，对于高层被动式超低能耗建筑，外墙外保温是否适合也采用有机材料，就要慎重而行了。有的国家在高层被动式超低能耗建筑中

采用优质憎水的岩棉板材进行内外同时保温，比如西班牙的30层以上的被动式建筑，外墙采用20 cm的岩棉做外保温，再加上10 cm岩棉做内保温，无论是耐久性，还是防火保温，效果都比较理想。

再比如，针对我国如此多的高层建筑，特别是钢筋混凝土建筑，是否需要开发结构自保温材料（如轻质高强的陶粒混凝土），也是一个重要的战略路径选择问题，应该引起行业的重视和思考。

4.4 深化供给侧结构性改革，推动传统建材行业向被动式超低能耗绿色建筑材料产业发展

建材行业属于供给侧，建筑和交通基础设施属于需求侧。到目前为止，我国的建材行业仍然面临着部分关键材料国产化空白的问题，特别是一些高档材料和新材料。

从总体上看，我国适合未来新一代绿色超低能耗被动式建筑的材料产业还没有形成，只是部分或个别厂家做出了满足部分试点房屋需求的配套材料而已。

根据本项目的研究发现，供给侧结构型改革的方向主要有：

（1）结构材料：从以结构外保温或内保温为主，向结构自保温和结构自防水方向发展和转型升级；从比较单一的以钢筋混凝土结构材料为主，向钢结构、木结构和混合结构材料均衡布局方向发展。

（2）保温材料：从低效、低档保温材料，向高效、高档保温材料方向发展；从外墙外保温，向内外保温结合、结构自保温和保温装饰一体化方向发展。

（3）屋面材料：从传统和古典形式，走向传统形式和现代质量相结合；从单一功能，走向复合功能（包括承重、保温、艺术和防水一体化）；从单一材料，走向传统材料、有机材料、功能材料、金属材料、复合材料等材料的多元化高质量发展。

（4）地面材料：在原有功能的基础上，增加隔热、保温和防水等功能。

（5）墙体材料：总体上要求传热系数小于或等于0.15 $W/(m^2 \cdot K)$；防水、气密性和装饰性一体化的功能性材料以及再生建材在围护结构中所占比重将逐步增大。

（6）防水材料：向结构自防水、功能性防水、复合型防水、高档和长寿命防水材料方向发展。

（7）密封材料：向系统性气密性、高质量气密性、满足整体房屋气密性的方向发展。

（8）新能源材料：从屋顶光热集热器向多样化、高效率方向发展；新风系统的芯片热回收效率不断提升，从75%向85%、95%，甚至更高的方向发展；浅层地热的利用率不断提升，部分中深层地源热泵配套中高层建筑的利用形式开始出现；具有断桥隔热功能的光导材料将出现在需要光线的地下室、车库、厂房、农业大棚和畜牧养殖等基础设施中。

（9）门窗材料：整窗传热系数小于或等于1.0 $W/(m^2 \cdot K)$的三玻两腔和四玻三腔产品不断普及和大范围覆盖；被动式门窗五金件的国产化产品陆续出现；北方寒冷地区的双层窗户质量得到提升，能满足被动式建筑的需求。

（10）遮阳材料：为充分利用自然光和热，自动、智能和多功能的遮阳新材料将不断涌

现;随着人们经济条件的改善,建筑品质的提升,建筑遮阳措施将不断进入普通家庭,惠及社会大众。

4.5 使被动式超低能耗建筑材料与装配式建筑材料协同发展,推动建材行业的全面健康有序发展

在国内被动式超低能耗建筑及材料产业蓬勃发展的近十年里,装配式建筑及材料产业也迅速发展起来。被动式和装配式是建筑领域里两个需要协同并进的发展大趋势。任何一个趋势的单一发展都是不完美的,很难想象装配式建筑不节能的后果;被动式建筑也需要提高建造效率。因此,无论是从长远发展的角度,还是从现实发展的需求来看,特别是装配式建筑,没有被动式的结合,已经在建筑能耗标准不断提升的大环境下,失去了可持续发展的前提。比如,在北京等建筑节能标准比较高的地区,不采用75%以上节能标准或更高标准的被动式原理,政府主管部门是不会批准开工建设的。因此,被动式和装配式建筑及材料的一体化发展,已经是未来发展的必由之路。

从发达国家的情况来看,被动式和装配式建筑的融合已经比较完善了。比如发达国家的民用木结构建筑一般占民用建筑的50%以上,木结构建筑本来就是装配式的,因此,发展被动式时,不存在很大的矛盾或问题。还有钢结构,本来也是装配式的。只有钢筋混凝土结构的建筑,才有预制和现浇的问题。

当我国被动式超低能耗建筑及材料产业发展到高级阶段时,被动式和装配式一体化,一定会在建筑产业化的同时,一并实现统一和协同发展。

目前,发达国家以及我国的部分样板企业,已经分别在三大结构领域,实现了装配式被动房的完美结合及一体化协同推进。国外的案例很多,国内也有一些实际案例。例如北京建工新型建材有限责任公司为金海湖一栋小区制造的PC装配式被动房,堪称国内首例工业化的实用样板。吉林省佳和钢结构安装有限公司引进德国索玛的成套设备,也可以将被动式和装配式PC结合起来,使其制造工厂化。还有一些企业建成了轻钢钣墙装配被动房,将轻钢与保温复合形成结构保温一体结构钣材,达到100%装配率。遗憾的是,国内业界还没有充分认识到装配式和被动式的结合前景,导致这些新技术和装备发展步履维艰,延缓了中国绿色建筑及材料产业的发展步伐。

严酷的现实表明,单一的装配式发展没有前途;单一的被动式发展,最终也缺乏建造效率,从而失去竞争力。因此,需要使被动式超低能耗建筑材料与装配式建筑材料协同发展,才能推动建材行业的全面健康有序发展。而要把被动式和装配式结合起来,需要技术创新,也需要政策的大力支持和市场的自觉推动。

4.6 加大被动式超低能耗建筑新型材料的研发力度

要加大被动式超低能耗建筑新型材料的研发力度,特别是二次资源的开发力度,同时也要加快产业化步伐,包括建筑固废、工业固废、市政固废、农业固废、生物质建材、工业尾矿的

深加工、再生建材和综合利用等方面，实现创新发展、绿色发展、协调发展、循环发展、包容发展和可持续发展。

我国人均资源不足，环境污染严重，可持续发展面临严峻挑战。对于新一代绿色建筑材料，必须立足创新发展和绿色发展。在过去40多年的改革开放大发展阶段，我国在取得巨大成就的同时，也付出了资源和环境破坏的巨大代价。今后几十年里，我们必须重新弥补过去的历史欠账和加大对生态修复的投入。

因此，对于新一代零能耗建筑(第二代、第三代被动式超低能耗建筑)的材料产业，必须两条腿走路。一方面要研发新型材料，做到以质量求生存，不走粗放发展的老路；另一方面，要大量利用各种工业固废，开发以固废为基础的绿色材料。

过去几十年里我们产生了大量固废，包括目前每年仍然在产生的各种农业、工业和市政固废，估计每年都有40～50亿吨，相当于全国每年天然矿产资源的消耗总量。如果能充分利用这些废弃物，不仅有利于保护环境、节省资源，而且能促进发展循环经济、促进绿色发展和可持续发展。

随着国家环境政策的收紧，以及资源禀赋的束缚，加之科技进步和可持续发展理念的深入人心，一个利用现代的治理手段和纳米科技协同发展的新局面正在形成。对于过去已经形成的巨量(估计多年形成的各种固废高达上百亿吨)工农业和市政固废，如今正将“变废为宝”。

利用巨量固废作为绿色建材的二次资源，只要国家政策得当，不但可以消除各种环境污染隐患，还可以大幅度降低被动式超低能耗建筑的成本，可谓是一举多得。加强对废弃物的二次利用，少用天然资源，保护环境，为子孙后代多留些宝贵的天然资源，这是全世界的绿色发展共识。我们必须坚守人类发展的共同理念，坚决顺应和融入世界文明发展的大潮之中。

4.7 加大建设高水准的示范项目、示范产业园区，引领被动式超低能耗建筑材料的绿色产业化发展

在每个气候区或每个省市选取若干个龙头企业，从供给侧和需求侧全方位发力，每个地区都建立若干个示范项目或产业园区。从我国第一次引入被动式超低能耗建筑的概念并创建首批试点，至今已经近十个年头了，已到了开发和推广第二代超低能耗被动式建筑的阶段了。也就是所谓的被动房+(Passive House Plus)，或叫作近零能耗建筑，相应的配套材料和标准都应同步提升。欧盟已经到了法令强行推广的阶段，我国是去年才刚刚出台国家标准，时间上至少有20年以上的差距，我们必须奋起直追。

要继续追赶国际先进水平，就需继续让高水平的示范和样板领路。无论是国家层面，还是各地企业单位，都要发力。中央政府层面，无论是需求侧还是供给侧，都可以大胆地开展试点工作。

需明确目标，顺应时代发展大潮流，高起点定位，向近零能耗和零能耗或产能房方向前进。实现零能耗建筑，就可以使国家总能耗减少近40%，这无论是对国家能源安全，遏制全

球气候变暖，还是改善生态环境，减少住宅能源成本，以及创造一个舒适宜居的生活居住环境来说，都是有百利而无一害的！

对于高起点的第二代零能耗被动式建筑而言，绿色的建筑材料几乎和第一代没有太大区别，重点是在可再生能源方面加大了主动补充的力度。因此，北欧一些国家，比如丹麦，也将这类被动房称作主动房，实际上，这种主动房是新式主动房，是以被动房为基础的新式主动房。在新式主动房中，传统的能源已经成了历史。

建材行业供给侧改革第一代的成功样板是河北奥润顺达窗业有限公司；需求侧成功的典范是秦皇岛五兴房地产有限公司。河北奥润顺达窗业有限公司和龙湖集团控股有限公司的上下游协同发展也是很好的成功案例，秦皇岛五兴房地产有限公司和南通三建控股有限公司也在产业园建设上做出了很好的尝试。上海的朗诗集团股份有限公司在南方做出了突出的贡献，等等。中国新农村建设中第一个农宅被动房示范项目在昌平的沙岭新村成功落地，堪称一个民间和基层政府协同发展创新的楷模。

如今我国的被动式超低能耗建筑的发展已经开始进入第二个阶段，或者说是第一个阶段和第二个阶段交错融合的阶段。在这个阶段，既有消化、吸收和深入学习的内容，也有低投资、本地化的创新内容。每个地方都会结合各自省市或气候区的特点，包括民族建筑风俗和材料本地化的特色，结合实际开发和落地具有本地特色的被动式超低能耗建筑及绿色建筑材料体系。

各个省市不断出台了绿色建筑和绿色建材发展的规划和政策鼓励或支持类的措施文件，这都说明这个行业正在蓬勃发展。

总之，不管是从需求侧，还是从供给侧；不管是从官方、半官方，还是从民间或社会，都需要全方位、从不同角度，全力去推动被动式超低能耗建筑材料的绿色产业化发展。

4.8 打造“建材工业 4.0”时代：BIM、大数据、信息化、工业化、智能化的建设

借助 BIM、大数据、信息化、工业化、自动化和智能化等现代科技手段，打造建材工业 4.0，已成为业界的共识。随着 5G 和 6G 时代的到来，一个梦幻的时代更加接近于现实了。

在信息化和智能化的推动下，在装配式建筑和被动式建筑一体化的趋势下，设计、生产、运输、组装和建造的一体化将愈加深化和融合，这将逐步模糊建材和建筑的分界线。

通过工业 4.0 的实施，可以使装配式建筑真正和被动式建筑一体化，从而提升建筑的制造效率、组装的劳动生产率等；可以提高二次资源的利用率，使得环境效益和资源效率都获得最高的产出和收益。自然环境、生存环境、居住环境、经济效益和生活品质等，都会因为智能化社会的到来而出现本质上的提升。

人们几十年来的诉求，都会因为建材工业智能化时代的到来而付诸现实。到智能化时代的后期阶段，也就是发展路径 30 年里的最后 10 年，随着智能化的真正实现，诸如建筑产业化等，才会真实地呈现在每一个用户的面前。由于智能化的大规模生产，高效率和高质量产品如泉水般涌现，再也不会有类似于早期单独建造装配式被动房而造成被动房的成本高

于普通住宅的尴尬境况了。

发达国家，比如在奥地利，其利用智能化或工业 4.0 将被动式和装配式有机结合起来，使被动式超低能耗建筑的一次性投资不但没有提升，还减少了 12%！当质量提升，投资还大幅度降低的时候，装配式被动房的春天就真正到来了。到了这个阶段，也是被动式超低能耗建筑材料产业发展路径的成熟阶段。

所以在建材工业 4.0 时代，针对性地发展 BIM、大数据，深化工业化、信息化和智能化来降低被动式超低能耗建筑的一次性投资、优化建筑的质量及开发适合多种市场细分的产品是消除装配式被动房本土发展障碍的关键所在。智能化的加持，使装配式被动房突破推广瓶颈转入发展快车道甚至弯道超车成为可能，同时也为后续的包括二次资源的开发和优化配置，以及可再生能源和建材、建筑的协同发展打下坚实基础。

4.9 加大科技投入

在被动房引入国内的最初阶段，我们没有被动房相关部件、缺少关键材料、不会被动房设计和施工，等等，导致样板房和示范造价居高不下，无法大规模建造和推广。其根本原因是我们的科技水平低，制约了基础材料工业的发展，无法配套被动式超低能耗建筑产业全面发展的市场需求。

为加速我国被动式超低能耗建筑的发展，需要高度重视科学技术的发展，加大科技投入，包括对人才的培养和教育，以及对科研经费的投入和科技产业的培育。各级政府科技主管部门要将装配式被动房或超低能耗建筑及材料体系纳入政府年度科研预算，在大学、院所和有实力的企业安排科研项目和重点研发计划，包括产业化应用技术开发项目协同推进。

科技进步、科技研发和科技产业，人才培养、人才引进和人才交流，都是加大科技投入的主要内容，是装配式被动房发展赖以生存的条件和可持续发展的永恒主题。

4.10 加强领导，强化产业链上下游纵向一体化和横向一体化的协同发展

加强发展改革委、住房和城乡建设部、环保部、农业部等部委之间的协调合作，为整合资源、协调力量创造良好的外部政策和法治环境。

被动式建筑，最早于 2010 年引入中国。此后，住房和城乡建设部于 2013 年在秦皇岛创建了第一个本土化的样板房，随后又陆续在全国不同的气候区打造了一系列样板房屋，虽然有些试点房屋由于初学乍练，没有起到示范的作用，但是秦皇岛的样板房确实起到了示范作用，对于此后被动式超低能耗建筑在全国的普及和推广起到了非常大的引领作用。

回顾建材行业过去近 10 年的发展路径，可以说是供给侧促进了需求侧的不断攀升。由于供给侧的积极推进，包括建材和建筑行业一体化的推进，被动式超低能耗建筑建材全产业链实现了协同发展，为中国的被动房事业做出了巨大的贡献。

比如,2019 年由供给侧发力的第 23 届国际被动房大会暨第五届中国(高碑店)国际门窗博览会在河北省高碑店市召开,这说明供给侧对需求侧的巨大带动和推进作用。此外,由供给侧建筑材料工业技术情报研究所于 2014 年 4 月率先创建的中国第一个被动式集成建筑材料产业联盟,在过去 8 年多里,开展了大量的科学普及和示范推广工作,为被动式超低能耗建筑及材料产业的协同发展做出了重要的贡献。

根据被动式超低能耗建筑材料产业发展的全产业链特征,我们看到它不仅涉及原料、建材、建筑、施工、新能源、设计、标准和环保等部门,还和农业、固废等综合领域相关,是一个大的系统性工程,和城镇千家万户,乃至经济和社会都有关系。这不是由一两个部门就可以搞好的系统性产业,而是需要多部门和多产业协同努力,才可以全面促进被动式超低能耗建筑的发展。因此,需要国家若干个部门,特别是综合部门来协同努力才能保证被动式超低能耗建筑发展得更好。

政府各主管部门主要应从以下几个方面加强领导和推动工作。

(1) 各部委出台相关政策,引导被动式超低能耗建筑发展

国务院的长期发展规划中曾指出,要发展被动式建筑。随后,住房和城乡建设部出台了若干项被动式建筑的指导性标准和导则,并做了一些试点,作用很大。但其力度还不够,亟待出台更加有力的政策鼓励措施,来激励和引领被动式超低能耗建筑的发展。

其他相关的部委也需要从各自管理的领域,出台一批组合政策,特别是针对新材料、新能源、固废利用(包括农业固废的利用)、工业固废和矿山尾矿等的鼓励政策和法规。

(2) 各地方政府出台有力措施,扶植样板示范项目多点开花

在过去的近 10 年里,由于各级政府部门的认识水平不一,对于被动式超低能耗建筑及材料领域的政策支持和鼓励等措施,很多是由地方政府来出台和执行的,因此也是良莠不齐。国家层面的政策大多是意向性的建议,缺乏强制性标准。

在被动式超低能耗建筑及材料产业向更高层次发展的新阶段,各级地方政府应出台更加强有力的政策措施,促进被动式超低能耗建筑及材料相关产业的繁荣和快速发展。

地方政府积极发展被动式超低能耗建筑及材料产业的典型案例,可以首推北京市昌平区住房和城乡建设委员会。在昌平区住房和城乡建设委员会的大力支持和扶植下,那里诞生了中国第一个农村建设的被动房整村建制,36 户农民,一同住上了被动房。目前,他们正在把这些成果拓展到京津冀地区,惠及更多的新农村现代农宅建设用户。力图改变千百年来农村“刀耕火种”的原始居住取暖模式,造福一方百姓。

(3) 各级政府部门推行绿色采购、绿色金融、绿色税收和绿色消费

如何促进新的节能建筑和节能材料进入千家万户,除了政府的政策导向外,政府部门如果能在倡导绿色新政的同时,把行动加进来,亲自厉行政府部门的绿色采购、绿色信贷、绿色税收和绿色消费,就能更好地带动人们更快、更好地接受并采用被动式超低能耗建筑。

政府的绿色行动导向和社会道德取向,将会协同激发和鼓励被动式超低能耗建筑和材料产业的绿色发展;社会和企业将会以更高的热情,更加快速、健康和可持续地推动被动式超低能耗建筑材料产业沿着正确道路勇往直前。

5 被动式超低能耗建筑材料发展的对策建议

(1) 政府牵头，总结各地发展被动房的经验和教训，择优而举，从善而行

被动式超低能耗建筑及建材工业在国内发展已经近10年，我们已经走完了引进、消化和吸收的最初阶段。各级政府主管部门应根据全国各地发展的经验，每年定期召开被动式超低能耗建筑产业发展工作会议，及时总结当年工作成果、利弊，再通过政府部门有组织地举办行业新技术、新成果、新产品等交流会议，奖励先进，从政府层面给予表彰先进，督促落后。特别是像河北和石家庄这样的省市，要大力推广和发扬他们的好做法和成熟经验。

(2) 政府主导开展宣传、推广、培训、认证等活动，促进政策、机制研究

广泛宣传推广被动式超低能耗建筑示范企业的经验，充分发挥相关企事业单位、科研院所、联盟、相关协会的作用，开展被动式超低能耗建筑的技术经济政策解读和宣传贯彻活动，如由政府部门牵头设立被动式超低能耗建筑宣传周，做到由上级到下级，层层宣传。另外，通过电视、报刊、网络、微信公众平台等多种媒体，采取宣传手册、专家解读、典型案例等各种形式，普及被动式超低能耗建筑相关知识，宣传发展被动式超低能耗建筑的经济效益、社会效益、环境效益和优越性，提高公众对被动式超低能耗建筑的认知度，营造各方共同关注、支持被动式超低能耗建筑发展的良好氛围。官方媒体主要掌握在各级政府手中，政府各级主管部门出面开展宣传和推广活动，远胜于其他民间自媒体的宣传效果，才更有利于转变人们的观念，消除人们对被动式超低能耗建筑的误会。

国家人力资源和社会保障部应考虑增加培训工种，编制培训教材，定期开展职业技能培训，为被动式超低能耗建筑的发展储备人才。

政府主管部门应开展研究我国的超低能耗建筑及产品的认证标准项目，培育和发展第三方咨询、检测认证中介服务市场；规模化推广机制和模式(绿色金融、EPC等)，加强能力建设、培育产业能力等。

(3) 组织科研力量攻克技术难点、加速技术研发，完善标准体系

针对被动式超低能耗建筑用的相关材料，编制被动式超低能耗建筑用材料的相关标准。特别是对于材料应用技术共性问题，包括产品标准、应用技术规程、评价指标体系等内容，统一立项，组织重点科研院所、大专院校和骨干企业等代表，联合攻关，做到难点热点技术成果全行业共享。制定装配式与被动式超低能耗建筑结合的技术路线与施工规程，以及既有建筑改造成超低建筑的技术路线和标准；加速对被动式装配建筑十大基础材料的研发，并制定相关标准；加强超低能耗建筑的系统技术集成与创新，并形成标准；制定超低能耗建筑区域能源系统的技术解决方案和标准；加强精细化、智能化模拟计算的研究和软件开发，并制定相关标准；制定经济适用的农宅超低能耗建筑技术路线和标准；加强超低能耗建筑运维及后评估相关标准的制定等。

(4) 加大科研投入,提升企业创新能力

支持企业提高自主创新能力,以企业技术创新为主体地位,引导和支持科研院所向企业集聚,以“技术合作服务”“共建研究机构”“创办科技企业”等形式,打造产业技术创新联盟、产学研合作基地和产业共性技术创新平台,加强理论研究和应用技术研究,力争在墙面、屋面和地面材料的生产工艺、技术装备上有重大技术突破,部分接近或达到同期国际先进水平。

(5) 大力开展示范推广,各级政府将试点项目经费列入地方年度财政预算

充分发挥示范项目的引领带动作用,开展被动式超低能耗建筑材料应用示范,制定生产应用联合体及示范企业试点示范申报、评审和验收等办法。以围护结构为重点,选择若干企业作为被动式超低能耗建筑围护结构推广应用示范企业(含生产应用联合体),重点强化结构保温一体化、保温装饰一体化板、叠合楼板、屋面材料和地坪材料的应用。整合现有的产业示范园,进行被动式改造。试点项目要和最新的技术发展相适应。

(6) 加强与信息技术融合

推广智能化生产和BIM(建筑信息模型)技术应用,支持建材企业引进具有国际先进水平的生产线和设备,鼓励企业加快实施以工业机器人等智能化装备为主的自动化、智能化改造,提高部品部件制造精度。鼓励企业使用ERP(企业资源计划)和MES(制造执行系统)等信息化系统,优化生产控制、库存控制及物流、采购、分销管理,提高企业生产效率,降低企业运营成本。推广基于BIM技术的装配式建筑设计方式,在三维可视条件下建设标准化预制构件和部品数据库,开展模拟拼装、部品部件协调检查、工程量数据分析等,提高施工图设计精度和施工效率,降低企业生产成本。

参考文献

[1] SCHNIEDERS J,FEIST W,RONGEN L.Passive houses for different climate zones [J].Energy and Buildings,2015,105:71-87.

[2] BAJC T,TODOROVIC M N,SVORCAN J.CFD analyses for passive house with Trombe wall and impact to energy demand[J].Energy and Buildings,2015,98:39-44.

[3] SUN Y J.Sensitivity analysis of macro-parameters in the system design of net zero energy building[J].Energy and Buildings,2015,86:464-477.

[4] TOMMERUP H,ROSE J,SVENDSEN S.Energy-efficient houses built according to the energy performance requirements introduced in Denmark in 2006[J].Energy and Buildings,2007,39(10):1123-1130.

[5] THALFELDT M,PIKAS E,KURNITSKI J,et al.Facade design principles for nearly zero energy buildings in a cold climate[J].Energy and Buildings,2013,67:309-321.

[6] MUSALL E.Net zero energy solar buildings:An overview and analysis on worldwide building projects[EB /OL]. [2013-7-17]. http://www. enob. info/fileadmin/media/Projektbilder/EnOB/Thema_Nullenergie/EuroSun_Conference_Graz_2010_Net _Zero_Energy_Solar_Buildingsx.

[7] 李慧星,张然,冯国会,等.严寒地区近零能耗建筑与常规建筑空调能耗模拟对比分析[J].建筑节能,2015,43(6):10-12.

[8] 李怀,徐伟,吴剑林,等.基于实测数据的地源热泵系统在某近零能耗建筑中运行效果分析[J].建筑科学,2015,31(06):124-130.

[9] 张时聪,徐伟,姜益强,等.国际典型"零能耗建筑"示范工程技术路线研究[J].暖通空调,2014,44(1):52-59.

[10] MARSZAL A J,HEISELBERG P,BOURRELLE J S,et al.Zero energy building—A review of definitions and calculation methodologies[J].Energy and Buildings,2011,43(4):971-979.

[11] RAMM W.Report concerning stress tests under dynamic load with regard to an anchoring of three-layered facade panels according to the DEHA-TM System (in German)[R].University of Kaiserslautern,1992.

[12] BENAYOUNE A,SAMAD A A A,TRIKHA D N,et al.Structural behaviour of eccentrically loaded precast sandwich panels[J].Construction and Building Materials,2006,20:713-724.

[13] NAITO C,HOEMANN J,BEACRAFT M,et al.Performance and characterization of shear ties for use in insulated precast concrete sandwich wall panels[J].Journal of Structure Engineering,2012,138(1):52-61.

[14] WOLTMAN G, TOMLINSON D, FAM A. Investigation of various GFRP shear connectors for insulated precast concrete sandwich wall panels [J]. Journal of Composites for Construction,2013,17(5):711-721.

[15] EKENEL M. Testing and acceptance criteria for fiber-reinforced composite grid connectors used in concrete sandwich panels [J]. Journal of Materials in Civil Engineering,2014,26(5):1-5.

[16] KIM J H,YOU Y C.Composite behavior of a novel insulated concrete sandwich wall panel reinforced with GFRP shear grids: Effects of insulation types[J]. Materials, 2015(8):899-913.

[17] KAZEM H,BUNN W G,SELIEM H M,et al.Durability and long term behavior of FRP/foam shear transfer mechanism for concrete sandwich panels[J].Construction and Building Materials,2015,98:722-734.

[18] AMRAN Y H M,ALI A AA,RASHID R S M,et al.Structural behavior of axially loaded precast foamed concrete sandwich panels [J]. Construction and Building Materials,2016,107:307-320.

[19] 田长青,石文星,王森. 用于寒冷地区双级压缩变频空气源热泵的研究[J]. 太阳能学报,2004(03):388-393.

[20] 王林,陈光明,陈斌,等. 一种用于低温环境下新型空气源热泵循环研究[J]. 制冷学报,2005(02):34-38.

[21] AFJEI T H,SUTER P,FAVRAT D.Experimental analysis of an invert-driven scroll compressor with liquid injection [J]. Proceedings of International Compressor Engineering Conference at Purdue,1992(2):541-550.

[22] YANAGISAWA T,FLEMING J S,DUTTA A K,et al.A study of a refrigerant cycle driven by a liquid refrigerant injected compression[J]. Proceedings of the ASME Advance Energy System Division,1997,337:295-302.

[23] ASIT K D,TADASHI Y,MITSUHIRO F.An investigation of the performance of a scroll compressor under liquid referigerant injection[J].Inter Journal of Refrigeration,2001, 24:577-587.

[24] 山神胜治.冷媒加热式ルムエアつン用バナの开发[J].三菱重工技报,1998,35(2).

[25] 梁士民.基于空气源热泵机组本构配置优化的抑霜理论与技术研究[D].北京:北京工业大学,2020.

[26] 周伟.太阳能光伏光热复合空气源热泵热水系统性能研究[D].南京:东南大学,2016.

[27] 科技纵览.晶硅光伏电池效率创 26.3%世界纪录[EB/OL].[2017-06-30]. https://guangfu.bjx.com.cn/news/20170630/834299.shtml.

[28] PÉREZ-ESPINOSA R,GARCÍA-VALLADARES O.Solar collector simulator (SolCoSi): A new validated model for predicting the thermal performance of flat plate solar collectors [J].Journal of Renewable and Sustainable Energy,2018,10(1):1-19.

[29] FERAHTA F, ABID C. Intensification of a flat solar collector efficiency[J]. The

European Physical Journal Applied Physics，2018，83(3)：303-309.

[30] DEHAJ M S，MOHIABADI M Z. Experimental investigation of heat pipe solar collector using MgO nanofluids[J].Solar Energy Materials and Solar Cells，2019，191：91-99.

[31] EIDAN A A，ALSAHLANI A，AHMED A Q，et al. Improving the performance of heat pipe-evacuated tube solar collector experimentally by using Al_2O_3 and CuO/acetone nanofluids[J].Solar Energy，2018，173：772-780.

[32] TAGLE-SALAZAR P D，NIGAM K D P，RIVERA-SOLORIO C I. Heat transfer model for thermal performance analysis of parabolic trough solar collectors using nanofluids[J].Renewable Energy，2018，125：334-343.

附录1　2016—2021年各地超低能耗建筑政策汇总

附表1　2016—2021年各地超低能耗建筑政策汇总

名称	颁布时间
《关于加强县城绿色低碳建设的意见》	2021年
《关于印发“十四五”公共机构节约能源资源工作规划的通知》	2021年
《高标准商品住宅建设方案评审内容和评分标准》	2021年
《南京市绿色建筑示范项目管理办法》	2021年
《关于组织申报2021年度市级建筑节能专项引导资金示范项目的通知》	2021年
《关于印发2021年全省建筑节能与科技工作要点的通知》	2021年
《2021年河北省被动式超低能耗建筑产业发展项目资金申报指南》	2021年
《关于支持被动式超低能耗建筑产业发展的若干措施的通知》	2021年
《山东省被动式超低能耗公共建筑技术规范》(征求意见稿)	2021年
《上海市超低能耗建筑项目管理规定(暂行)》	2021年
《超低能耗居住建筑设计标准》(DB/T 29—274—2020)	2020年
《天津市绿色建筑发展“十四五”规划》	2021年
《关于加快推进被动式超低能耗建筑发展的实施意见(试行)》	2021年
《关于组织申报建筑节能以奖代补资金示范项目的补充通知》	2021年
《厦门市绿色建筑创建行动实施计划》	2021年
《广西建筑节能与绿色建筑“十四五”规划》(征求意见稿)	2021年
《上饶市绿色建筑创建行动实施方案》	2021年
《南昌市绿色建筑创建行动实施计划》	2021年
《包头市加强建筑节能和发展绿色建筑工作方案》	2021年
《关于加强建筑节能和绿色建筑发展的实施意见》	2021年
《超限高层建筑工程绿色创新技术导则》	2021年
《西安市绿色建筑创建行动工作方案》	2021年
《2021年郑州市建筑节能与装配式建筑发展工作要点》	2021年
《焦作市进一步推进装配式建筑发展实施方案》	2021年
《吉林省建筑节能奖补资金管理办法》	2021年

续附表1

名称	颁布时间
《大连市2021年被动式超低能耗建筑工作要点》	2021年
《大连市建筑业发展“十四五”规划》(征求意见稿)	2021年
《安徽省装配式建筑发展“十四五”规划(征求意见稿)》	2021年
《安徽省建筑节能与绿色建筑“十四五”发展规划(征求意见稿)》	2021年
《湖南省绿色建造试点实施方案》	2021年
《成都市绿色建筑创建行动实施计划》	2021年
《云南省节约能源条例(修订草案征求意见稿)》	2021年
《北京市住房城乡建设系统污染防治攻坚战2020年行动计划实施方案》	2020年
《北京市发展和改革委员会2020年生态环境保护工作计划和措施》	2020年
《被动式超低能耗建筑产业发展专项规划(2020—2025年)》	2020年
《河北省被动式超低能耗建筑产业发展专项规划实施方案(2020—2025年)》	2020年
《2020年全省住房城乡建设系统大气污染防治攻坚战工作方案》	2020年
《关于下达2020年装配式建筑和超低能耗建筑示范计划任务的通知》	2020年
《绿色建筑专项行动方案》	2020年
《省政府关于推进绿色产业发展的意见》	2020年
《天津经济技术开发区促进绿色发展暂行办法》	2020年
《2020年建筑节能与科技工作要点》	2020年
《宜昌市人民政府关于推进被动式超低能耗建筑发展的意见(试行)》	2019年
《关于组织申报2019年度青岛市绿色建筑及装配式建筑奖励资金的通知》	2019年
《黑龙江省被动式低能耗居住建筑设计标准》	2019年
《上海市超低能耗建筑技术导则(试行)》	2019年
《近零能耗建筑技术标准》	2019年
《江苏省超低能耗居住建筑技术导则(征求意见稿)》	2019年
《2019年全市建筑节能、绿色建筑与装配式建筑工作方案》	2019年
《河南省关于超低能耗建筑和装配式建筑项目拟列入2019年省节能和资源循环利用专项资金计划项目公示 》	2019年
《近零能耗建筑检测评价标准(征求意见稿)》	2019年
《重庆市被动式低能耗建筑围护结构建筑构造》(征求意见稿)	2019年
《吉林省超低能耗绿色建筑技术导则》	2019年
《郑州市关于征集超低能耗建筑专家库专家的通知》	2019年

续附表1

名称	颁布时间
《郑州市发展和改革委员会关于下达2019年郑州市清洁取暖试点城市示范项目奖补资金计划(第一批)的通知》	2019年
《湖南省绿色建筑发展条例》(征求意见稿)	2019年
《河北省绿色建筑评价工作要点》	2019年
《河北省超低能耗建筑评价工作要点》	2019年
《山西转型综改示范区绿色建筑扶持办法(试行)》	2019年
《广东省2019年能耗“双控”工作方案》	2019年
《北京经济技术开发区2019年度绿色发展资金支持政策》	2019年
《重庆市关于推进绿色建筑高品质高质量发展的意见》	2019年
《沧州市关于加快推进超低能耗建筑发展的实施意见》	2019年
《被动式超低能耗建筑评价标准》[DB13(J)/T 8323—2019]	2019年
《被动式超低能耗建筑节能检测标准》[DB13(J)/T 8324—2019]	2019年
《山东省关于实施绿色建筑引领发展行动的意见》	2019年
《河北省关于省级建筑节能专项资金使用有关问题的通知》	2018年
《2018年全市建筑节能、绿色建筑与装配式建筑工作方案》	2018年
《郑州市清洁取暖试点城市示范项目资金奖补政策》	2018年
《省住房和城乡建设厅 省财政厅关于组织申报2018年度省级节能减排(建筑节能和建筑产业现代化)奖补资金项目的通知》	2018年
《关于落实被动式超低能耗建筑优惠政策工作的通知》	2018年
《衡水市住房和城乡建设局关于加快推进被动式超低能耗建筑发展的实施意见(试行)》	2018年
《2018年全市建筑节能、绿色建筑与装配式建筑工作方案》	2018年
《保定市人民政府关于推进被动式超低能耗绿色建筑发展的实施意见》(试行)	2018年
《张家口市关于对装配式或被动式商品房项目优先办理有关事项的通知》	2018年
《张家口装配式建筑和被动式超低能耗项目建筑面积及财政奖励实施细则》	2018年
《甘肃省住房和城乡建设厅关于组织申报2018年建筑节能绿色建筑装配式建筑计划项目及专项资金的通知》	2018年
《广西建筑节能与绿色建筑“十三五”规划》	2017年
《2017年全省建筑节能与科技工作要点》	2017年
《2017年全省建筑节能与绿色建筑发展工作意见》	2017年

续附表1

名称	颁布时间
《石家庄市建筑节能专项资金管理办法》	2017年
《关于组织申报2017年建筑节能及绿色建筑相关示范储备项目的通知》	2017年
《湖北省"十三五"建筑节能与绿色建筑发展规划》	2017年
《全面推进绿色建筑发展实施方案》	2017年
《省住房城乡建设厅 省财政厅关于组织申报2017年度省级节能减排(建筑节能)专项引导资金的通知》	2017年
《四川省建筑节能与绿色建筑发展"十三五"规划》	2017年
《江西省建筑节能与绿色建筑发展"十三五"规划》	2017年
《北京市超低能耗建筑示范工程项目及奖励资金管理暂行办法》	2017年
《山东省被动式超低能耗绿色建筑示范工程专项验收技术要点》	2017年
《宁夏回族自治区绿色建筑示范项目资金管理暂行办法》	2017年
《山东省绿色建筑与建筑节能发展"十三五"规划(2016—2020年)》	2016年
《2016年全省建筑节能工作意见》	2016年
《湖南省建筑节能与科技及标准化2016年工作要点》	2016年
《福建省建筑节能和绿色建筑"十三五"专项规划》	2016年
《上海市建筑节能和绿色建筑示范项目专项扶持办法》	2016年
《北京市"十三五"时期民用建筑节能发展规划》	2016年
《哈尔滨市"十三五"期间开展绿色建筑行动实施方案》	2016年
《提高住宅建筑节能标准发展被动式超低能耗绿色建筑的实施方案(试行)》	2016年
《北京市推动超低能耗建筑发展行动计划(2016—2018年)》	2016年
《株洲市绿色建筑行动实施方案》	2016年
《青岛市"十三五"建筑节能与绿色建筑发展规划》	2016年

附录2　我国被动式超低能耗建筑示范项目工程

2016 年至 2020 年 7 月，全国不同层面累计发布被动式超低能耗建筑相关政策 90 余项，多个省市地区结合自身实际情况出台了相关政策，鼓励本地区被动式低能耗建筑快速发展。截至 2020 年 7 月，我国各气候区各省市发布的有关政策统计见附表 2 和附图 1。

附表 2　我国各气候区各省市发布的有关政策统计

气候区	省/市	政策
严寒地区	吉林	《吉林省超低能耗绿色建筑技术导则》
	黑龙江	《被动式低能耗居住建筑设计标准》(DB23/T 2277—2018)
		《2020 年全省建设标准和科技工作要点》
		《哈尔滨市“十三五”期间开展绿色建筑行动实施方案》
	辽宁	《辽宁省绿色建筑条例》
	青海	《被动式低能耗建筑技术导则(居住建筑)》(DB63/T 1682—2018)
	新疆乌鲁木齐市	《全面推进绿色建筑发展实施方案》
寒冷地区	北京	《北京市公共建筑能效提升行动计划(2016—2018 年)》
		《北京市超低能耗建筑示范工程项目及奖励资金管理暂行办法》
		《北京市超低能耗示范项目技术导则》
		《北京市超低能耗农宅示范项目技术导则》
		《超低能耗建筑列入 2020 年度建筑绿色发展课题研究》
		《北京市推动超低能耗建筑发展行动计划(2016—2018 年)》
		《北京市发展和改革委员会 2020 年生态环境保护工作计划和措施》
	天津	《关于加快推进被动式超低能耗建筑发展的实施意见》
		《天津市建筑节能技术、工艺、材料、设备的推广、限制和禁止使用目录(2019 版)》
		《天津经济技术开发区促进绿色发展暂行办法》
	河北	《河北省促进绿色建筑发展条例》
		《关于印发河北省绿色建筑和超低能耗建筑评价工作要点的通知》
		《河北省推进绿色建筑发展工作方案》
		《被动式超低能耗公共建筑节能设计标准》[DB13(J)/T 263—2018]

续附表2

气候区	省/市	政策
寒冷地区	河北	《被动式超低能耗居住建筑节能设计标准》[DB13(J)/T 273—2018]
		《2020年全省村镇建设工作要点》
		《2020年全省建筑节能与科技和装配式建筑工作要点》
		《石家庄市被动式超低能耗建筑产业发展专项规划(2020—2025年)》
		《河北省被动式超低能耗建筑产业发展专项规划实施方案(2020—2025年)》
		《加强被动式超低能耗建筑工程质量管理二十条措施(征求意见稿)》
		《石家庄市建筑节能专项资金管理办法》
		《关于落实被动式超低能耗建筑优惠政策工作的通知》
		《关于被动房和装配式建筑有关工作的通知》
		《关于加快被动式超低能耗建筑发展的实施意见》
		《2020年全市建筑节能、绿色建筑与装配式建筑工作方案》
		《保定市人民政府关于推进被动式超低能耗绿色建筑发展的实施意见(试行)》
		《加快推进绿色建筑发展实施方案》
		《承德市人民政府关于加快推进建筑产业现代化的实施意见》
		《保定市人民政府关于推进被动式超低能耗建筑发展的实施意见(试行)》
		《张家口市住房和城乡建设局关于做好装配式和被动式超低能耗建筑推进工作的通知》
		《沧州市人民政府办公室关于加快推进超低能耗建筑发展的实施意见》
		《石家庄市被动式超低能耗建筑产业发展专项规划(2020—2025年)》
		《保定市绿色建筑专项规划》(2020—2025)
		《关于加快推进绿色建筑、装配式建筑和被动式超低能耗建筑工作的通知》
	山东	《山东省绿色建筑促进办法》
		《山东省被动式超低能耗绿色建筑示范工程项目管理办法》
		《被动式超低能耗居住建筑节能设计标准》(DB37/T 5074—2016)
		《山东省被动式超低能耗绿色建筑示范工程专项验收技术要点》
		《山东省省级建筑节能与绿色建筑发展专项资金管理办法》
		《山东省超低能耗建筑施工技术导则》(JD 14—041—2018)
		《关于实施绿色建筑引领发展行动的意见》
		《山东省住房和城乡建设厅关于下达2020年装配式建筑和超低能耗建筑示范计划任务的通知》
		《山东省绿色建筑与建筑节能发展"十三五"规划(2016—2020年)》

续附表2

气候区	省/市	政策
寒冷地区	山东	《青岛市"十三五"建筑节能与绿色建筑发展规划》
		《青岛市推进超低能耗建筑发展的实施意见》
		《关于贯彻落实〈山东省绿色建筑促进办法〉的实施方案》
		《青岛市绿色建筑与超低能耗建筑发展专项规划(2021—2025)》
		《济南市鼓励提升城市建筑品质实施意见》(征求意见稿)
		《2020 年全市住房和城乡建设工作要点》(淄博市)
	河南	《河南省财政支持生态环境保护若干政策》
		《河南省节能和资源循环利用专项资金及项目建设管理办法》
		《河南省超低能耗居住建筑节能设计标准》(DBJ41/T 205—2018)
		《关于支持建筑业转型发展的十条意见》
		《郑州市人民政府关于发展超低能耗建筑的实施意见》
		《郑州市清洁取暖试点城市示范项目资金奖补政策》
		《焦作市冬季清洁取暖财政专项资金管理暂行办法》
		《河南省住房和城乡建设厅关于印发 2020 年全省住房城乡建设系统大气污染防治攻坚战工作方案的通知》
		《郑州市人民政府关于发展超低能耗建筑的实施意见》
	山西	《山西转型综改示范区绿色建筑扶持办法》
		《2020 年建筑节能与科技工作要点》
	宁夏	《宁夏回族自治区绿色建筑示范项目资金管理暂行办法》
	甘肃	《甘肃省住房和城乡建设厅关于组织申报 2018 年建筑节能绿色建筑装配式建筑计划项目及专项资金的通知》
夏热冬冷地区	上海	《上海市超低能耗建筑技术导则(试行)》
		《上海市住房和城乡建设管理委员会关于印发 2019 年本市各区和相关委托管理单位建筑节能工作任务分解目标的通知》
		《上海市建筑节能和绿色建筑示范项目专项扶持办法》
	重庆	《重庆市住房和城乡建设委员会关于推进绿色建筑高品质高质量发展的意见》
		《2020 年绿色建筑与建筑节能工作要点》
	江苏	《省住房城乡建设厅关于组织申报 2020 年度江苏省节能减排(建筑节能)专项资金奖补项目的通知》
		《江苏省政府关于推进绿色产业发展的意见》
	湖北	《2016 年全省建筑节能工作意见》

续附表2

气候区	省/市	政策
夏热冬冷地区	湖北	《2017年全省建筑节能与绿色建筑发展工作意见》
		《湖北省"十三五"建筑节能与绿色建筑发展规划》
		《市人民政府办公室关于推进被动式超低能耗建筑发展的意见(试行)》(宜昌市)
		《被动式超低能耗(居住)绿色建筑节能设计标准(征求意见稿)》
		《2020年建筑节能和绿色建筑发展工作意见》
	湖南	《湖南省绿色建筑发展条例》(征求意见稿)
		《湖南省建筑节能与科技及标准化2016年工作要点》
	江西	《江西省"十三五"节能减排综合工作方案》
		《江西省建筑节能与绿色建筑发展"十三五"规划》
	四川	《四川省建筑节能与绿色建筑发展"十三五"规划》
夏热冬暖地区	福建	《福建省建筑节能和绿色建筑"十三五"专项规划》
	广东	《广东省2019年能耗"双控"工作方案》
	广西	《广西建筑节能与绿色建筑"十三五"规划》

截止到2020年7月,严寒地区共发布7项政策,占比8%;寒冷地区共发布政策62项,占比69%;夏热冬冷地区发布18项政策,占比20%;夏热冬暖地区发布政策3项,占比3%(附图1)。

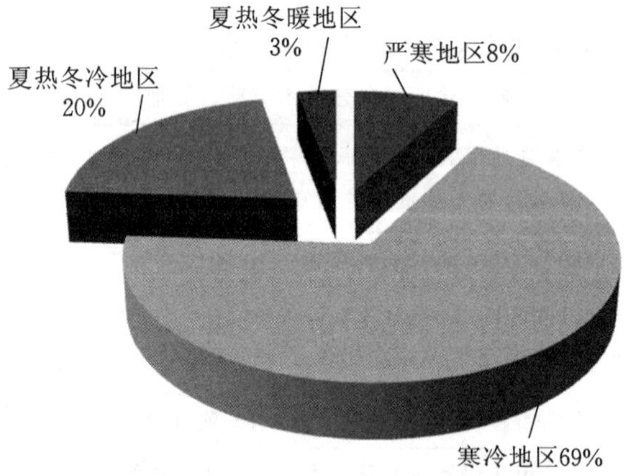

附图1　各气候区发布政策统计

就目前全国各地发布的政策密集度来看,各省市被动式低能耗建筑的发展程度不一,这是由于各省市所在气候区不同,对于满足被动房室内舒适度标准所要解决的能源负荷和环境影响问题也不尽相同。我国河北省与德国所处气候区类似,故河北省的相关政策密集度远远高于其他省市,且率先出台了地方标准《被动式超低能耗居住建筑节能设计标准》[DB13(J)/T 273—2018]。

附录3 通过 PHI 认证的被动房案例

一、奥润顺达专家公寓楼

奥润顺达专家公寓楼位于河北省高碑店市112国道东侧，项目总建筑面积8016.32 m^2，其中计算建筑面积7137.49 m^2，地下1层，地上9层，建筑高度31.05 m(附图2)，抗震设防烈度为8度。于2014年11月14日开工，2015年8月30日竣工。

附图2 奥润顺达专家公寓楼外观

奥润顺达专家公寓楼使用了带热回收的新风系统，将冷热系统、新风系统、智能控制系统三大系统融为一体。冷热系统依靠空气源热泵以室外空气为能量源，夏季制冷、冬季制热，分别向室内输送热量和冷气，对房间微气候进行调节；智能控制系统全年全天候自动维持室内环境并按照设定模式节能运行，同时通过安装在房间内的 CO_2 感应器来感知并自动调节室内的空气清新度。生活热水通过太阳能热水器供应，尽可能地利用可再生资源。

外围护结构保温系统为220 mm厚B1级石墨聚苯板加防火隔离带，屋顶保温采用220 mm厚挤塑聚苯板，±0.000以下室外外墙保温选用泡沫玻璃保温层，既防水、耐酸耐碱、保温，还避免热桥产生。外窗采用被动窗，外门采用被动式户门，该户门也是我国首款取得PHI认证的被动式户门，具备防火、防盗、保温、隔声等功能。

该建筑凭借优异的性能经受住了2015年冬季30多天阴霾天气的考验。以样板间为例：公寓楼样板间面积为178 m^2，处于无人居住状态(即无生活得热)，在满足被动式建筑能耗需求的前提下，2015年冬季时其建筑室内温度一直维持在22～26 ℃之间。

该被动房能够在严寒的冬季和酷热的夏季给居住者带来舒适的居住环境，同时降低建筑的能耗。

项目具体情况：

① 技术顾问：河北洛卡恩节能科技有限公司；

② 结构形式：剪力墙结构；

③ 外墙：钢筋混凝土结构层＋U 值为 0.139 W/(m^2·K)的 220 mm 石墨聚苯板；

④ 屋顶：钢筋混凝土结构层＋220 mmXPS 保温板＋25 mm 1∶3 干硬性水泥砂浆结合层＋2 道(3＋3) mm SBS 防水层＋30 mm C20 细石混凝土找平层＋20 mm 1∶2.5 水泥砂浆找平层，U 值为 0.128 W/(m^2·K)；

⑤ 地下室底板：钢筋混凝土结构层＋220 mm XPS 保温板，U 值为 0.131 W/(m^2·K)；

⑥ 不采暖地下室外墙：钢筋混凝土结构层＋220 mm 泡沫玻璃，U 值为 0.246 W/(m^2·K)；

⑦ 建筑气密性：n_{50}＝0.37 次/h；

⑧ 窗户：安装后窗框传热系数 U 值为 0.74 W/(m^2·K)；

⑨ 玻璃：三层玻璃，Low-E 涂层内充氩气，U＝0.64 W/(m^2·K)，太阳能总投射比 g＝41%；

⑩ 机械系统：通风系统和防冻设备采用洛卡恩除霾全热交换新风一体机；

⑪ 供暖：通过除霾全热交换新风一体机实现通风供暖；

⑫ 生活热水：平板阳台式热水系统；

⑬ 采暖需求(根据 PHPP)：13 kW·h/(m^2·a)；

⑭ 供暖负荷(根据 PHPP)：10 W/m^2；

⑮ 制冷需求(根据 PHPP)：19 kW·h/(m^2·a)；

⑯ 制冷负荷(根据 PHPP)：7 W/m^2；

⑰ 一次能源需求(根据 PHPP，含所有电力需求)85 kW·h/(m^2·a)。

二、东方雨虹新材料装备研发总部基地 E 楼

东方雨虹新材料装备研发基地 E 楼位于北京经济技术开发区Ⅲ-4 街区 C4M1 地块。园区地上共 7 栋单体建筑，其中“E 楼倒班宿舍”申请了北京市超低能耗建筑示范项目。“E 楼倒班宿舍”地上共十二层，建筑面积为 12173 m^2，房间主要功能为倒班宿舍及其配套设施(附图 3)。

附图 3　东方雨虹 E 楼倒班宿舍效果图

在进行“E 楼倒班宿舍”建筑设计时，采用被动式超低能耗建筑的技术措施，同时结合高效冷热源等主动式节能技术，以最小的能源消耗提供最优的室内环境。该楼由中国建筑设计研究院有限公司设计，中国建筑科学研究院有限公司、住房和城乡建设部科技与产业化发展中心提供被动式超低能耗建筑技术咨询。

“E 楼倒班宿舍”外围护结构的技术性能：外墙、屋面、楼板等各个部位使用不同保温材料且均按照相关标准进行加强，以全面达到《被动式超低能耗绿色建筑技术导则（试行）》（居住建筑）和《北京市超低能耗建筑示范项目技术要点》的要求。

① 外墙保温。外墙采用导热系数为 0.040 W/(m^2·K)的 270 mm 厚岩棉板，外表面采用纤维水泥板或类似的装饰板。保温层连续，不出现结构性热桥，外保温系统的链接锚栓采取阻断热桥措施。

② 屋面保温。屋面外保温材料采用 250 mm 挤塑聚苯板，水平防火隔离带处保温材料改为岩棉板，宽度为 500 mm。保温层下铺设隔汽层，保温层上铺设 4 mm+3 mm 厚两层防水卷材。

③ 地下室外墙外保温。自室外地坪以上 300 mm 伸入地下部分，采用挤塑聚苯板保温材料，保温内、外侧均由防水层包裹，并在地上与外墙交圈。

④ 地下室顶板及首层地面保温。非采暖地下室顶板的保温材料采用 180 mm 厚岩棉保温板，保证地面或地下室上部楼板不出现内部结露现象。

三、威海市中小学生教育中心二号主题教育馆

威海市中小学生综合实践教育中心（附图 4）位于威海市临港经济技术开发区，威石路以北，许家屯、王家产和吐羊口之间。场地完全融入大自然的景观之中，环境优美，适合教学活动的开展。总规划用地面积 101583 m^2，其中可建设用地面积 66626 m^2，总建筑面积为 31022.65 m^2。容积率 0.45，绿地率 50.5%。综合实践教育中心内主要是五层和七层的建筑群，设有科技教育、主题教育、劳动技术教育、社会实践教育、体能拓展等不同版块。室外部分包括体能拓展区、野战训练区、生态园等。

项目分两期进行建设，其中一期 26016.42 m^2已经建成。二期工程二号主题教育馆按照被动式低能耗建筑标准设计、建造，占地面积 1281.43 m^2，建筑面积 5006.23 m^2，地上四层，建筑高度为 20 m（高度从室外地面算至檐口）。建筑体型系数 0.23。各朝向窗墙比为：南向 0.29，北向 0.16，东向 0.09，西向 0.09。

二号主题教育馆为钢筋混凝土框架结构，主体结构设计使用年限 50 年，结构安全等级二级，抗震设防烈度 7 度，耐火等级为二级。

外围护结构的技术性能：该项目地上四层均属于被动式低能耗建筑技术处理范围。外墙采用 200 mm 厚 B1 级石墨聚苯板，每层设置 300 mm 宽岩棉防火隔离带；屋面采用 250 mm厚挤塑聚苯板；地面采用 100 mm 厚挤塑聚苯板；室外地坪以下外墙采用 200 mm 厚泡沫玻璃。外墙、屋面、地面、接触土壤的外墙的传热系数分别达到了 0.15 W/(m^2·K)、0.11 W/(m^2·K)、0.24 W/(m^2·K)、0.23 W/(m^2·K)。

附图 4　威海市中小学生综合实践教育中心二号主题教育馆

四、日照新型建材住宅示范区 27＃住宅楼

日照新型建材住宅示范区 27＃住宅楼(附图 5)是山东省首例采用被动式低能耗建筑标准设计的住宅建筑。该项目是山东省首批 11 个省级被动式超低能耗绿色建筑试点示范项目之一，于 2014 年成为中德合作被动式低能耗建筑示范项目，同时被列入住房和城乡建设部 2014 年科学技术计划项目。2015 年 9 月 10 日，在第十四届中国国际住宅产业暨建筑工业化产品与设备博览会上，该建筑获得中德合作高能效建筑——被动式低能耗建筑质量标识。

附图 5　日照新型建材住宅示范区 27＃住宅楼外观

该项目位于日照市潮石路与山海二路交界处，由日照山海天城建开发有限公司建设，山东瑞象建筑设计院有限公司设计，施工单位是日照山海天建筑安装工程有限公司，被动式建筑咨询是由住房和城乡建设部科技与产业化发展中心(CSTC)、德国能源署(dena)两个单位共同完成。

该项目地上五层为被动式低能耗建筑技术处理范围，总示范建筑面积为 4884 m^2。该项目外墙保温材料采用 200 mm 厚 B1 级石墨聚苯板，外墙每层设置 300 mm 宽岩棉防火隔离带；屋面保温材料采用 250 mm 厚 B1 级石墨聚苯板。外墙、屋面、不采暖地下室顶板各部位的传热系数分别达到了 0.15 W/(m^2·K)、0.12 W/(m^2·K)、0.12 W/(m^2·K)。

建筑内部分户墙两侧均采用 30 mm 厚改性酚醛板，楼电梯间隔墙采用 80 mm 厚改性酚醛板，楼板采用 5 mm 厚隔声垫及 60 mm 厚挤塑聚苯板，室外地坪±0.000 以下部分的外墙保温选用 200 mm 厚泡沫玻璃。

该项目的外墙外保温系统由江苏卧牛山保温防水技术有限公司提供，所供应的产品包括石墨改性膨胀聚苯板、外墙外保温系统通用型胶粘剂、外墙外保温系统通用型抹面胶浆等。其中石墨改性膨胀聚苯板抽检测试结果为：表观密度 21 kg/m^3，压缩强度 109 kPa，导热系数 0.031 W/(m·K)，尺寸稳定性 0.2%，水蒸气透过系数 4.4 ng/(Pa·m·s)，吸水率(体积分数)1%，熔结性(断裂弯曲负荷)30 N，垂直于板面方向的抗拉强度 0.2 MPa，氧指数 35%。

挤塑聚苯乙烯泡沫保温板由日照子宇保温建材有限公司供应，抽检检测结果为：压缩强度 281 kPa，导热系数(平均温度 25 ℃时)0.029 W/(m·K)，透湿系数 1.7 ng/(Pa·m·s)，吸水率(浸水 96 h)1.4%，尺寸稳定性 0.2%。

改性酚醛泡沫板由山东圣泉化工股份有限公司供应，抽样检测结果为：体积密度 38 kg/m^3，压缩强度 152 kPa，弯曲断裂力 26 N，导热系数(平均温度 25 ℃时)0.022 W/(m·K)，透湿系数 6.8 ng/(Pa·m·s)，吸水率(体积分数)4.6%，垂直于板面方向的抗拉强度 114 kPa。

五、中德生态园(Sino-German Ecopark)被动房技术中心

中德生态园被动房技术中心(附图 6)于 2015 年 3 月开工建设，2016 年 8 月完工并正式投入使用。项目占地面积 4843 m^2，总建筑面积 13768.6 m^2，其中地上建筑面积 8187.15 m^2，地下建筑面积 5581.45 m^2。项目共分为地上 5 层，半地下一层，地下一层，功能主要包括会议、展厅、办公以及部分体验式公寓。该项目获得由德国被动房研究所(PHI)颁发的被动房认证，同时获得国内绿色建筑三星认证。项目设计单位为青岛北洋建筑设计有限公司。根据项目运行能耗监测结果显示，项目每年可节约一次能耗约 130 万 kW·h，节约运行费用约 55 万元，减少碳排放量 664 t，与现行国家节能设计标准相比，节能率高达 90%以上。

附图 6　中德生态园被动房技术中心实景

六、神农湾酒店

神农湾酒店(附图7)位于湖南省株洲市炎陵县东北部神农谷国家森林公园景区入口的山谷里。该项目由湖南神农洞天旅游开发有限公司投资改建,总建筑面积为7940.63 m^2,设计施工总承包方为伟大集团节能房股份有限公司和株洲市城乡建筑设计院。严寒地区被动式低能耗建筑可参考德国被动房设计标准,但该项目位于夏热冬冷地区,因此,其设计方案因地制宜,没有照搬德国被动房的能耗标准,而是追求在满足建筑物室内高舒适性和建设成本经济性的前提下,最大限度地降低能耗。该项目对室内环境要求为:温度20~26 ℃,相对湿度40%~70%,二氧化碳含量≤1000 ppm,门窗室内侧无结露。该项目全年能耗节约率可达89.82%。

附图7　神农湾酒店

七、哈尔滨"辰能·溪树庭院"B4楼

哈尔滨"辰能·溪树庭院"B4楼(附图8)是我国严寒地区的第一个被动式房屋。该项目设计单位为哈尔滨工业大学建筑设计研究院。B4楼总面积7800 m^2,共11层,外加一层阁楼(作为生活使用空间),地下室为新风机房层,地下一层与车库相连,剪力墙结构,体形系数为0.25。该楼分三个单元,每单元共11户,户型有二室二厅和三室二厅两种,南北通透。该项目2012年开工,2014年竣工。该项目采用生物质锅炉和生物质燃料来确保冬季送入室内新风的温度保持在18 ℃以上。

八、中节能·美景家园1号楼

中节能·美景家园1号楼(附图9)位于福建省南安市,该项目建筑面积6271.14 m^2,建筑层数18层,框剪结构,设计单位为北京中建建筑设计院有限公司和厦门合道工程设计集团有限公司。该项目是我国夏热冬暖地区第一个被动式低能耗房屋项目。该项目的被动式节能技术措施包括外墙和屋面的100 mm厚B1级保温材料、被动房专用门窗等。华南地区全年湿度均在70%以上,因此项目配备了带除湿功能的空气源热泵空调系统。该项目可为探索适应我国夏热冬暖地区的被动式建筑技术策略、修订当地建筑能效标准提供经验和数据。

附图8　哈尔滨“辰能·溪树庭院”B4楼

附图9　中节能·美景家园1号楼

九、首堂·创业家

“首堂·创业家”(附图10)住宅项目总建筑面积15万平方米,是我国已建并投入使用的最大的被动式超低能耗绿色建筑。该建筑全部采用被动式超低能耗建筑形式,同时投入智能家居、远程安防控制系统、智慧社区服务系统。以此项目作为示范引领,带动了新区宜居宜业环境的打造,吸引人才聚集,促进产业落地。首堂·创业家住宅是由三层联排、四层叠拼及九层花园洋房组成。该项目全部采用德国先进的被动房工法技术，其节能率高达90%以上，通过保温隔热性能更高的围护结构、保温隔热性能和气密性能更高的外窗、无热桥的设计与施工、建筑整体的高气密性，以及定制的高效新风热回收系统，实现了“五恒”（恒温、恒湿、恒氧、恒静、恒洁）的居住环境。

附图 10　首堂·创业家

十、石家庄融创城（高层被动房）

石家庄融创城（附图 11）项目位于石家庄栾城区，地上 18 层，地下 2 层，建筑高度为 55.35 m，建筑面积 9497.92 m^2，结构形式为剪力墙结构。规划户数 72 户，规划人口 3 人/户。

附图 11　石家庄融创城项目效果图

（1）技术方案

① 确保优越的建筑气密性，规避因非预期气流渗透而造成的不必要的通风热损失，同时避免由于冷气渗入而形成的室内局部温度下降及相对湿度不足等影响居住质量和舒适度的情况；

② 采用高效的非透明外围护结构外保温系统，确保外围护结构具有均衡的保温性、隔热性、热惰性、蓄热性、透气性和气密性等性能，同时兼顾系统性、相容性和耐久性；

③ 采用高性能的外门窗系统，此门窗系统本身符合卫生性、能效性、舒适性等要求，且注重安装方式以保证其热工性能；

④ 执行无热桥的设计理念与建筑节点构造方式，从而确保室内温度的均衡性，避免结露和局部温度过低现象，同时通过精细化的能源节流管理，实现室内人员、照明、家电等散热可作为建筑的稳定热源考虑；

⑤ 带有高效热回收装置的通风系统，将人为通风变为有组织通风，通过智能化控制确保室内空气品质，同时回收排出空气中的热量和湿量。

项目的技术核心是提升建筑的本体性能，从需求侧最大限度地降低建筑的采暖、制冷、通风能耗。在供应侧尽量减少机械化设备，以最简化的设备来实现低能耗和高舒适度的目标，从而实现技术方案的最佳经济性。

(2) 外围护结构的技术性能

① 外围护结构的保温性、热惰性。

本项目为钢筋混凝土剪力墙结构，局部采用蒸压加气混凝土砌块墙作填充墙，墙体热惰性良好。外围护结构采用外保温系统。

② 外围护结构的系统性、相容性、耐久性。

外墙外保温系统配备门窗连接线条、滴水线条、护角线条、伸缩缝线条、断热桥锚栓等配件，以及预压膨胀密封带、密封胶等，以提高外保温系统的保温、防水和柔性连接能力，保证系统的耐久性、安全性和可靠性。

外墙外保温系统的饰面涂料采用透汽性良好的水性外墙涂料，与薄抹灰系统具备良好的相容性。屋面防水保温系统，含隔汽层、保温层、防水层，按Ⅰ级防水要求设防，防水材料满足相容性要求。系统采用干作业施工，屋面保温层采用聚氨酯胶粘剂粘结。

③ 外围护结构的安全性。

出于系统安全性考虑，国内部分被动式低能耗建筑项目采用额外设置保温托架的方式来避免由于粘结强度不足而引起的保温层下滑、脱落现象。显然，提高粘结砂浆的粘结性能、确保粘结质量，是解决问题的根本。然而，在充分考虑保温托架断热桥处理，同时确保其周边保温板铺设质量的前提下，采用托架作为辅助支撑措施，可视作一种阶段性的工程解决方式。

十一、南通三建超低能耗绿色建筑产业园

南通三建超低能耗绿色建筑产业园项目是江苏南通三建集团股份有限公司（以下简称南通三建）与德国能源署进行技术合作并投资建设的江苏省首例采用德国被动房标准设计、施工的大型综合体建筑项目。

该建筑的设计要求如下：

(1) 装配式被动房设计指标

南通三建提出了“被动式超低能耗建筑技术指标”和“装配式建筑技术指标”，并将目前已掌握的被动式超低能耗技术、装配式技术、三星级绿色技术、智慧家居技术、适老性技术、信息化技术六大核心技术深度融合。

被动式超低能耗建筑技术指标：

① 能耗指标：年供暖需求≤5 kW·h/(m^2·a)，年供冷需求≤24.12 kW·h/(m^2·a)，年供暖、供冷和照明一次能源消耗量 60 kW·h/(m^2·a)；

② 气密性指标：换气次数 N_{50}≤0.6；

③ 室内环境参数：冬季温度 19～20 ℃，夏季温度 24～25 ℃，冬季相对湿度≥30%，夏季相对湿度≥60%，新风量≥30 m^3/(h·人)，昼间噪声≤40 dB(A)，夜间噪声≤30 dB(A)，温度不保证率≤10%。

装配式建筑技术指标：预制率 53.3%、装配率 83.5%、成品房率 100%。

(2) 建筑外围护结构无冷热桥构造设计要求

① 外墙设计：预制构件水平缝外口采用圆形 PE 棒上下挤压以确保气密性良好，其外侧使用建筑耐候密封胶确保防水性良好；竖向缝塞 A 级岩棉保温板进行封堵，确保保温性良好；外墙结构保温一体板中间采用无冷热桥连接件连接，确保内外无冷热桥。

② 外窗设计：外窗采用聚酯合金窗(三玻两腔)，传热系数为 1.0 W/(m^2·K)，外门窗气密性等级不低于 8 级、水密性不低于 6 级、抗风压性能不低于 9 级。建筑东、南、西向都采用可调节的活动外遮阳。

③ 阳台、设备平台设计：凸出建筑主体的阳台和设备平台是被动房明显的热桥薄弱环节，本方案采用保温连接件将挑板与主体进行连接，有效阻断阳台、设备平台等地方的热桥。

④ 底层架空层设计：本方案采用架空地面，架空层内回填土比室外地坪高 100 mm，能有效解决室内地坪积水问题，架空层外墙开设通气孔，保证空气层内自然通风，并且在保温层上面覆盖一层隔汽薄膜作为水蒸气的阻隔层。

⑤ 屋面设计：屋顶采用平屋顶＋钢结构坡屋顶的方式，形成保温通风的空气间层；利用钢结构金属瓦屋面对平屋顶上面的保温层进行保护，提高了系统的耐候性。

十二、瑞典斯德哥尔摩市装配式木结构住宅项目

附图 12 是位于瑞典斯德哥尔摩的一幢九层全木结构住宅公寓楼，为一栋现代住宅项目，无论是作为承重材料的结构构件，还是建筑装饰、墙体、楼板、楼梯以及屋面板等全部采用木构件制作。外檐墙体为原木本色，非常古朴大气，室内墙面为白色的木质墙面(附图 13)，具有温馨舒适的气氛，使人们无论是在建筑周围还是在室内都有被木材环抱的感觉。

附图 12　九层高层木结构房屋

附图 13　室内木质的空间

据居住者介绍，该房屋比他们之前居住的别墅更加舒适，被天然材料包围的居住体验是非常宝贵的，尤其是该建筑还具有良好的隔声效果等。

十三、瑞典哥德堡社区装配式被动房项目

瑞典的装配式被动房构造节点在不断发展、日臻完善。例如，过去外挑阳台构造会出现明显的热桥(附图14)，而现在的构造完全避免了热桥(附图15)。装配式被动房构件设有排汽构造(附图16)，墙体外叶板中留有排汽孔(附图17)。瑞典装配式墙板均带有饰面，可以仿制石材、砖混、水磨石等各种效果，做工十分精良，如附图18所示。瑞典所有的建筑均带有窗台板，预制装配式建筑也不例外。窗护角和窗台板安装考究，如附图18所示。

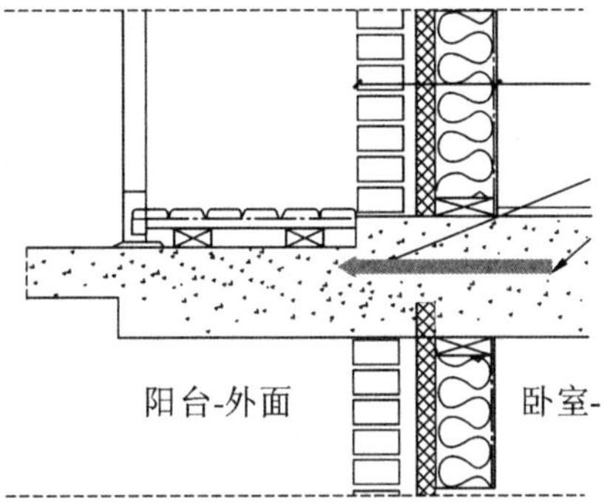

附图14 过去的挑出阳台节点

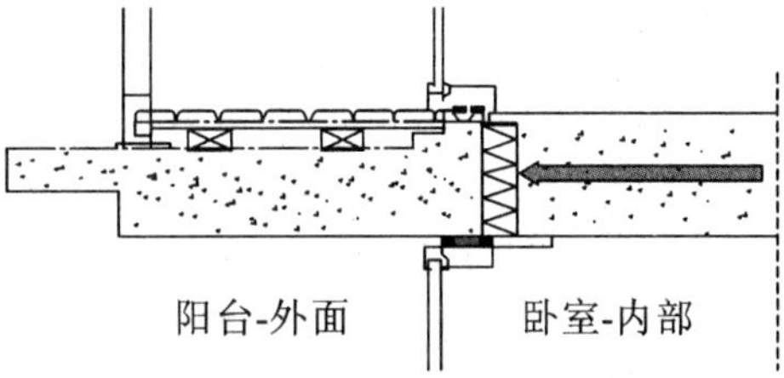

附图15 现在的挑出阳台节点

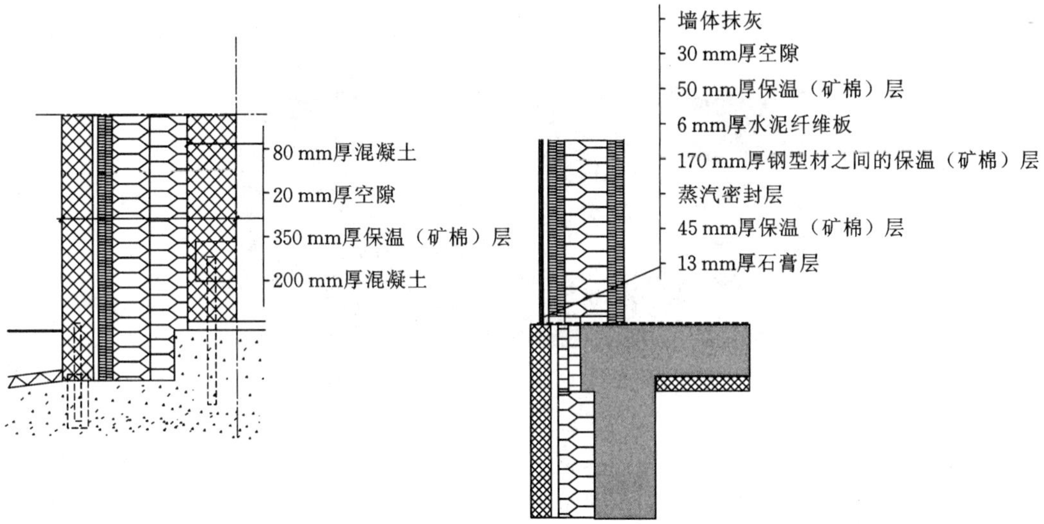

附图16 瑞典混凝土装配式建筑的排汽构造

附图 17　墙上设有排汽孔

附图 18　代表团成员研究饰面做法

十四、山东建筑大学教学实验综合楼

2017 年 3 月 30 日，山东建筑大学教学实验综合楼（附图 19）项目顺利通过德国能源署（DENA）、住房和城乡建设部科技与产业化发展中心专家组实体验收。该项目为国内首个钢结构装配式＋被动式超低能耗建筑、国内气密性测试体积最大的装配式＋被动式项目、中德合作高能效建筑（被动式低能耗）示范项目，同时也是中国建筑股份有限公司科技示范工程和山东省第一批入选的被动式超低能耗绿色建筑示范工程。

附图 19　山东建筑大学教学实验综合楼

该项目采用 EPC 工程总承包模式建设，由山东建筑大学投资建设，中建科技集团有限公司 EPC 工程总承包。该项目由山东建筑大学建筑规划设计研究院负责设计，中建科技集团有限公司中建建筑工业化设计研究院负责深化和优化设计，中建八局第一建设有限公司负责施工。

此次验收由德国验收组专家带队，项目建设方、EPC 总包方、设计方、监理方和施工方全程参与。经现场检验，山东建筑大学综合教学实验综合楼项目屋面、楼层房间、设备机房、外墙、外门窗等节点施工和外观质量均合格。现场气密性试验结果为：负压 $n_{50}=0.41$ 次/h，

正压 $n_{50}=0.45$ 次/h，满足被动房气密性 $n_{50}\leqslant 0.6$ 次/h的标准要求，获得专家组高度认可和赞誉。

作为国内首个钢结构装配式＋被动式项目，无成功或相近经验供借鉴。本项目将被动式建筑技术与钢结构装配式技术一体化设计，钢结构构件及围护结构均采用工厂化生产和装配式施工。项目建设过程中，中建科技集团有限公司集聚各方力量，组织研发团队集成创新，组织诸多业内专家多次论证，针对项目装配式建筑板缝较多而被动式建筑要求高气密性、装配式建筑易产生热桥而被动式建筑要求高保温隔热性能等矛盾进行了深入研究，突破了装配式与被动式两种技术体系交叉融合的技术瓶颈，取得了一系列技术创新成果，提出了钢结构装配式被动式建筑设计与施工关键技术体系。在我国大力推行装配式建筑并推广被动式建筑的实践中，该项目的成功具有重要的示范意义，其技术成果具有较高的实用价值。

十五、中国建筑科学研究院(CABR)近零能耗示范楼

CABR近零能耗示范楼(附图20)建筑面积4025 m^2，主楼地上4层，附楼地上2层，主要功能为办公室及会议室。该项目是根据中美两国签署的《关于中美清洁能源联合研究中心合作议定书》，由中美双方联合研究、设计、建造。该项目秉承"被动优先，主动优化，经济实用"的原则，以被动式建筑设计与建造、先进建筑能源系统、可再生能源应用、近零能耗建筑智能控制为重点，是中国建筑节能科技发展的标志性建筑。

该项目获得了LEED EBOM(既有建筑:营运与保养类别)铂金级认证，是CABR近零能耗示范楼继获得中国人居环境奖、入选亚洲太平洋经济合作组织(APEC)最佳近零能耗建筑实践、获得Construction21绿色建筑奖等荣誉后获得的又一重要认证，将有利于促进LEED Zero(近零能耗)与中国近零能耗建筑体系共同健康发展。

附图20 CABR近零能耗示范楼

中美清洁能源联合研究中心合作建设的中国建筑科学研究院CABR近零能耗示范楼(以下简称"CABR近零能耗示范楼")通过高性能的建筑围护结构、高效的建筑能源系统和优质的运行管理，实现了冬季采用可再生能源供暖且与同类建筑能耗相比节能八成以上的

目标。

CABR 近零能耗示范楼以可再生能源为主要能源，土壤源热泵和太阳能光热提供全楼供冷供热所需的能量，基于 2015 年实际运行监测数据，全年冬季供暖 65％的负荷由地源热泵系统提供，35％的负荷由太阳能系统提供；全年夏季供冷 80％的负荷由地源热泵系统提供，20％的负荷由太阳能空调系统提供。涡旋土壤源热泵运行效率为 4.7～5.1，太阳能吸收式制冷机运行效率为 0.65，基本达到预期。

在太阳能空调系统方面，中温真空管型太阳能集热器采光面积为 284 m^2，考虑建筑主立面美观，安装倾角为 5°，采用两组槽式太阳能集热器，集热面积与建筑面积比例约为 1∶13。低温吸收式冷水机组驱动温度可低至 70 ℃，设计能效比（COP）值为 0.7，夏季太阳能空调系统平均 COP 值为 0.65，最高接近 0.8；冬季太阳能集热效率为 27.5％。

地源热泵系统运行效果良好，地源侧供冷季平均进出水温度为 25.8 ℃和 21.9 ℃，供暖季平均进出水温度 13.0 ℃和 9.3 ℃。2015 年供冷季和供暖季两台机组的平均 COP 值分别为 5.2 和 4.7，能效比均高于机组在标准工况下的数值，地源热泵系统 COP 值分别为 4.2 和 3.5。

项目亮点：

（1）建筑能效高水平

项目单位面积暖通空调和照明年能耗水平不大于 25 kW·h/(m^2·a)，较同地区同类型建筑能耗水平降低 70％以上。

① 建筑围护结构：外墙采用真空绝热（VIP）保温材料，其综合传热系数不高于 0.2 W/(m^2·K)。外窗采用三玻真空 Low-E 铝包木外窗，内置电动百叶遮阳系统，外窗综合传热系数不大于 1.0 W/(m^2·K)。

② 能源系统：项目充分利用可再生能源，由太阳能吸收式制冷系统和地源热泵系统共同满足建筑冷供热需求；建筑南立面设置建筑一体化薄膜电池板，为室内公共区域提供照明用电。

③ 能源管理与楼宇控制系统：通过分布在建筑各处的传感器和计量装置，将建筑实时运行数据汇集至能源管理平台。通过对建筑用能情况、室内参数等大量数据进行统计和分析，实现能源系统故障的迅速反应和准确定位。全集成的楼宇自控系统提供开放平台，实现分散控制和集中管理。完善的能源管理系统和高效的楼宇控制方式，保证建筑能源系统的高效运行，为真正实现建筑节能保驾护航。项目采用的“建筑设备设施高效运营管理移动端”管理系统基于建筑楼宇自控系统，化繁为简，秉持“高效运维、便捷实用”的思想，提供运维管理、数据分析、用户满意度反馈等创新功能，也为项目实现持续调试提供强大而便捷的工具。

（2）舒适的室内空气品质

① 新风系统。项目集中设置多种新风处理装置，不仅为室内提供新鲜生态空气，还可以有效防治“病态建筑综合征”，清除室内缓释的有害气体，提高室内环境健康品质。

② 室内空气质量监测。人员常驻区域设置温湿度、CO_2、PM2.5 探测器，实时监测室内环境质量参数。

(3) 优异的人员体验度

① 光环境

办公区域采用无线智能照明系统,通过人体感应和照度感应控制照明系统,为工作人员营造舒适节能的光环境。

建筑屋顶设有光导管,通过采光罩高效采集室外自然光线,由光学透镜输出最舒适的漫反射效果,提供持续均匀的日光照明,基本实现设置光导管区域不依靠人工照明。

② 热湿环境

项目采用末端辐射系统及温湿度独立控制系统,室内温湿度分布均匀,且温度与湿度可独立调节,实现室内环境的高舒适度。

③ 人员舒适满意度调查

在项目运行期间,对员工开展办公环境满意度问卷调查,包括空气质量、照明质量、干净度、隔声效果等,获得95%以上的满意度。

(4) 减轻热岛效应

近零能耗示范楼屋顶设置绿色花园并采用高反射铺设材料,减少热岛效应的产生。

(5) 持续调试

项目运行期间持续开展调试工作,运用全新调试理念和工作方法,通过完善的过程文件和质量控制体系,保障建筑机电系统的高效运行。项目运行期间,专业调试团队对大楼机电系统持续进行调试工作,并制定节能优化运行策略,保障建筑各系统达到预期运行目标。

如此看来,如果“被动房”的理念能够得以广泛普及,其技术措施能够得到广泛运用,在将来的某个时期,城市中的建筑都满足“被动房标准”,所有的建筑都可以在建筑内部轻易地解决冬季采暖问题,那目前作为重要市政基础设施的城市供暖系统就可以退出历史舞台了。因此,“被动房”在实现节能和环保的环境目标的同时,也将改变人们的生活方式和城市的形态。